GARAPULLOS POR MÁUSERES

La fiesta de los toros durante la Guerra Civil (1936-1939)

Antonio Fernández Casado

Primera edición: abril de 2015

© Antonio Fernández Casado
© Diseño de cubierta: Tomás Ondarra Galarza
© Fotografías de la cubierta: Luis Vidal Corella. Serrano (fototeca del Ayuntamiento de Sevilla).

Edición de textos: Elena Abril
Maquetación y diseño de interiores: Eduardo Martín Lara

Publicado por Editorial La Cátedra Taurina
C/ Bueso Pineda, 39, bajo, C.
28043 Madrid
www.editorialacatedra.com

ISBN: 10 84-617-2918-8
ISBN: 13 978-84-617-2918-0
Depósito legal: M-32412-2014

Quedan prohibidos, dentro de los límites establecidos por la ley y bajo los apercibimientos legalmente previstos, la reproducción total o parcial de esta obra por cualquier medio o procedimiento, ya sea electrónico o mecánico, el tratamiento informático, el alquiler o cualquier otra forma de cesión de la obra sin la autorización previa y por escrito de los titulares del *copyright*.

GARAPULLOS POR MÁUSERES

La fiesta de los toros durante la Guerra Civil (1936-1939)

Antonio Fernández Casado

Editorial La Cátedra Taurina

*Con mi mayor agradecimiento a los descendientes
del gran fotógrafo valenciano Luis Vidal Corella,
y a José Luis Benlloch, director de la revista taurina* Aplausos

Prólogo

Los toros y la guerra

El 18 de octubre de 1936 se celebró en Sevilla la primera corrida de toros desde el comienzo de la guerra. Queipo de Llano, el militar golpista que se había hecho con la ciudad, quería así recabar recursos para financiar la actividad bélica. Fue también la ocasión de desplegar toda la parafernalia del bando franquista. Manolo Bienvenida se dejó llevar por el entusiasmo del momento y brindó un toro a Queipo de Llano, al parecer en términos bastante exaltados. Por aquel entonces, su madre y sus cuatro hermanos estaban en Alicante, intentando embarcar hacia Orán, donde los esperaba el Papa Negro, el fundador de la dinastía Bienvenida. La noticia del brindis de Manolo tuvo efectos fatales. «Fueron a matar a mi madre», explicó uno de los hijos, y lo hubiesen conseguido si no llega a interponerse un camarero. La mujer salvó la vida, pero fue recluida en un penal.

En plena guerra, en aquella España rota en dos, brindar un toro podía tener consecuencias trágicas. Eso sí, las corridas no desaparecieron. Hubo espectáculos taurinos en el bando republicano y en el de quienes se habían rebelado contra la legalidad democrática: era cuestión de recobrar alguna apariencia de normalidad cotidiana, de recabar recursos y de afianzar los ánimos. Las imágenes reflejan la hondura de la escisión. En un lado, toreros, cuadrillas y público con el puño en alto. En el otro, el saludo a la romana; aquí canciones fascistas y falangistas, mientras que en los cosos republicanos sonaba la *Internacional*. El enfrentamiento armado tuvo sus secuelas en todas las escenas públicas: el contraste entre las plazas republicanas y las de los rebeldes resumía las inmensas distancias vitales que se abrieron en España.

Los toros, con los diversos elementos que los componen, forman un mundo propio, pero no son un mundo aparte. Por eso, como toda la sociedad española, se vieron drásticamente afectados por la sublevación militar del 18 de julio y la contienda en que desembocó. La incidencia de la guerra en este ámbito tuvo sus aspectos singulares, en parte derivados del papel señero que le otorgaba la atención pública, pero en el fondo siguió las pautas que presentó toda la sociedad: la ruptura política, las adscripciones ideológicas, de grado o forzadas por el lugar donde a uno le sorprendió la guerra, los apuros personales, los exaltados y los tibios, los cambios de chaqueta por convicción, oportunismo o necesidad… La guerra fue entre la legitimidad democrática y la subversión totalitaria, pero las vivencias personales no son susceptibles de una visión lineal, mucho menos de juicios morales severos, excepto en lo que respecta a quienes optaron por brutalidades represoras, sin disculpa alguna por razones ideológicas o políticas.

Hubo toros durante la Guerra Civil y los diestros, ganaderos, subalternos… vivieron los acontecimientos bélicos. Cómo fue, qué pasó con ellos en aquella coyuntura decisiva: la cuestión tiene especial interés, habida cuenta del privilegiado papel que este ámbito profesional jugaba en la mentalidad española. No daba igual que un primer espada de prestigio estuviese con un bando o con otro. El halo que los rodeaba, a los toreros e incluso a quienes formaban las cuadrillas, los acompañó durante los años de la contienda. No era indiferente lo que hicieran.

Hasta la publicación de este libro no había ninguno que abordase la cuestión de forma sistemática, y eso que la historia de la tauromaquia permite una aproximación extraordinaria al clima de esos años. No a las operaciones militares o a los vaivenes políticos, sino a las experiencias cotidianas, a veces lindantes con tales parámetros y siempre influidas por ellos. Lo que sucedió en el mundo del toreo no fue motor de los acontecimientos —valga la perogrullada—, pero contribuye a explicar cómo la guerra afectó a las vivencias diarias de los españoles.

La historiografía de la Guerra Civil, preocupada por desbrozar las claves del enfrentamiento, no ha estudiado aún cuestiones que suelen considerarse marginales. Por su parte, la tauromaquia cuenta con una literatura específica que reconstruye los grandes hitos de su evolución y el papel de las distintas figuras, señeras o no. Sin embargo, ha pasado de puntillas por los años de la guerra, quizás por considerarla vidriosa o cuando menos delicada.

El relato de Antonio Fernández Casado viene a cubrir este vacío con una aproximación minuciosa a los distintos aspectos sobre los que se construye el mundo del toro, sean los diestros, los subalternos, los ganaderos, qué pasó con las ganaderías, las plazas de toros, los festejos que se celebraron durante la guerra. El estudio abarca tanto lo que sucedió en el bando leal a la República como en el franquista: solo el estudio de las dos vertientes permite un conocimiento cabal de las experiencias relacionadas con el toreo durante los años de la guerra. También repasa los avatares de la fiesta en las plazas francesas y americanas, que se vieron influidas por lo que pasaba en España, y que a veces fueron refugio laboral y en ocasiones lugar de paso para cambiar de bando.

El autor propone una explicación al hecho de que no se haya profundizado en la tauromaquia de los años de la Guerra Civil: ha sido tabú porque los protagonistas optaron por silenciar sus peripecias cuando se movieron entre los bandos enfrentados o incluso porque las borraron de sus memorias, por lo que al mismo tiempo desaparecieron de sus biografías.

Resulta verosímil que así fuese. En esto, el mundo de la tauromaquia no fue distinto a buena parte de la sociedad española, que eligió también la desmemoria. Lo que no obsta para que sea necesario recuperar la historia del periodo, para entender qué sucedió y para comprender los cambios que se produjeron en la fiesta taurina durante esos años, pues tuvieron influencia posterior.

El libro recorre asimismo el papel que jugaron los toros durante la primera posguerra, cuando la dictadura impulsó nuevos iconos con importancia en los imaginarios populares. No serían comprensibles sin los avatares bélicos y su resolución. Lo que vino después no enlaza con los toros de antes de 1936 —como se deduciría de los vacíos en las biografías—, aunque este pasado mantuvo su influencia, pues muchas de las figuras anteriores siguieron siéndolo. Pero vino una nueva tauromaquia, a veces de tintes épicos, con la emergencia de algunos toreros de extracción popular cuya aparición tuvo que ver con las tensiones generadas por el primer franquismo.

Sobre el mundo de los toros suele proyectarse una imagen estática, pues se supone que en él priman la continuidad y las referencias al pasado: un espectáculo tradicional, inmovilista por definición. No fue así, y en esto tampoco presenta diferencias con otros ámbitos sociales. Se advierte ya en los años anteriores a la Guerra Civil, que fueron agitados. Su imagen está reñida con el estereotipo según el cual los toros son una isla social con tendencia al ensimismamiento (o estancamiento), situada al margen de los cambios.

En los años anteriores a la guerra el entorno taurino experimentaba tensiones de calado y de diverso tipo. Algunas preludiaban las diferentes opciones que tomarían los grupos vinculados a la tauromaquia tras estallar la guerra. Otras tuvieron causas que podríamos llamar *sectoriales,* sin relación directa con las tensiones políticas que vivía la Segunda República.

Por unas y otras razones, antes de julio de 1936 los toros vivían una situación muy conflictiva, con posturas airadas, enfrentamientos físicos, boicots, descalificaciones mutuas, posicionamientos colectivos e individuales, intervenciones de la afición, que tomaba partido, toreros encarcelados… No encontramos en las décadas anteriores una situación tan complicada. Lo que sucedía en torno al espectáculo taurino podía entrar en el terreno de las páginas de sucesos. Esas diatribas gestaron el ambiente algo irascible con el que el mundo de los toros llegó a la Guerra Civil.

Parte de la conflictividad que azotó el mundo taurino el año anterior a la guerra derivó de la oposición de toreros españoles a la presencia en los cosos nacionales de diestros mexicanos, que habían llegado por decenas a hacer carrera en España, con algunas figuras señeras que arrastraban entusiasmos de los aficionados. Fue una lucha enconada, de tipo corporativo, que sacudió durante meses la fiesta. Hubo corridas que se suspendieron, toreros que se negaron a compartir cartel, detenidos, enfrentamientos que terminaron con heridos… El clima bronco se apoderó de la programación taurina. Cuando llegó julio, el conflicto quedó superado, esta vez con la marcha de los mexicanos… y también con la consecuencia de que los toreros españoles quedaron vetados en México.

En otras tensiones de la tauromaquia se proyectaban las que vivía la sociedad española. Su expresión institucional fue la existencia de asociaciones taurinas de distinto signo. Hubo varias —diferentes plazas reproducían alineamientos parecidos, pero en organizaciones diferentes—, y algunas tendrían su papel después del 18 de julio de 1936. Lo más característico fue la división entre la Asociación de Matadores de Toros y Novillos, de carácter asistencial, y la Unión Española de Picadores y Banderilleros, de tipo reivindicativo. La división social adquiría su representación taurina. Las tensiones que agitaban España tomaban cuerpo también dentro de este sector de dimensiones modestas. Había clases y, en su ámbito, también lucha de clases, con roces particularmente hirientes en una profesión en la que era imprescindible la convivencia estrecha. Pero había quienes ganaban más, o mucho más, y quienes reivindicaban su parte, mejorar situaciones o al menos no perderlas cuando los primeros espadas mejoraban el sueldo. Hubo amenazas de plante, huelgas, división entre los ricos y las clases bajas. ¿Izquierdas contra derechas, como en toda la sociedad española? Al final, esta fue también la delimitación de lo que sucedía en el mundo de los toros.

Estas tensiones sociales y sindicales fueron delimitando ámbitos ideológicos y a veces marcaron públicamente la ideología de cada cual, lo que tendría su importancia a partir de julio de 1936, cuando tal encasillamiento contaba para evaluar la situación pública en que unos y otros se encontraban. Genéricamente, las principales figuras acabarían identificándose con la derecha. No solo lo explican las circunstancias económicas (al fin y al cabo eran la clase alta en el mundo del toro), sino también el tipo de relaciones sociales, pues el matador de toros acabaría viviendo en los oropeles que le alejaban de su procedencia, si esta era popular. El éxito tiene sus símbolos, y en esta profesión —por competitiva e individualista, poco proclive a solidaridades extremas— se identificaba con modos de vida y entornos acomodados. En el otro lado de la escala, las agrupaciones de subalternos quedaron asociadas a planteamientos de izquierda, ya que de momento reivindicaban mejorías en las condiciones de vida.

Tampoco esta división ideológica fue lineal, ni hay que suponer siempre posiciones categóricas en uno y otro bando, aunque hubo quienes las tuvieron, como se vería en el aciago verano del 36 y los meses siguientes. En esos días había toreros que brindaban sus toros al tendido de sombra y otros que lo hacían al tendido de sol, con la correspondiente lectura política. Esa división social implícita en el espectáculo taurino entre los pudientes y los grupos populares representa una simbología inmediata que no encontramos en otros escenarios de la vida pública.

El mundo taurino no era un bálsamo cuando estalló la Guerra Civil, pero todo lo anterior parecerían minucias a partir del 18 de julio de 1936. Antonio Fernández Casado relata con precisión qué sucedió en el mundo taurino a partir del estallido bélico. No todos vivieron las mismas circunstancias. La mayoría del gremio estaba en la parte republicana, sobre todo en Madrid. Otros quedaron en la que se llamaría zona nacional, la que dominó el bando rebelde, con particular importancia de los de Sevilla. Como sucedió con el conjunto de los españoles, ni unos ni otros pudieron elegir, pero las actitudes posteriores fueron bien diferentes.

En general, los diestros que estuvieron en el bando nacional mostraron su apoyo a la sublevación con distintos grados de entusiasmo: desde la implicación personal en la actividad represora hasta momentos de exaltación, pasando por aquiescencias menos impulsivas que pueden interpretarse como acomodación a las circunstancias, con las que en principio no se sentían a disgusto.

Más compleja fue la evolución de los toreros y subalternos que estuvieron en la zona leal a la legalidad. Un sector amplio apostó decididamente por la República, en particular aquellos a quienes podríamos situar en las escalas inferiores de la actividad taurina. Hubo movilización de encauzamiento sindical, sobre todo en torno a los socialistas, aunque también hubo anarquistas. Se alistaron los primeros días de la guerra y lo hicieron, estos sí, son perceptible entusiasmo y convencimiento. Combatieron en los frentes de Madrid, llegaron a formar una unidad que se llamó Brigada de los Toreros y su apuesta por la República apenas presentó fisuras. Muchos de ellos llegaron a ostentar cargos militares de importancia. Un antiguo torero, Melchor Rodríguez, fue una personalidad históricamente relevante. Anarquista, de la CNT, fue nombrado a fines de 1936 delegado general de Prisiones y fue el responsable de que se detuviesen las sacas de presos que durante los meses anteriores habían derivado en matanzas sistemáticas.

La historia de los principales toreros que quedaron en el bando republicano es diferente. Algunos, señalados por su ideología derechista, hubieron de esconderse y buscar la forma de marcharse a la zona nacional. Otros participaron en los festivales taurinos que organizaron las autoridades republicanas, espectáculos que tuvieron un cariz político. Al margen de su grado inicial de adhesión a la legalidad, hubo quienes acabaron cambiando de bando, a veces tras ir a torear a los cosos franceses. Hubo «toreros republicanos» que al cabo de unos meses se convirtieron en «toreros nacionales», ya en el bando franquista. Todo ello tuvo la consiguiente difusión publicitaria, pues en la España de los años treinta los toreros eran figuras públicas de prestigio. La contrapartida: la prensa democrática los tildó de traidores y señoritos derechosos. «Señoritos, bonitos, chulillos y amariconados, que toreaban cabras en lugar de toros», escribió el diario *Solidaridad Obrera* cuando se comprobó la huida vía Francia de los toreros más famosos. Los que habían toreado entre milicianos y brindado por ellos pasaron a ser «toreros fascistas». Es verosímil que la mayoría cambiara de bando por simpatías ideológicas, como sin duda sucedió con Domingo Ortega, pues sus ideas eran conocidas, y seguramente participó en festejos en favor de la República para evitar mayores riesgos antes de conseguir permiso para marcharse a Dax. Después toreó en Sevilla, en corridas «franquistas». Para otros sería acomodación a las circunstancias, tras atisbar que podían tener su sitio en el nuevo orden que prometía el general Franco. Sea como fuere, el periodo desapareció de su biografía, quizás de sus recuerdos: bien para ocultar que tenían algún pasado republicano, bien por las dificultades de explicar su defección.

Y hubo quienes se mantuvieron fieles a la legalidad democrática: que combatieron en el bando republicano hasta el final de la guerra o que torearon en las plazas leales cuando fueron requeridos para ello. Después, su fidelidad fue tachada de traición, en la inaudita inversión de valores que llevó a cabo el Movimiento Nacional de los sublevados, según la cual quienes se atuvieron a la legalidad fueron acusados de «apoyo a la rebelión». Muchos fueron condenados a penas de prisión, otros marcharon al exilio, donde a veces pudieron volver a ejercer su oficio. También lo hicieron antiguos toreros republicanos cuando salieron de la cárcel. Pero no era cierto que volviese la normalidad de antes de la guerra. También a los toros los alcanzaron las miserias de la posguerra, sin que se cerrasen las heridas. Un buen indicio: las peripecias republicanas del mundo del toro dejaron de contar en las crónicas taurinas. Pero no contar la historia no implica que esta no hubiese existido ni que desaparecieran los resquemores o las humillaciones.

Algunas circunstancias explican que la tauromaquia tuviese durante la Guerra Civil un papel más destacado del que en principio cabría pensar. Al fin y al cabo, era un espectáculo que, si se entendiera como un sector productivo, agrupaba unos números muy modestos. Además, cabría pensar que la actividad taurina resultaba prescindible cuando la prioridad estaba en el esfuerzo bélico, no en los espectáculos públicos, por mucho que se los considerase la fiesta nacional.

Pues bien, quienes estaban relacionados con el mundo del toro no quedaron subsumidos en el mundo de los milicianos o de los soldados del bando sublevado, sino que en las referencias a sus avatares bélicos se destacó su profesión. De otro lado, aunque la actividad taurina no resultaba necesaria para el transcurso de la guerra —y hasta podía perjudicarlo si había concentración de espectadores con riesgo de bombardeos aéreos—, los dos bandos procuraron organizar espectáculos de este tipo mientras fue posible. Hubo corridas durante la Guerra Civil, cuando se habría dicho que no estaban los tiempos para esparcimientos de este tipo.

La relativa supervivencia de la fiesta de los toros durante estos años dramáticos y el seguimiento público de sus personajes guardan relación con el papel que los toros jugaban en la sociedad española de la época. En la incipiente sociedad de masas, a la que empezaban a llegar el cine o los deportes, probablemente seguía siendo el principal espectáculo público, y en todo caso tenía el mayor arraigo popular. Frente a lo que sucedía con los nuevos esparcimientos, que echaban raíces sobre todo en las clases medias de las ciudades, los toros mantenían su peso interclasista en la sociedad rural y en la urbana, espacios de peso equiparable y por entonces sin una ruptura brusca.

Los toros eran, pues, el gran espectáculo, seguido por gentes de toda condición y cultura, con un arrastre sin parangón en otras actividades lúdicas. Estaba además su importancia simbólica. El fútbol llegaría a ser un espectáculo semanal, pero los toros eran el elemento central de las fiestas, el momento en el que ciudades y pueblos se celebraban a sí mismos —o al santo que les había tocado en gracia, lo que venía a ser lo mismo—. Serían unos pocos festejos al año, en esto el número es relativo, pero no faltaban en poblaciones de dimensiones muy distintas. Era el espectáculo popular por antonomasia.

Además del papel emblemático de los toros en toda España, estaba su capacidad de generar figuras que llegaban a ser populares, héroes públicos con los que la gente podía identificarse, por entonces procedentes de este ámbito en mayor medida que de cualquier otra actividad. Los toros quedaban asociados, también, a la posibilidad de promoción social. Sus figuras podían llegar a enriquecerse, y no resultaba difícil la identificación con el personaje de procedencia popular, no solo por motivos artísticos sino por su origen, que implicaba compartir cultura y formación. No era —o no era necesariamente— un personaje lejano.

De ahí el esfuerzo de los dos bandos en torno a los festejos taurinos. Estaba, primero, el interés por escenificar el apoyo a la causa por parte de las figuras más conocidas, que tenían algún liderazgo social. Cuando estaban en el lado republicano, sus actuaciones en favor de Socorro Rojo o de los milicianos se airearon como muestra de la solidez de la España leal a la legalidad constitucional, lo mismo que el franquismo se sirvió, en el sentido contrario, de los toreros que quedaron en la parte sublevada. Los que se pasaron de la República a la sublevación entraron enseguida en las programaciones de los festejos, para mostrar que los apoyos crecían, que diestros famosos estaban con la España nacional, que se decía apegada a la tradición, y que si no habían toreado antes con ellos era porque no habían podido.

La imagen final refleja bien la dinámica de la Guerra Civil. Por el lado republicano, decenas de hombres vinculados a los toros combatían en el frente y a veces participaban en algún festejo taurino, pero entre ellos no estaban los de primera fila. En el bando sublevado, se programó a los principales espadas. Los sectores más modestos de la tauromaquia mantuvieron su fidelidad a la causa republicana, mientras que la defección y el apoyo a la causa totalitaria, con distintos grados de intensidad, quedó sobre todo para la élite torera.

La celebración de una corrida tenía una finalidad propagandística, pero también servía para dar la impresión de que se restablecía una especie de normalidad cotidiana. Este libro recoge la emoción que sintió el diplomático Carlos Morla cuando el 13 de junio de 1937 asistió a una corrida en Valencia. Los matadores serían «malísimos» y los novillos, «unas cabras», «pero el ambiente existe: es una corrida en plena guerra», y eso evocaba los viejos tiempos. «Desde luego, haría falta una catástrofe más grande que una guerra civil para estropear la afición de los españoles por las corridas de toros», se sorprendía Virginia Cowles —corresponsal de *The New York Times*— cuando asistió a un festival taurino en febrero de 1938, también celebrado en Valencia. Le asombró la muchedumbre asistente, con el riesgo cierto de que hubiese un bombardeo. Todos parecían alegres, menos uno, que se quejaba porque los toros eran pequeños, pues los grandes, que se criaban en el sur, se los había quedado Franco.

En este punto se advierte una contradicción que se produjo en el bando democrático. Inicialmente, y mientras pudieron, los mandos republicanos promovieron festejos taurinos, como propaganda, señal de normalidad y manera de recaudar fondos. Los hubo en Madrid, en Valencia, en Barcelona, en Ciudad Real..., en todas las plazas republicanas. Por las noticias, tuvieron éxito popular, al margen de la calidad del ganado, decreciente, y de la pericia de los lidiadores, que a veces dejó algo que desear, pues las principales figuras o no estuvieron con la República o desertaron. Pero algunos sectores republicanos estigmatizaron los toros. Ya en los primeros meses de guerra, el director general de Seguridad, comunista, preparó un proyecto de ley para suprimir los espectáculos taurinos, lo mismo que las apuestas. Subyacía en la propuesta la imagen ideologizada de los toros que tenían varias asociaciones obreristas, fuesen socialistas, anarquistas o comunistas. Identificaban la fiesta con la España «de señoritos, ricachos y chulos» contra la que combatían. Además, algunos grupos campesinos entendían que era necesario acabar con los latifundios, y especialmente con los de las ganaderías de toros. En este discurso, la cría de toros contribuía al paro agrario.

Sin embargo, cabe dudar de que esta propuesta respondiese al clima general, habida cuenta de la aceptación que tuvieron los espectáculos taurinos y la prolongada programación de festejos. El Gobierno no aceptó la prohibición hasta abril de 1938, pero para entonces la medida apenas tuvo influencia, pues prácticamente ya no había toros —las ganaderías fueron sacrificadas por las necesidades alimenticias— ni toreros. Otra cuestión es qué hubiese sucedido con esta disposición de haberse restablecido la normalidad democrática.

El mundo de los toros no solo lo componen los astados y quienes se encargan de torearlos en las distintas suertes. Antonio Fernández Casado pasa revista en este libro a cuestiones tan diversas como las siguientes. Qué pasó con las plazas de toros, pues alguna, como la de Cáceres, fue escenario de la represión, con el asesinato de unos dos mil republicanos, y hubo otros cosos que sirvieron de presidio. Los episodios más penosos asociados al mundo del toro, cuando algún diestro encabezó o participó a caballo en la represión franquista por el campo de Andalucía. La suerte que corrieron las ganaderías y las posturas políticas que adoptaron algunos ganaderos. Cómo en el ambiente sórdido de la posguerra fueron surgiendo los que habrían de ser las nuevas figuras señeras del toreo, también con respaldo popular. Qué relaciones se establecieron con las plazas francesas y americanas, y qué pasó con los que hubieron de marchar al exilio. El afán de algún miliciano por convencer a los soviéticos de que en Rusia podían tener éxito los toros. El aviador alemán que llegó a meterse a torero.

El mundo taurino vivió la Guerra Civil, pero lo hizo con una impronta propia, como corresponde a un ámbito vital singular en el que se entremezclan oficios bien distintos, personalidades fuertes, ganaderos y empresarios, subalternos y primeros espadas, además de su papel como principal espectáculo popular, que le daba resonancia social. Sus peripecias durante los años de la Guerra Civil no la explican, pero sí contribuyen a entender cómo los acontecimientos bélicos condicionaron la vida de los españoles. Diversos y complejos, a veces abigarrados, estos avatares taurinos no podían despacharse de forma lineal, en un breve compendio que asumiera un único hilo conductor. Como en tantos aspectos relacionados con la guerra, resulta preciso recorrer distintos caminos, con destinos a veces contradictorios. Es posible seguirlos en este libro. Tal complejidad se corresponde, en el mundo de los toros —pese a sus dimensiones relativamente reducidas—, con la que presentaba la España de la Guerra Civil.

Manuel Montero
Catedrático de Historia Contemporánea
Universidad del País Vasco

Introducción

Los profesionales del mundillo taurino son personas de sensibilidades sociales diversas, también, naturalmente, en lo que concierne a las ideas políticas. La posición que la mayoría de los integrantes del planeta taurófilo mantuvo a lo largo de los 987 días que duró la Guerra Civil ha sido un tema tabú sobre el que casi ninguno de sus protagonistas se ha pronunciado públicamente. De esta manera, la postura que adoptó el colectivo taurino ante la asonada militar es un capítulo en blanco en las biografías de la mayor parte de los estoqueadores de reses bravas que estuvieron en activo entre el 18 de julio de 1936 y el 1 de abril de 1939.

Escritores tan solventes como José María de Cossío *(Los toros)* o Néstor Luján *(Historia del toreo)* ofrecen una extensa y detallada recopilación biográfica sobre la mayoría de los lidiadores de reses bravas de los últimos siglos, incluidos aquellos a los que el conflicto militar les afectó directamente. Pero por este episodio pasan de puntillas, y reiteradamente lo califican de «revolución», «movimiento salvador», «cruzada», etcétera.

Lo mismo sucede con las biografías autorizadas de Marcial Lalanda, Domingo Ortega o Manuel Rodríguez, *Manolete*, firmadas por escritores tan acreditados como Andrés Amorós, Antonio Santainés y Filiberto Mira. Solo un libro de reciente aparición dedicado en exclusiva a la figura de Manolete *(Vida de un torero que se convirtió en mito,* de Juan Soto Viñolo) abre algunas de las puertas que durante varias décadas han permanecido cerradas a cal y canto. En menor medida lo hacen algunos pasajes de las autobiografías de Pepe Dominguín y de su sobrino Domingo.

Los principales episodios del mundo taurómaco en los casi tres años de conflicto bélico se encuentran recogidos en tres libros fundamentales. El primero de ellos es el escrito por Luis Uriarte, *Don Luis: Toros y toreros, de 1936 a 1940,* fuente de la que bebieron sin excesivos miramientos Demetrio Gutiérrez Alarcón *(Los toros de la guerra y del franquismo)* y Julio de Urrutia *(Los toros en la guerra española)*. Estos últimos trabajos fueron posteriormente complementados de manera mucho más documentada y precisa por el historiador aragonés Javier Pérez Gómez *(La Brigada de los Toreros)*.

Es obvia la división de los asientos de las plazas de toros en tres partes más o menos simétricas: tendido de sol, tendido de sombra y tendido de sol y sombra. De igual modo es evidente que el conjunto de los escaños parlamentarios es la representación perfecta de medio coso taurino, con la presidencia y sus correspondientes asesores incluidos en el escenario. Así, existe un gran paralelismo entre la puesta en escena de las funciones taurinas y las sesiones parlamentarias. La ubicación de barreras, contrabarreras, tendidos, gradas, palcos o balconcillos de los recintos taurófilos se asemeja fielmente a la de los escaños en los que se sientan los miembros del arco parlamentario más representativo. A su vez, la clase social de cada uno de los miles de asistentes a los más variados festejos taurinos quedaría encuadrada de acuerdo con su ubicación en las distintas filas de tendidos. Sobre el papel, los aficionados a las corridas de toros que se aposentan en los tendidos de sol representarían a los votantes más de izquierdas; mientras que aquellos otros que se acomodan en las bancadas sombreadas seguirían a las formaciones políticas más conservadoras y con mayores recursos económicos. Al menos así se entendía en torno al 18 de julio de 1936.

Los días anteriores al estallido de la Guerra Civil, los seguidores de los dos grandes bloques políticos (los que se etiquetaban de izquierdas y derechas, moderados y extremistas) se fracturaron sin soldadura posible entre partidarios de la legalidad republicana y partidarios del golpe militar. A la par, el mundillo tauromáquico se vio impelido a fraccionarse, y ambas partes enfundaron los estoques para empuñar los máuseres, cambiando el vestido de luces por el mono proletario o la camisa azul.

En el verano de 1936, la mayoría de los principales actores taurinos —de escasa instrucción cultural— no debía de ser muy consciente de los problemas que realmente atenazaban al país en el que vivía. Tal vez no veían mucho más allá del vuelo que marcaban sus capotes. Con excesiva frecuencia, su criterio personal se veía mediatizado por el ascendiente que sobre ellos ejercían sus respectivos mentores. Para muchos de ellos, tras «hacer las Américas» durante la primavera de 1937, pronto quedaron pocas dudas acerca del camino que debían seguir. Otros descubrieron que las escasas oportunidades que tenían de practicar el oficio taurino se encontraban en las ciudades controladas por los partidarios del general Franco. Y allí se encaminaron, a pesar de que hacía solo unos pocos meses que algunos habían vestido el mono proletario —sobre el que resplandecía una estrella roja de cinco puntas— en lugar del clásico traje de luces.

En general, cuando los estoqueadores triunfan en los redondeles y consiguen amasar una cierta fortuna dineraria, lo primero que hacen es borrar de la memoria sus raíces proletarias.

Parece claro que al menos en los dos últimos siglos la mayoría de las figuras del toreo han sido «utilizadas» por los principales partidos políticos. En el cercano año 2010, la prohibición de celebrar corridas de toros en la plaza Monumental de Barcelona —el único coso que quedaba abierto al público de los tres con que llegó a contar la ciudad— politizaba de nuevo esta añeja tradición popular.

El primer tercio de la prohibición se abrió en el parlamento autonómico, donde los partidos políticos con mayor representación se posicionaron en contra de la lidia de reses bravas en los circos taurinos de la comunidad autónoma catalana. En las posturas más extremas del debate se situaron los partidos políticos más ideologizados, ICV y ERC, contrarios a la muerte en público de ganado bravo. En el polo opuesto, el PP se posicionó completamente a favor de las celebraciones tauromáquicas. Por su parte, los partidos mayoritarios, PSOE y CiU, se posicionaron entre el sol y la sombra tras dejar libertad de voto a sus diputados, lo que permitió que la mayoría de ellos se decantase por la abolición de la lidia de reses bravas en la «futura nación catalana».

La historia se repite una vez más. El Partido Popular ha aprovechado la anterior coyuntura regional, especialmente contraria a la fiesta de los toros en Cataluña, para extender la politización de la fiesta taurina a nivel estatal, trasladando el debate a las comunidades autónomas en las que gobierna, en busca de los correspondientes réditos electorales. Al mismo tiempo, el partido conservador está moviendo los hilos de los principales estoqueadores en busca de los votos de los aficionados a los toros —en general, bastante conservadores— y su consecuente repercusión mediática.

En los dos últimos años se ha visto a algunos de los coletudos más señeros del escalafón solicitar el traspaso de las competencias taurinas desde el Ministerio del Interior al de Educación, Cultura y Deporte, a pesar de que la mayoría de ellas están transferidas a las diversas comunidades autónomas, mientras siguen sin resolverse los graves problemas estructurales por los que atraviesa la industria del toreo.

Paralelamente, y dentro de la estrategia de utilización política de la fiesta taurina, un escogido grupo de senadores del Partido Popular, la mayoría aficionados a la lidia de reses bravas (Pío García-Escudero, Juan Manuel Albendea...), está contribuyendo a la politización de la fiesta brava, trasladando el debate a las bancadas del Senado y el Congreso de los Diputados. Así, se han comprometido a presentar un recurso de amparo ante el Tribunal Constitucional —avalado por cincuenta senadores populares—, movimiento que han apoyado con una solicitud a la Unesco para que se declare la fiesta de los toros Bien de Interés Cultural y Patrimonio Cultural Inmaterial de la Humanidad.

Ante esta coyuntura, una vez más, los matadores de toros (el Juli, Cayetano Rivera, Miguel Ángel Perera, José María Manzanares, Enrique Ponce...) se han posicionado en línea con los intereses políticos que defiende el Partido Popular sin medir muy bien sus posibles consecuencias. De hecho, para intentar equilibrar su posición política pública, se han reunido con algunos diputados socialistas que supuestamente son partidarios inequívocos de la fiesta taurina.

Además de las maniobras que está poniendo en práctica el Partido Popular, a propuesta de la Federación de Entidades Taurinas de Cataluña se puso en marcha una iniciativa legislativa popular avalada por seiscientas mil firmas que pretendía que las corridas de toros fueran consideradas Bien de Interés Cultural, tal como sucede en Francia desde hace varios años. En el fondo de esa propuesta subyacía el intento de recuperar las corridas de toros en Cataluña. La iniciativa fue aprobada en el Congreso de los Diputados con los votos a favor de los congresistas populares[1], tal como era de esperar, dado que la iniciativa no estaba consensuada con el principal partido de la oposición, el PSOE, con el argumento de que «a algunos diputados de su grupo no les gustan los toros». Por su parte, CiU y el PNV mezclaron el asunto con ciertas competencias políticas: a pesar de que aceptan los *correbous* y el *sokamuturra* en sus respectivas comunidades, votaron en contra de la iniciativa. Por su parte la Izquierda Plural, se opuso

---

[1] El resultado de la votación fue 180 votos a favor (PP, UPN, UPyD y Foro Asturias), 40 en contra (CiU, PNV, ERC e Izquierda Plural) y 107 abstenciones (PSOE).

radicalmente a la fiesta taurina, tal como en los años treinta promovió la diputada Margarita Nelken, con el argumento de que las grandes extensiones que se dedicaban al ganado bravo deberían cederse a los campesinos para que las cultivaran.

La jornada parlamentaria del 12 de febrero de 2013, en la que se debatió esta propuesta en el Congreso de los Diputados, se reforzó con la presencia en los tendidos del palacio parlamentario de los principales estoqueadores —entre los que sobresalían el jubilado Santiago Martín, *el Viti*, y el coempresario francés de Las Ventas, Simón Casas, seguramente convocados ambos por Albendea y García-Escudero— para apoyar públicamente el primer debate abierto en la cámara alta.

Una vez más, los distintos partidos políticos están intentando utilizar la fiesta de los toros en función de sus intereses coyunturales. En la Guerra Civil ocurrió lo mismo. El gremio taurino debió empuñar los máuseres en lugar de los garapullos.

Capítulo I

Antecedes históricos: los matadores de toros y la política

Retrato del maestro Roque Miranda[2]

---

[2] Retrato de Alfonso, *Alrededor del Mundo,* 30 de abril de 1927.

Toros y política en el siglo XIX

En 1805, el rey Carlos IV de Borbón decretó la prohibición de correr toros en las plazas públicas españolas. En esos momentos, el interés general se centraba en la resolución de los graves problemas gubernamentales que atenazaban a la nación hispana. Los principales anhelos populares se concentraban en intentar liberarse del yugo francés. De modo que una parte muy significativa del pueblo llano, de forma espontánea, se agrupó en pequeñas partidas antisistema, las cuales se movilizaron por su cuenta y riesgo para luchar en favor de la independencia.

Entre los matadores de toros que más abiertamente se significaron en las primeras guerras de guerrillas se encontraban Agustín Aroca Castillo (Sevilla, 1774-1808), Idelfonso Pérez Naves (Jerez de la Frontera, 1796 - Madrid, 1818) y Jerónimo Martín, *Pajarito*. Aroca era un estoqueador ilustrado que había cursado la carrera de Leyes y a quien los soldados franceses acusaron de pertenecer a una de las numerosas partidas revolucionarias que combatían en los alrededores de la provincia de Toledo, donde acabó perdiendo la vida junto a varios patriotas más. Por su parte, Pérez Naves y Pajarito, ambos varilargueros de Curro Guillén, de buen grado se alistaron en la temporada de 1808 en las filas del ejército que defendía Andalucía, con el que participaron en la batalla de Bailén. Tres años más tarde, el primero de ellos recibió un balazo en la pierna derecha en una refriega contra las milicias napoleónicas en la localidad de La Albuera, lo que no le impidió volver a montar jamelgos en 1814.

Al maestro de los anteriores subalternos, Francisco Herrera Rodríguez, *Curro Guillén* (Utrera, 1783 - Ronda, 1820), enemigo declarado del rey intruso, se le etiquetaba de patriota en los primeros momentos de la dominación francesa, aunque como no tenía garantizada su seguridad personal se exilió durante dos años a Portugal, donde aprovechó para vestir el traje de luces con cierta regularidad.

Cuando los regimientos franceses invadieron la península ibérica, una gran parte de los estoqueadores se refugió en las provincias andaluzas, territorio aún liberado en el que se seguían promoviendo algunos festejos taurinos. Los rendimientos económicos, con frecuencia, servían para financiar las partidas revolucionarias.

Por su parte, el rey impostor, José Bonaparte, que intentaba ganarse el favor de los súbditos españoles para superar el descontento popular, consintió en volver a autorizar las celebraciones tauromáquicas. De esta manera, encomendó al corregidor de Sevilla que reclutase a algunos de los numerosos lidiadores que moraban en su circunscripción regional, bajo dominio francés, quienes, una vez que cruzaban los riscos de Despeñaperros, simulaban que se dejaban asaltar por los diversos grupos guerrilleros que allí se escondían para evitar tener que torear para el ejército invasor. Del mismo modo, las reatas de reses bravas sufrían el embate de las fuerzas rebeldes, por lo que era imposible programar celebraciones taurinas con regularidad.

A pesar de estas numerosas trabas, Bonaparte consiguió promover funciones de toros en Madrid, especialmente todos los domingos de verano entre 1808 y 1818. Con estas fiestas, totalmente gratuitas, intentaba ganarse el favor del pueblo llano, aunque en numerosas ocasiones los aficionados a la lidia de reses bravas preferían no acudir.

No obstante, como la mayoría de los estoqueadores atravesaban una pésima situación económica, con cierta asiduidad se prestaban a participar en los festejos que promocionaba el soberano galo. Uno de los primeros que dio su brazo a torcer fue el gitano Juan Núñez, *Sentimientos,* natural de Sevilla, quien inicialmente se había mostrado contrario al ejército invasor y, posteriormente, a favor de la corriente liberadora. Según Sánchez de Neira, en octubre de 1808 y en la principal plaza madrileña brindó un toro de muerte al presidente del festejo, don Pedro de Loma y Mora, en los siguientes términos: «Por usted, por la gente de Madrid y para que no quede vivo ni un francés». Como no estuvo muy acertado manejando el estoque, para frenar las muestras de descontento de los asistentes, en voz bien alta subrayó: «Así tienen que morir todos los gabachos»[3].

Hasta que España se liberó de la ocupación francesa, el diestro del sevillano barrio de San Bernardo necesitó que le escoltasen en sus viajes entre Sevilla y Madrid para evitar las represalias de los ciudadanos opuestos a las

---

[3] José Sánchez de Neira: *El toreo: gran diccionario tauromáquico.* Valencia: Librerías París-Valencia, 1991 (facsímil de la edición original, de Imprenta y Librería de Miguel Guijarro, 1879).

milicias forasteras, especialmente a partir de julio de 1810, fecha en la que se prestó a participar en las corridas que festejaban la proclamación de José Bonaparte I (Sentimientos, Jerónimo Cándido y Curro Guillén). Posteriormente, este monarca le concedería una pensión vitalicia de veinticuatro reales anuales.

En algunas ciudades, como Ejea de los Caballeros (Zaragoza), se aprovechaban algunas de estas conmemoraciones taurómacas para preparar encerronas a los soldados franceses, quienes más de una vez se toparon por sorpresa con una punta de reses bravas.

En el siglo XIX se comenzó a reglamentar la celebración de corridas de toros. Sevilla se convirtió en la cuna de una inagotable cantera de estoqueadores, y su matadero, en la universidad a la que acudía una escogida selección de aspirantes a la cátedra taurina.

En esta época, la puesta en marcha de la Real Escuela de Tauromaquia de Sevilla (1830-1834) fue un acontecimiento sobresaliente. El proyecto lo impulsó Fernando VII con la inestimable colaboración de Antolín de Cuéllar y Beladiez, conde de la Estrella. Entre sus principales catedráticos se encontraban Pedro Romero y Jerónimo José Cándido (a quien, sin embargo, el duque de Medinaceli pronto etiquetó de «negro» o liberal); estos designaron segundo espada a Antonio Ruiz, *Sombrerero* (Sevilla, 1783-1860), en reconocimiento a su demostrada fidelidad realista. En estos mismos años se suspendió la Constitución de 1812, por lo que los partidarios de la causa liberal tuvieron que escoger entre el exilio o la prisión mientras esperaban a que finalizase el reinado de Isabel II y a que el Gobierno liberal promulgase una nueva Constitución.

Durante el reinado de Fernando VII, Sombrerero se convirtió en un furibundo partidario absolutista; en cambio, sus principales oponentes en los ruedos, Juan León López, *Leoncillo,* y Roque Miranda Conde, *Rigores,* no ocultaban sus simpatías liberales. El enfrentamiento entre los seguidores de ambas ideologías estalló en la Real Maestranza sevillana una tarde en la que los matadores realizaron un alarde público de sentimientos contrapuestos: Juan León hizo el paseíllo vestido íntegramente de negro, de luto, color que definía a los militantes liberales, mientras que Sombrerero efectuó el itinerario enfundado en un terno de color blanco y bordados del mismo color, tonalidad de significado realista. La provocativa puesta en escena de los lidiadores originó un gran tumulto entre sus respectivos partidarios, lo que hizo perentoria la intervención de las fuerzas de orden público para intentar calmar los ánimos de los espectadores más exaltados.

En esta época, cada uno de los gestos que exhibían los matadores cuando pisaban el albero tenía su correspondiente lectura política. Por ejemplo, era preceptivo que los toreros se afeitasen a conciencia antes de enfundarse la taleguilla de seda, salvo durante la primera guerra carlista (1833-1840), «cuando los barberos dibujaban en la cara verdaderos programas políticos, algunos toreros se dejaron bigote, a fin de hacer pública ostentación de sus ideas liberales»[4].

La competencia político-taurina llenaba de pasión los espacios más recónditos del panorama tauromáquico. Tras la trágica muerte de Curro Guillén en la plaza de Ronda, Antonio Ruiz, *Sombrerero*, que había pertenecido a la cuadrilla del utrerano, se convirtió sin esperarlo en la figura más prominente del escalafón, especialmente en Madrid. Allí, repetidamente, convenció a la afición más severa, a pesar de la repulsa que le mostraban los espectadores liberales.

Sombrerero acostumbraba a torear íntegramente vestido de blanco, el color realista. Mientras participaba en una corrida en el coliseo de Madrid en 1822 llegó a exclamar antes de estoquear un burel: «Así se mata a estos pícaros negros». La bronca fue tan enorme que Fernando VII se vio obligado a dictar una real orden en la que prohibía al diestro sevillano volver a trastear en la Villa y Corte.

Poco a poco, las empresas le fueron negando las escrituras, hasta que Sombrerero, de rigurosa observancia monárquica, solicitó audiencia al rey. Le reclamó su intermediación ante los empresarios para que no le marginasen, y a la vez se quejó de la actitud arisca que le mostraba una parte de la afición a causa de sus ideas. Sombrerero sentía la política con pasión, con el entusiasmo de un realista furibundo, lo que con excesiva frecuencia le enemistaba con los aficionados de ideales contrarios a los suyos, quienes injustamente le injuriaban nada más pisar los redondeles. El soberano escuchó con atención y paciencia los argumentos del espada, a quien al parecer respondió: «Antonio, el público es muy respetable y sobre todo el público de Madrid». La inesperada explicación que le ofreció el monarca

---

[4] Adrian Shubert: *A las cinco de la tarde*. Madrid: Turner, 1999.

La grave situación política por la que atravesaba España, en guerra contra Francia, y el posterior conflicto interno que enfrentó a los partidarios de las causas liberal y realista lograron expulsar a Leoncillo de las principales ferias taurinas (incluida la de Madrid) a causa de su ideología política. Según Don Ventura, el sevillano era un exaltado liberal, «tanto o más que como lidiador adquirió su personalidad marcado perfil en el troquel de las ideas políticas».

En 1820, instaurada ya la Constitución de 1812 tras el alzamiento de Rafael del Riego, Juan León, avecindado en la Villa y Corte, se alistó en el Cuerpo Nacional de Milicianos de Caballería. Esta decisión, y la popularidad que se labró gracias a su enconada rivalidad con Sombrerero, le permitió incrementar el número de contratas taurinas. Ese año toreó un festejo en Sevilla en honor a Riego.

A pesar de todo, Leoncillo estuvo ausente del ruedo de Madrid entre 1821 y 1827, y por culpa de su ideología acudió solo a las plazas andaluzas. Seis años más tarde, en 1833, junto a Lucas Blanco, tomó en arriendo el coso de Sevilla, donde programaron el abono de ese año. En 1845 se cortó la coleta, aunque reapareció cinco años después, ya muy mermado de facultades. En 1851, tras sufrir un grave percance, se retiró definitivamente y se afincó en Sevilla, ciudad en la que se propagó una peste de cólera. Por miedo a contagiarse, Leoncillo trasladó su residencia a Utrera, donde finalmente falleció en una humilde posición económica.

Roque Miranda Conde, *Rigores* (Madrid, 1799-1843), se distinguió por su valor tanto en los redondeles como en los campos de batalla. Alternaba con regularidad el vestido de luces con el uniforme castrense. Protagonista de innumerables peripecias de desdoblamiento de personalidad, fue una de las figuras del toreo más respetadas de su tiempo. Según aseveró Sánchez de Neira en su *Gran diccionario tauromáquico,* era un consumado estoqueador: «entrado de carnes, de buena estatura, moreno claro, ojos negros vivos y penetrantes, esmerado en el aseo, de carácter franco y jovial». Miranda mostraba las maneras típicas del madrileño neto: flamenco, alegre, dicharachero, valiente, generoso, honrado a carta cabal y siempre dispuesto a jugarse la vida y la fortuna en favor de sus semejantes, virtudes glosadas por el anterior revistero: «Hijo del pueblo y entre el pueblo educado, con gran partido entre las manolas, a quienes requebraba con gracia y sal pu-

llenó de ira a Sombrerero hasta el punto de cegarle el entendimiento, y replicó: «Señor, si se hubiese dado su merecido a todos los negros de España, no me silbarían en Madrid».

La entrevista finalizó con una contestación muy poco amable del soberano. En cualquier caso, el encuentro sirvió para que las empresas volviesen a contar con el diestro. La posterior guerra civil y el fallecimiento de Fernando VII acabaron acarreando la ruina económica de Sombrerero, al sospecharse que apoyaba la causa del pretendiente carlista, Carlos María Isidro de Borbón. Además, poco antes de la muerte del monarca absolutista, en la temporada de 1832, uno de los varilargueros del espada, sin querer, le clavó una garrocha en la pierna izquierda, lesión que le mermó parte de sus facultades físicas. A consecuencia de esto y de los continuos escarnios públicos, en la temporada de 1835 se cortó la coleta y regresó a su tierra natal. Con los ahorros acumulados se dedicó al comercio de semillas, aceite y grano, mientras ofrecía consejo a todos los aspirantes a la gloria taurina que se lo solicitaban. En febrero de 1859, la empresa propietaria promovió en la Real Maestranza una corrida en su beneficio. Unos meses más tarde, con setenta y siete años, falleció en el Hospital de San Jorge de la capital hispalense, sumido en la indigencia, de lo que se deduce que su negocio no debió de ser muy rentable.

Estoqueadores y milicianos

La carrera de Juan León, *Leoncillo* (Sevilla, 1788 - Utrera, 1854), comenzó en la campaña de 1810 con diversas apariciones como banderillero y sobresaliente de espada. Cuatro años más tarde, Jerónimo José Cándido le cedió la muerte de un toro en la plaza de Cádiz, y a continuación se integró en la cuadrilla de Guillén, a quien trató de socorrer la tarde que perdió la vida en el coso de Ronda.

Leoncillo se presentó en la plaza de toros extramuros de la Puerta de Alcalá de Madrid el 8 de julio de 1816, donde ese mismo curso, en el puesto de medio de espada, estoqueó sus dos primeros astados en la plaza capitalina (con Jerónimo José Cándido, Curro Guillén y Sombrerero). Unos cuantos años después contaba como subalterno de máxima confianza con Francisco Arjona Herrera, *Cúchares*.

ramente madrileñas; era amigo de todos, rumboso hasta el extremo de no tener nada suyo; servía con desinterés, alternaba con gentes altas y bajas, y su nombre corría de boca en boca…»[5].

Tras el primer periodo de gobierno absolutista de Fernando VII, el pronunciamiento del general Riego derivó en la instauración del régimen constitucional liberal. Por aquel entonces, Roque Miranda alcanzó el grado de sargento del I Batallón de Caballería de las Milicias Nacionales. Integrado en un grupo al que se denominaba «comunero», entre 1820 y 1823 se dedicó en exclusiva a reprimir a los partidarios absolutistas. Formó parte de la columna del general Álava, y se vio obligado a enfundar temporalmente los estoques taurinos para contener la sublevación de la Guardia Real y de las tropas acantonadas, a las que persiguió hasta los confines de Aranjuez.

Cuando Fernando VII fue suspendido en sus funciones constitucionales, Rigores formó parte del grupo de milicianos nacionales que acompañó a las Cortes en su viaje a Sevilla en abril de 1823. Allí, asistió como miembro del séquito fernandino a una corrida de toros programada en la Maestranza en honor del monarca. Para despachar los ocho bureles se había elegido a Lorenzo Badén, Leoncillo y Lucas Blanco. El público, que seguía estimando a Rigores, le descubrió entre barreras vistiendo el uniforme castrense y le solicitó con reiteración que saltase al redondel. De este modo, tras despojarse de la casaca militar y con la anuencia de sus antiguos colegas de carrera, banderilleó el cuarto ejemplar de la tarde, al que posteriormente trasteó y pasaportó de una única estocada en la cruz. Nadie pudo escatimar los elogios a la faena ofrecida por Rigores, quien, muy orgulloso de su trabajo, se convenció de que debía retornar a los ruedos.

Alrededor de 1824, apenas recién restablecido el régimen absoluto, se le prohibió torear en la plaza de Madrid, por lo que se avecindó en la localidad de Pinto, huyendo de los riesgos que pudiera acarrearle su militancia liberal. A partir de entonces, Rigores tropezó con múltiples dificultades para que le hiciesen un hueco en las combinaciones taurinas. Fue el propio monarca quien, gracias a las gestiones de la esposa del espada, le levantó el veto, y volvieron a escriturarle en Madrid el 11 de octubre de 1828. En 1831 amparó a Montes, tildado de realista, cuando se presentó a torear en Madrid.

---

[5] *Op. cit.*

En agosto de 1838 participó en una corrida mixta (con Maravilla, Baque y Francisco de los Santos), «con el plausible motivo de haberse mandado por S. M. publicar y jurar la Constitución de Cádiz de 1812».

El 12 de octubre del año siguiente, coincidiendo con un festejo que conmemoraba la firma del Convenio de Vergara, el espada de la calle Segovia volvió a torear en la capital (con Francisco de los Santos y Juan Jiménez). Tres años después, la decadencia de Miranda parecía más que evidente, de acuerdo con el criterio de José María de Cossío. En 1840, triunfantes los progresistas, premiaron los servicios de Roque nombrándole administrador del matadero madrileño: «El Ayuntamiento de Madrid, después del movimiento político de 1840, recordando sus servicios y su consecuencia a la causa liberal, le proporcionó el cargo de administrador del matadero, suficientemente retribuido para su decorosa subsistencia»[6].

Por desgracia, el cargo no llenaba sus aspiraciones, y lo abandonó en 1842. El 9 de junio de ese año volvió a torear en la capital, en una tarde en la que recibió dos gravísimas cornadas cuando pasaba de muleta a su segundo oponente, de la ganadería del Duque de Veragua. De resultas de aquel percance fallecería solo ocho meses más tarde, a los cuarenta y cuatro años de edad.

Un siglo antes de la Guerra Civil, el banderillero malacitano José Vázquez González, *Muselina,* quien en 1820 formaba parte de un grupo de guerrilleros del barrio del Perchel, se posicionó a favor de la causa liberal que representaba el general Rafael del Riego. Tiempo después, cuando las circunstancias políticas se tornaron desfavorables, al igual que muchos otros revolucionarios se exilió en Inglaterra, país que protegía a los liberales españoles. Desde 1813, su carrera taurina estuvo ligada a la de Curro Guillén, quien le protegió hasta su muerte.

El fervor progresista alcanzaba al varilarguero de Chiclanero, Juan Álvarez Bueno, *Chola* (Manzanares, 1811-1856), quien perdió la vida en el mes de julio de 1856 a consecuencia de un disparo de pistola mientras participaba en una escaramuza reivindicativa relacionada con sus ideales políticos.

Manuel Lucas Blanco, natural de Sevilla y conocido popularmente como *el Guapo Lucas,* fue uno de los discípulos predilectos de *Sombrerero,*

---

[6] José María de Cossío: *Los toros*. Madrid: Espasa y Calpe, 1995.

a cuya cuadrilla se incorporó en la temporada de 1813 en sustitución de Leoncillo. En la campaña de 1814 trabajó de medio espada a las órdenes de Francisco González, *Pachón*. Siete años después, ya con la categoría de matador de toros, se presentó en la capital madrileña. En el curso de 1822 su nombre aparecía entre los lidiadores ajustados para pasaportar el abono madrileño. Lucas Blanco, hombre vehemente y de personalidad algo simplona, se declaró partidario monárquico coincidiendo con la reacción absolutista de 1823, a la vez que se integró como voluntario en un escuadrón de caballería, en la sección conocida como «la cáscara amarga».

Los ejércitos del pretendiente intentaban conquistar la capital española tras arrollar a sus oponentes en las guerras al norte de Castilla y en las provincias vascongadas. España vivía tiempos de recias disputas entre los partidarios de las corrientes liberal y absolutista. Manuel era un realista acérrimo, y, a consecuencia de su militancia política, entre 1823 y 1829 no consiguió comparecer con demasiada frecuencia en los ruedos, principalmente en el coso madrileño, en el que aún conservaba cierto prestigio. Dedicadas sus energías al ejercicio de la política, solo ejercería de lidiador en contadas ocasiones. En 1833, una vez fallecido Fernando VII, aumentó la influencia liberal, de manera que Lucas comenzó a sentir en persona las represalias de sus enemigos, pues se mantenía devoto a su ideario sin el más mínimo recato.

El 18 de octubre de 1837, el Guapo Lucas fue acusado de asesinar al miliciano isabelino Manuel Crespo de los Reyes en una trifulca desatada a la puerta de una botillería de la madrileña calle de Fuencarral, que regularmente frecuentaban numerosos inmigrantes de procedencia andaluza, en una jornada en la que ambos habían ingerido más cantidad de alcohol de la aconsejable. Condenado a garrote vil, le quitaron la vida en un cadalso levantado en la plaza de la Cebada en el mes de diciembre, tres días después de que ajusticiaran en el mismo escenario al bandolero Luis Candelas. De nada sirvieron las peticiones de clemencia de sus compañeros de oficio, entre ellos Francisco Montes, el ídolo de la afición en aquellos días, quien, acompañado de Juan León, se postró a los pies de la reina gobernadora, María Cristina, para solicitarle el indulto de su colega. En el lado opuesto se posicionaron los toreros liberales, quienes, indignados, utilizaron toda la influencia a su alcance para que se cumpliese la pena de muerte.

Francisco Arjona Herreros, *Cúchares* (Madrid, 1818 - La Habana, 1883), fue uno de los alumnos aventajados de la Escuela de Tauromaquia de Sevilla. Fue protegido de Juan León, quien le incorporó a su cuadrilla siendo muy joven a pesar de que era profundamente reaccionario. En 1842, Cúchares se consagró en la plaza de Madrid, ya de primer espada. Su innovación más revolucionaria fueron los pases con la mano diestra.

Cúchares fue un matador de toros popularísimo entre los liberales, cuyas ideas defendió siempre[7]

En la campaña de 1845 compareció en las arenas madrileñas, y unos años más tarde toreó a beneficio de los soldados heridos de guerra, viudas y huérfanos de las sangrientas jornadas de 1854. En el ciclo de 1860 participó de nuevo en un homenaje a los soldados muertos y heridos en las guerras de Marruecos.

También era de ideología absolutista y partidario del infante don Carlos el banderillero de Pepe Hillo, Manuel Sánchez, *Ojo Gordo,* quien sumaba ochenta años de edad cuando afirmó que volvería a colocar un par de rehiletes si triunfaba el rey absoluto.

---

[7] *Alrededor del Mundo,* 30 de abril de 1927.

Otro de los más aventajados alumnos de la Real Escuela de Tauromaquia de Sevilla, gracias a una beca de seis reales, fue Francisco Montes Reina, *Paquiro* (Chiclana de la Frontera, 1805-1851). En 1845, a sugerencia de Isabel II, y a pesar de que arrastraba algunos problemas de salud graves, aceptó torear en Pamplona un festejo en honor de los hijos de Luis Felipe, los duques de Aumale y Nemours. Un año después ejerció de peón de a pie del caballero en plaza, el ahijado del duque de Osuna, con motivo de las fiestas reales correspondientes a los esponsales de las infantas Isabel y Luisa Fernanda con los duques de Cádiz y de Montpensier, según se relata en el *Cossío*.

Paquiro fue el estoqueador más destacado de su generación. Su nombre ha quedado inscrito en la historia de la tauromaquia como diseñador del primer vestido de luces, bordado con hilos de oro y plata que simulaban un ornamento de hojas y flores, con grabados en la chaquetilla y calzona, perfectamente ajustadas al cuerpo. En 1832 introdujo el uso de la montera de origen calañés. García Lorca inmortalizó la figura de este diestro en su popular copla *El Café de Chinitas,* que repasa sus principales hazañas en los redondeles. En 1836, Paquiro publicó una magistral obra literaria: *La tauromaquia completa*, redactada al alimón con el revistero Santos López-Pelegrín, *Abenamar*.

Otro pintoresco estoqueador de esta misma generación, José Muñoz Benavente, *Pucheta* (Madrid, 1817-1856), participó activamente en la revolución liberal de julio de 1854 al frente de un grupo de guerrilleros insurgentes seguidores del general Espartero, en las localidades del sur de la provincia de Madrid. Entre sus gestas más importantes se encuentra el apresamiento y posterior fusilamiento de un odiado jefe de policía llamado Francisco Chico.

Cuenta la leyenda que Pucheta ejercía de espía y confidente policial. El escritor Antonio Ribot recogió el historial revolucionario del estoqueador madrileño en su libro *La Revolución de julio en Madrid,* del que tomó referencias José María de Cossío:

> Durante la insurrección y los días agitados que a ella sucedieron, antes y después de la formación de la Junta, la calle de Toledo y la plaza de la Cebada formaban al parecer una población independiente, como si se rigiesen por leyes especiales. En aquellos barrios especiales, que más bien que el de

> San Antonio de París moderno, en el que se albergan tantos trabajadores, deberían compararse a los de la corte de los Milagros del París antiguo, el célebre Muñoz, alias *Pucheta,* a quien la gente del barrio nombró su capataz por los grandes servicios que prestó en aquellos días a la causa popular, ejercía un poder poco menos que ilimitado. El 23 de julio mandó Pucheta a su gente a realizar una excursión fuera de los límites de su jurisdicción ordinaria para apoderarse de la persona de don Francisco Chico. A pesar de las negativas de un dependiente de este, que fingió ignorar su paradero, el antiguo jefe de la policía secreta cayó en manos de sus perseguidores, y como se hallaba gravísimamente enfermo y en la imposibilidad de mantenerse en pie, fue conducido en un colchón desde la plaza de los Mostenses a la de la Cebada, donde fue pasado por las armas. La misma desgraciada suerte cupo al dependiente que se negó a descubrir su paradero.

De igual manera, el mismísimo Karl Marx inmortalizó las hazañas de este torero, a quien consideró uno de los precursores de la guerra de guerrillas que tuvo como principal escenario las céntricas calles madrileñas:

> Véase un ejemplo característico y completo de *Pucheta,* José Muñoz Benavente, primero torero y luego superintendente del matadero, que proporciona el primer ejemplo histórico de lo que se conocería como "guerrilla urbana". Aunque no le dé ese nombre [...] Al ser rechazado al barrio sur de la ciudad, Pucheta trasplantó a las calles de Madrid la táctica guerrillera de las montañas de España. La dispersa insurrección plantó cara bajo cualquier arco de iglesia, en cualquier callejuela o en el hueco de una escalera, defendiéndose hasta la muerte[8].

Por estos días quedaría acuñada para siempre la popular frase: «A mí, Pucheta».

---

[8] Karl Marx y Friedrich Engels: *Revolución en España.* Prólogo, notas y traducción de Manuel Sacristán. Barcelona: Ariel, 1970.

Con ocasión de una de las revueltas populares en las que participó el torero y revolucionario al frente de un grupo de amotinados, se asegura que llegó a entrevistarse con Isabel II en persona, a quien presentó sus reivindicaciones políticas. Al parecer, su enorme ascendiente, influencia y liderazgo sobre el pueblo llano dificultó que los políticos profesionales pudieran manipularle.

Más por sus ideas progresistas que por sus méritos en los redondeles, José Muñoz tomó la alternativa en agosto de 1854 en el ruedo de Madrid, después de nueve temporadas de aprendizaje. Un año después, y gracias a los servicios prestados a la causa liberal, fue nombrado comandante del Resguardo Especial de Sales de Madrid. El 16 de julio de 1856, mientras participaba en un nuevo y sangriento levantamiento revolucionario en los alrededores de la Puerta de Toledo de Madrid, resultó apresado por las tropas realistas cuando encabezaba una barricada, y allí mismo le descerrajaron un tiro en la cabeza.

Juan Domingo Díaz de Mendivil Belacortu (Durango, 1818 - Burgos, 1881) ejerció la política activa en las filas del Partido Progresista de Manuel Ruiz Zorrilla y del doctor Esquerdo, junto a quienes participó en el proceso revolucionario de septiembre de 1868 que puso punto final al reinado de Isabel II. Muchos años después, su militancia le permitió acceder al puesto de inspector de policía de Burgos. Previamente, a consecuencia de sus ideales progresistas, se había tenido que exiliar a Francia. No obstante, su republicanismo no le impidió prestar su concurso a la corrida real celebrada en Madrid el 26 de enero de 1878 para conmemorar el enlace de Alfonso XII con María de las Mercedes, a pesar de que ya contaba sesenta años de edad y llevaba varias campañas alejado de los redondeles. La buena voluntad del espada durangués no fue argumento suficiente para pasaportar las reses que le tocaron en suerte y evitar así que retornaran vivas a los corrales.

En el currículo de Antonio José Suárez Iglesias (Oviedo, 1831 - Madrid, 1889) se encuentra la inauguración de la plaza de toros de San Martín de Valdeiglesias en septiembre de 1859. Una temporada después recibió el título de matador en Madrid, donde residía desde los doce años, de manos de Julián Casas, *el Salamanquino*. En sus comienzos se anunciaba con el apodo del Morenillo.

En la temporada de 1862 compareció en Madrid (con Cayetano Sanz y Antonio Gil Barbero). Dos años más tarde se registró una nueva aparición en la misma plaza acompañado del Salamanquino, tarde en la que otorgaron la alternativa a Pedro Aixelá Torné, *Peroy* (Torredembarra, 1824 - Barcelona, 1892), el primer matador de toros catalán. Durante 1864 y 1865 se dedicó en exclusiva al ejercicio de la política.

A lo largo de varios ciclos había acumulado experiencia en la cuadrilla de Mendivil, con quien compartió diversas aventuras en el campo del servicio público. Coincidiendo con la fracasada revuelta revolucionaria del general Prim, el 22 de junio de 1866, Suárez Iglesias mostró un gran protagonismo como defensor de la causa liberal, lo que le impidió torear una contrata en Tolosa los días 24, 25 y 26 de aquel mes. Escondido en un baúl para burlar el cerco de la policía, se exilió a una ciudad del sur de Francia hasta 1868. Su puesto en la plaza guipuzcoana lo ocupó Frascuelo, que daba sus primeros pasos en el oficio.

Los asuntos de interés general en los que se veía envuelto el espada asturiano le ocupaban la mayor parte del tiempo, a la vez que consumían gran parte de los ahorros que había acumulado en sus años de estoqueador. Así, asqueado por las trabas relacionadas con el ejercicio de la política y ya relegado del oficio, Suárez Iglesias se retiró a disfrutar de los beneficios que generaba una concurrida taberna de su propiedad abierta en la calle Factor de Madrid. Sin embargo, cuando llegaron las fiestas reales de 1875, el estoqueador que tanto había luchado a favor de la República solicitó participar en la corrida de toros organizada en honor de Alfonso XII, actuación que resultó un fiasco. Según Don Ventura, Suárez Iglesias era masón y le interesaba más la política que la tauromaquia.

Liberal también fue el banderillero Antonio Pérez, *Ostión*. Cuando en 1873 vivió la enconada guerra civil en las provincias vascas, abandonó momentáneamente la profesión de rehiletero para alistarse en un cuerpo de movilizados que se encargaron de perseguir a los carlistas hasta que terminó la contienda.

Los gestos de Frascuelo y Lagartijo

Corría la segunda mitad del siglo XIX cuando a los dos principales ases del cotarro taurino, Salvador Sánchez Povedano, *Frascuelo* (Churriana de la Vega, 1842 - Madrid, 1898), y Rafael Molina Sánchez, *Lagartijo* (Córdoba, 1841-1900), se los encasillaba respectivamente como partidarios de las causas absolutista y progresista

A finales de 1868, tras el destronamiento de Isabel II, Frascuelo —de inequívoco origen proletario— comenzó a alardear de sus simpatías realistas. El granadino, otrora pintor de brocha gorda, se convirtió en el torero preferido por la aristocracia y la burguesía. Y para que no quedara la más mínima duda, en el verano de 1875 obsequió con un gran banquete a algunos de los personajes alfonsinos más conocidos, entre los que sobresalían el duque de Sesto, Ayala, Romero, Elduayen... De la misma manera, en 1878 participó en las corridas reales que celebraron los esponsales de Alfonso XII.

A Salvador Sánchez se le encuadraba entre los partidarios de Cánovas del Castillo, mientras que Rafael Molina —torero fino y de estilo más pausado— se confesaba seguidor de Práxedes Mateo Sagasta y Pi y Margall. El diestro cordobés gozaba de la consideración de los intelectuales más significados de su época: Mariano de Cavia, Luis Carmena y Millán, Joaquín Mazas, Eduardo Palacios..., con la excepción del escritor guipuzcoano Antonio Peña y Goñi y del tenor Julián Gayarre, furibundos admiradores del maestro de Churriana.

En 1873, la incipiente República española contempló el resurgir de los levantamientos cantonales, que permitieron la reactivación de las guerras carlistas. Antes de la restauración borbónica en la persona de Alfonso XII, los seguidores de esta opción política más radicales consideraron inevitable la constitución de una milicia civil estructurada militarmente con la misión de que se opusiese a los partidarios del federalismo separatista. Al final, esto se concretó en la fundación de tres batallones de milicianos absolutistas civiles —liderados por el duque de Sesto—, preceptivamente uniformados con los símbolos correspondientes a los cuerpos de infantería y caballería. Este grupo no tenía un nombre oficial, aunque popularmente lo bautizaron como el Batallón del Aguardiente, ya que todas las mañanas, antes de subirse al caballo, sus miembros acostumbraban a degustar unas cuantas copas de este licor. En él se integraron Frascuelo y los miembros de su cuadrilla: Esteban Argüelles, *Armilla* (Madrid, 1845-1879), pendenciero y bravucón, que una noche en la calle de la Cruz se lio a tiros con un varilarguero; y el madrileño Victoriano Alcón, *el Cabo*, hombre de gran iniciativa y liberal exaltado (lo que no impedía que formase parte de la cuadrilla del maestro granadino) que ejerció de director de varios anfiteatros franceses, incluido el parisino de la federación. Pese a sus inclinaciones, figuró de banderillero en las funciones reales de 1878. Con anterioridad, y pensando en su retirada, había conseguido una plaza de funcionario en un presidio madrileño en recompensa a su filiación progresista y republicana.

Frascuelo, con el grado militar de cabo gastador, gustaba de hacer ostentación pública de su ideología absolutista desfilando a caballo engalanado con el traje de miliciano los días en los que se promovían paradas castrenses. En estas ocasiones, abría el desfile marcial con la misma prestancia que un general. Cuando en enero de 1875 llegó a Madrid Alfonso XII, Frascuelo se sumó al cortejo de recepción montado en un imponente caballo y vistiendo el traje corto.

En Barcelona nunca le perdonaron sus veleidades monárquicas, especialmente después de la restauración borbónica, lo que hizo que no compareciese en la plaza de toros de la Barceloneta[9] durante cinco temporadas consecutivas. Por otra parte, en el abono de San Juan y San Pedro de 1877 ofreció una actuación tan desastrosa que desató las iras de la mayoría de los espectadores, quienes le dedicaron unas duras increpaciones que hicieron mella en el ánimo de Salvador. Este juró no volver a pisar el coliseo catalán. Incapaz a dar su brazo a torcer, fueron inútiles las gestiones emprendidas

---

[9] La vieja plaza de toros del Torín, ubicada en el número 7 de la plaza de San Andrés, en la Barceloneta, fue el primer recinto taurino de la Ciudad Condal. Con su construcción se pretendía arbitrar los recursos económicos necesarios para financiar el sostenimiento de la Casa de Caridad, valiéndose de una real cédula promulgada en 1827 por Fernando VII que concedía permiso para verificar corridas de toros. Aun así, el recinto no se inauguró hasta el 26 de julio de 1834, una vez fallecido el monarca. Se construyó sobre unos terrenos de Puertas de Mar, según el proyecto del arquitecto y miembro de la Real Academia de San Fernando Josep Fontserè y Domènech. En 1857, 1871 y 1875 se realizaron diversas obras de modernización del coso, que concluyeron en 1888, coincidiendo con la Exposición Universal. Con capacidad para doce mil espectadores, por el ruedo del Torín desfilaron las grandes figuras del toreo de la época, incluidos Chiclanero y Reverte. En esta plaza del barrio marítimo, en 1864, recibió la alternativa el primer matador de toros catalán: Pedro Aixelá, *Peroy*. Durante gran parte del siglo xx, la plaza de la Barceloneta coexistió con los recintos taurinos de las Arenas y la Monumental, hasta su clausura definitiva el 23 de noviembre de 1923. Veintitrés años después fue demolida.

por distintas personalidades para que volviese a mostrar su arte en Barcelona, donde se le etiquetaba de torero cortesano. No obstante, aceptó volver a torear en la plaza catalana en junio de 1882.

Por otro lado, la campaña de 1880 marcó el divorcio del maestro granadino con la afición madrileña, a la que tenía que reconquistar cada vez que pisaba el ruedo. Cansado, acabó ausentándose de la capital cuatro temporadas consecutivas.

Lagartijo consiguió el reconocimiento de la afición ya en su etapa de banderillero, especialmente con motivo de su actuación en una serie de corridas de toros promovidas en honor de la reina Isabel II en una de sus primeras visitas a Andalucía.

Ya con el título de primer espada, en el ciclo de 1869 estoqueó un festejo en Madrid a favor de la promulgación de la Constitución. Persona de ideas propias, estuvo alejado de la Real Maestranza sevillana durante varios años por las desavenencias que mantenía con la empresa de la plaza. Para solucionarlas mediaron algunas personalidades ilustres entre las que se encontraba el ministro José Luis Albareda y Sezde, quien finalmente le convenció para que participase en la feria de Abril de 1882. Dos años después, por incompatibilidad manifiesta con la afición sevillana, decidió no volver a pisar nunca más el albero de este redondel.

En septiembre de 1887, Rafael Molina resultó ileso de un disparo de revólver de una señora, a quien al parecer habría negado una entrevista. Unos años más tarde se vio envuelto en una trifulca por culpa de su rivalidad con Guerrita. A la salida de un café cordobés, Lagartijo y un grupo de seguidores suyos protagonizaron un grave enfrentamiento físico con un picador de Rafael Guerra en el que incluso salieron a relucir las armas.

En 1889, Lagartijo pasaportó dos corridas en un circo provisional instalado en la *rue* de Pergolèse de París. Finalmente, en 1893 se cortó la coleta después de unas actuaciones no demasiado triunfales en las principales plazas. Su última comparecencia en Madrid, el 1 de junio, fue tan desgraciada que tuvo que abandonar la plaza protegido por un amplio retén de la Guardia Civil, mientras observaba atónito cómo le apedreaba una parte muy significativa de la afición. Esta última jornada, y ante la gran expectación que había levantado el anuncio del festejo, la tradicional procesión del Corpus Christi se celebró en horario matutino para que no coincidiese con la despedida en Madrid del torero. Al día siguiente se marchó a Córdoba. Pocas veces volvería a Madrid.

Mazzantini, ferroviario, estoqueador, concejal y jefe de policía

Cuando se cortó la coleta, el estoqueador Luis Mazzantini y Eguía (Elgóibar, 1856 - Madrid, 1926) se dedicó al ejercicio de la política en las filas del partido monárquico. Así, en 1906 resultó elegido concejal del Ayuntamiento de Madrid en cerrada competencia con Largo Caballero. Ejerció de teniente de alcalde por el distrito de Chamberí y de diputado provincial. Tras la Primera Guerra Mundial, alrededor de 1919, fue designado gobernador civil de Guadalajara y, unos años más tarde, de la provincia de Ávila. Por último, fue nombrado comisario de policía hasta 1923, cuando el general Primo de Rivera asumió el poder absoluto. Tres años después murió de un inesperado fallo cardiaco. El cronista taurófilo Don Ventura compendió su peculiar personalidad humana y taurina: «Alto, corpulento, esbelto, arrogante de figura, crecía esta al perfilarse para entrar a matar, y al rodar los toros como pelotas los espectadores se miraban asombrados y le perdonaban sus grandes deficiencias como torero, que siempre las tuvo»[10].

En 1898, Mazzantini trabajó en el ruedo de Madrid en una función benéfico-patriótica reivindicativa de la guerra contra Estados Unidos. En la Corrida de Beneficencia de 1901, la primera ocasión en la que Alfonso XIII acudía a un coso, brindó un burel al rey de España. A lo largo de su carrera, Mazzantini estoqueó alrededor de tres mil toros.

Antes de ejercer de estoqueador, el torero de Elgóibar había trabajado de jefe de la estación de ferrocarril de Santa Olalla (Toledo), donde llegó a la conclusión de que «en este país de los prosaicos garbanceros no se puede ser más que dos cosas: o tenor del Teatro Real o matador de toros».

Como no tenía condiciones para practicar el bel canto no tuvo más remedio que convertirse en matador de toros. Sus compañeros de escalafón pronto le bautizaron como «el señorito loco». Su estatura y fuerte constitución física le convirtieron en un estoqueador muy expeditivo. Nunca vistió el tradicional traje corto, típico de los toreros de la época, sino el elitista frac, especialmente cuando acudía a presenciar las funciones de ópera, tertulias literarias y exposiciones pictóricas. Al parecer mantuvo un encendido romance con la actriz Sarah Bernhardt. En algunos momentos de su carrera, la prensa más reaccionaria afirmaba que Mazzantini formaba parte

---

[10] Bagüés, Ventura, *Don Ventura: Historia de los matadores de toros, 1738-1943*. Barcelona: J. M. André, 1943.

de la masonería, llegando a murmurarse que en sus habituales excursiones invernales a los ruedos sudamericanos aprovechaba para estrechar lazos de amistad con las logias americanas.

El paso del «señorito loco» por el mundo de la política fue más bien ocasional, especialmente porque gozaba de una mejor formación intelectual que la mayoría de su coetáneos.

Capítulo II

El toreo femenino

Primer plano de Juanita Cruz[11]

---
[11] *Estampa,* 14 de julio de 1934.

Cuadrillas de señoritas toreras

Como es sabido, a lo largo de los siglos XVIII y XIX se comenzó a reglamentar la celebración de los espectáculos taurinos públicos en términos similares a los actuales, tanto en lo que concierne a los espadas varones como a las estoqueadoras. No obstante, los aficionados más recalcitrantes calificaban a estas últimas de *varoniles,* incluido el especialista Sánchez de Neira, quien no las tomaba demasiado en serio.

Las actuaciones de las señoritas toreras sirvieron de soporte publicitario a numerosas mojigangas programadas a lo largo del siglo XVIII, época en la que se convirtieron en la principal atracción de numerosos espectáculos taurinos populares, generalmente en horario nocturno, a pesar de que con frecuencia conseguían llenar los tendidos. En los primeros años del siglo XIX, el ilustrado Manuel Godoy prohibió la lidia de reses bravas a las mujeres, coincidiendo con la llegada a España del rey francés José Bonaparte.

Sin embargo, el hermano de Napoleón, en su deseo de congraciarse con el pueblo llano, permitió que la dama asturiana Teresa Alonso rejonease dos novillos en Madrid el 28 de julio de 1811 (con Jerónimo Cándido y Curro Guillén) gracias a las gestiones realizadas por el segundo espada ante el monarca. De esta manera, la señora torera compareció sobre el cuadrilátero, más que redondel, ataviada con una falda negra, una chaquetilla grana y un sombrero calañés. El monarca, que aplaudió calurosamente su actuación, dispuso que la mayor parte de la carne del burel, que estaba valorada en quinientos reales, se le entregase a la torera como premio a su labor, tal como era costumbre en estas ocasiones.

Alrededor de un cuarto de siglo antes, en la campaña de 1774, una de estas primeras estoqueadoras, Francisca García, *la Motrilera* (natural de Motril), esposa del rehiletero navarro Francisco Gómez, solicitó el permiso pertinente para poder torear a caballo en Pamplona. Esta autorización le fue denegada en dos ocasiones consecutivas a pesar de acreditar más de diez temporadas enfrentándose a reses bravas en escenarios tan cualificados como Granada, Cádiz, Valencia y Murcia, entre otros. Algunos revisteros afirmaban que los rejoncillos y las banderillas prendían con facilidad.

Por otro lado, cuenta el fabulista, poeta y filólogo José María Herrera que en la misma época que Pedro Romero también toreaba ganado fiero la monja rondeña María de Gaucín, a quien De Cossío cita en su biblia taurina y de quien se aseguraba que realizaba algunos pinitos de primer espada. Aunque tras cosechar varios fracasos consecutivos no tuvo más remedio que retomar los hábitos[12].

A lo largo del siglo XIX, hubo un amplio elenco de aspirantes del género femenino que practicaron el oficio de lidiar reses bravas. Así, a finales de 1894, la revista *El Enano* informaba de la presentación de una «cuadrilla de señoritas toreras catalanas» promovida por el administrador de la plaza del Toril, el escritor y a su vez fundador de la revista barcelonesa *El Toreo* Mario Armengol, *Verduguillo*. Este grupo de jóvenes muchachas, a quienes también se conocía como Las Noyas, se presentó en dicho coso catalán el 3 de marzo de 1895 con los tendidos abarrotados de espectadores y el redondel excepcionalmente acondicionado con burladeros para la ocasión.

La cuadrilla de toreras catalanas estaba formada por Lolita Pretel (vestida de verde y oro, de dieciséis abriles y barcelonesa de nacimiento), Providencia Jornaler, *la Noya* (de grana y oro, de diecisiete primaveras, originaria de Vinaroz; quien se retiró al finalizar la quinta función), y la sobresaliente de espada Angelita Pagés (de tabaco y oro, barcelonesa de diecisiete años). La cuadrilla de subalternas la completaban Julia Carrasco (también de diecisiete primaveras y natural de Játiva), las hermanas Rosa, Encarnación y Justa Simó (vecinas de la Barceloneta que habían abandonado el oficio de zurcidoras), María Pagés, hermana de Angelita, Josefa Mambea, *Jana* (nacida justo en la frontera entre Francia y Gerona), e Isabel Yerno.

Ese mismo mes de marzo se presentaron en la plaza de Madrid. En la primera temporada en activo sumaron cuarenta y cinco actuaciones, en muchas de las cuales consiguieron agotar la mayor parte de los boletos que se ponían a la venta. En la temporada de 1902, las carreras de las hermanas Pagés se bifurcaron en dos cuadrillas: la primera liderada por María Pagés, Lolita Pretel y Emilia Herrera, *Herrerita*, y la segunda, por Angelita Pagés.

Con posterioridad, Lolita Pretel se reconvirtió en rejoneadora, especialidad que practicó hasta el curso de 1906, cuando a consecuencia de

---

[12] Francisco J. Prieto, *el Lince*: «Doña María de Gaucín, monja torera», en *Ronda Semanal*, 23 de marzo de 2008.

ciertas campañas contra la lidia femenina el Gobierno prohibió torear a las mujeres. Por su parte, su principal contrincante, Angelita Pagés, se casó con el novillero Eduardo Serrano, *Gordet,* que había formado parte de su cuadrilla. Residente en Barcelona, tras cortarse la coleta nunca más concedió una entrevista a la prensa.

Según Raúl Felices, el mismísimo Rafael Guerra, *Guerrita,* se negaba a comparecer en las plazas de toros en las que previamente hubieran actuado las señoritas estoqueadoras. De acuerdo con una información divulgada por el diario *La Época,* el domingo 15 de septiembre de 1895 estuvo a punto de suspenderse una corrida de novillos en Madrid ante la negativa de los primeros espadas, el Oruga y Bebé Chico, a compartir el paseíllo con las novilleras catalanas Lolita Pretel y Angelita Pagés.

La República y la lidia femenina

Por desgracia para el género femenino en el toreo, el 6 de noviembre de 1906, el ministro de Gobernación del gabinete de Antonio Maura, Juan de la Cierva y Peñafiel, promulgó una real orden ministerial que prohibía expresamente a las mujeres torear en público, por considerarlo «impropio y tan opuesto a la cultura y a todo sentimiento delicado». El artículo 124 del Reglamento Taurino de 1930 mantenía esta prohibición, lo que no impidió que algunas aspirantes vistieran la falda de luces. La mayoría de las toreras tuvieron que optar por trasladarse a las plazas americanas o cortarse la coleta. La sevillana Soledad Guerra, *Guerrita,* eligió marcharse a México huyendo de las ácidas críticas que recibía muy a menudo, a pesar de que con frecuencia se medía de tú a tú con los toreros del sexo opuesto.

Las toreras fueron de las primeras mujeres que hicieron valer los derechos que les otorgaba la Constitución republicana de 1931, y reclamaron poder torear con libertad. Aun así, tuvieron que seguir soportando un sinfín de burlas y que las etiquetasen de «marimachos» con excesiva frecuencia.

Hasta la temporada de 1933 no pudieron exigir el cumplimiento estricto de los derechos individuales que les reconocía la Constitución de la Segunda República a través de los artículos 2 («Todos los españoles son iguales ante la ley»), 25 («No podrán ser fundamentos de privilegio jurídico: la naturaleza, la filiación, el sexo...») y 33 («Toda persona es libre de elegir profesión»). Un año más tarde, el ministro de Gobernación, el lerrouxista radical Rafael Salazar Alonso, derogó el artículo 124 del entonces vigente Reglamento Taurino, que prohibía torear a las mujeres.

A partir de entonces, a la mayoría de las novilleras que tomaron la decisión de practicar la lidia se las volvió a anunciar en espectáculos mixtos cómico-musicales, entre los que era populares La Orquesta Calderón, El Empastre, La Revue Taurina, Charlot o El Bombero Torero. Se trataba generalmente de funciones que comenzaban alrededor de las once de la noche y se prolongaban hasta las primeras horas de la madrugada. En la mayoría de las ocasiones se llenaban los escenarios en los que comparecían las toreras. Algunos de estos festejos estaban promovidos por el ex torero bufo Llapisera bajo el pomposo título de Espectáculos Universal.

Antes de arrancar la corta campaña de 1936, un amplio abanico de aspirantes a la gloria taurina de género femenino se disputaba un hueco en los carteles. Las más conocidas eran Mary-Gómez y Blanca del Rocío (naturales de Córdoba), Luisa y Pepita Ortega (de Madrid), la sevillana Maruja González, la madrileña Paquita Martín, *Belmonte,* Carmen Marín, Consuelito García, *Levantina* —que actuaba en la parte seria del espectáculo cómico-taurino Las Calderonas—, Inés López, *Salmantina,* Leonor Rivera —que en 1935 se presentó en Madrid y unos años más tarde se casó con el matador de toros mexicano Jesús González, *el Indio*—, Marina Muñoz (de Barcelona), la madrileña Mercedes Caballero, Angelita Alonso Velasco, Angelita del Álamo, Camila Estrada (de San Fernando) y María Greta (de Madrid). Pero, sin duda, las toreras que mayor interés despertaban entre los aficionados eran las rejoneadoras Luisita Paramón y Beatriz Santullano y las primeras espadas María Luisa Jiménez, *Viuda de Atarfeño,* Juanita Cruz y las hermanas Palmeño.

María Greta, de gran atractivo físico, se reconvirtió en *vedette* de revista, profesión en la que tampoco consiguió un gran renombre. Su mayor logro publicitario fue que asegurasen sus piernas en doscientas mil pesetas. Estaba representaba por el revistero taurino y luego ministro de Comunicaciones del Partido Republicano Radical César Jalón, *Clarito.*

También Carmen Sánchez (de nombre artístico *Carmen Murillo)* ejerció de corista en el Paralelo barcelonés, oficio que compatibilizó con algunas apariciones en los redondeles vestida de seda y oro en la temporada de 1934, siguiendo el ejemplo de su hermano, el novillero murciano Emilio

Sánchez Romeral. El 14 de julio de 1936, tres jóvenes aspirantes —Maruja Padilla, *la Canaria,* Julita Alocén y Luisa Gallego— aún despacharon una becerrada en Madrid a favor del montepío de la Asociación de Empleados y Obreros de los Ferrocarriles de España.

Por su parte la novillera Agustina María Salomé Rodríguez, más conocida como *la Reverte* (Navas de San Juan, Jaén, 1878-1942), de tez morena y fuerte constitución física, encontró su primer empleo de peón en la misma mina jienense en la que trabajaban sus progenitores. Allí realizaba idénticas tareas que los hombres. Una tarde se quedó prendada de la actuación de Dolores Sánchez, *la Fragosa* (nacida en Guillena, Sevilla, en 1886), en la plaza de toros de su pueblo, y decidió emularla previo cursillo de aprendizaje acelerado a las órdenes de un antiguo banderillero cordobés.

De esta manera, durante varias temporadas acumuló una gran experiencia y méritos toreando en numerosos cosos pueblerinos, hasta que consiguió que la anunciasen en la plaza de toros de Madrid. La prensa especializada sentenció que tenía más facultades para la lidia que muchos toreros del sexo opuesto. Por desgracia, de vez en cuando sus gestos varoniles le jugaban malas pasadas, como a finales de 1903, cuando fue condenada a cuatro años de cárcel por propinar una paliza a un hombre.

En octubre de 1907 acudió al coso de Lisboa (con la Joseílla y la Pepita), donde gozaba de un prestigio sólido. Unos años después, cuando ya llevaba doce temporadas en activo y había estoqueado más de quinientas reses bravas, el Gobierno prohibió torear a las mujeres en público. La Reverte, después de agotar todos los recursos legales a su alcance, tomó la decisión de someterse a un reconocimiento médico para demostrar su pertenencia al género masculino y así poder seguir ejerciendo el oficio de estoqueadora. Según afirmaban algunos de sus detractores, aquel certificado estaba falseado. A partir de ese momento cambió su nombre por el de Agustín Rodríguez, *el Reverte.* Aun así, en octubre de 1911, en virtud de una denuncia presentada, el gobernador civil de Vizcaya le exigió la presentación de su partida de bautismo como demostración fehaciente de que pertenecía al género masculino antes de autorizar su actuación en la plaza de toros de Indautxu. Esto no le impidió realizar el paseíllo, pero poco tiempo después no le quedó más remedio que cortarse la coleta.

Carabina al hombro, la antigua novillera consumió los siguientes años de su vida trabajando de guardia de seguridad en una mina de Vilches (Córdoba). En el mes de septiembre de 1934, cuando ya contaba con cincuenta y seis años cumplidos, se volvió a autorizar la lidia femenina; momento que un avispado empresario aprovechó para promover la reaparición del torero transexual en la capital de la República. Con el pelo totalmente cano y noventa kilos de peso, el Reverte se ajustó una guayabera blanca y un pantalón negro entallado en lugar del clásico traje de luces, y cosechó un sonado fracaso que hizo que pronto volvieran a olvidarse de él.

Agustín Rodríguez, *la Reverte*[13]

Tanto a caballo como a pie, la rejoneadora Luisita Paramón mostraba una gran habilidad sorteando el ganado fiero, oficio en el que demostró sus conocimientos el primer domingo de agosto de 1935 en un festejo nocturno en la plaza de Madrid. Para su desgracia, uno de los becerros que le tocó en suerte retornó vivo a los corrales.

La confrontación armada sorprendió a Luisita en la capital de la Segunda República, de manera que en el mes de octubre de 1936 se integró en un batallón de milicianos en el que alcanzó el grado de capitán y con el que acudió a defender la sierra madrileña con la tarea específica de adiestrar caballos de uso militar, recordando sus años de *jockey*. Al mismo tiempo, servía de enlace entre el cuartel general y los puestos de mando avanzados. Tras el final de la Guerra Civil, su nombre desapareció del

---

[13] *Mundo Gráfico,* 9 de octubre de 1912.

panorama taurino.

La familia de Beatriz A. Santullano Sarobe residía en una lujosa mansión del distrito madrileño de Ciudad Lineal, donde su padre poseía una cuadra y picadero de caballos de raza bautizado con el nombre de La Quintana. Un periodista del semanario *Estampa* definió a Beatriz como «hija de un rico hombre de negocios, caprichosa, mimada, orgullosa, linda y elegante…»[14].

Las primeras noticias acerca de esta amazona se remontan a la temporada de 1934, coincidiendo con su presentación en la Maestranza sevillana. Al parecer, allí recibió el beneplácito de Juan Belmonte, quien habría alabado sus condiciones para el toreo a caballo. Refrendó aquella actuación unos días después en Aranjuez, donde volvió a mostrar una gran habilidad colocando los rejones; y en las arenas de Perpiñán en los primeros días de mayo, a raíz de lo cual apalabró dos contratas más.

Gracias a sus anteriores éxitos y a la habilidad de su representante, José Raúl Álvarez, fue escriturada para realizar el paseíllo en Cabra, Priego, Cáceres, Murcia… en los meses de junio y julio. En Lorca cerró una combinación con las hermanas Palmeño. Ese mismo año contrajo matrimonio con el novillero Manuel del Valle[15].

La caballista se presentó en Carabanchel el 3 de mayo de 1936. En junio acudió a los circos de Valladolid, Logroño y Bilbao. En la capital de La Rioja protagonizó una novillada mixta con Pepe Gracia y Luis Díez, con quienes sorteó, de igual a igual, un encierro de Fidel Rubio. También en junio actuó en la Monumental barcelonesa, donde rejoneó dos erales con gran dominio de la monta, pues colocó varios rejones con maestría y dos pares de zarcillos en el círculo de una perra gorda. El último día del mes acudió a Zaragoza, donde ganó la oreja de un enemigo al que despenó de un certero aguijón. El primer domingo de julio volvió a comparecer en Barcelona y siete días después, en Ferrol.

Durante la Guerra Civil, el nombre de Beatriz Santullano prácticamente desapareció del escaparate. Destacó una actuación el 27 de agosto de

---

[14] *Estampa*, 23 de mayo de 1936.
[15] Manuel del Valle Jurado era miembro de una acomodada familia trianera. Empezó a estudiar Medicina y fue protegido del matador de toros Manuel del Pozo, Rayito. En 1930 se presentó con picadores en Valladolid.

1936 en un festival patriótico celebrado en Las Ventas (promovido por la Agrupación Socialista del Puente de Vallecas en favor de los hospitales de sangre y de las milicias proletarias de la UGT, CNT y Partido Comunista), en el que resultó cogida de gravedad. Debió esperar a la temporada de 1940 para retornar a los redondeles de Granada, Almería, Pedro Muñoz, Puertollano, Jerez de la Frontera, Requena..., en los que sumó veintisiete actuaciones. En mayo de 1946, una vez más, toreó en la plaza de toros de Barcelona. La reseña que le dedicó José María Villapecellín en *El Mundo Deportivo* fue inmisericorde, tal vez recordando su pasado democrático:

> Cuando Beatriz Santullano tenga que llenar la hoja del padrón, en la casilla correspondiente a la profesión, debe poner sin titubear «sus labores». Por el respeto que debo como caballero a la mujer, me dolía el ridículo de esta muchacha, no ya como rejoneadora, que no la podemos juzgar, sino como profesora de equitación. La plaza de Barcelona es mucha plaza para aprendices y en el mismo caso de Beatriz Santullano se encuentra el sobresaliente, que recibió dos avisos, y todos los subalternos que la acompañaban[16].

En el mes de mayo de 1950, el nombre de Beatriz volvió a aparecer en la prensa de resultas de la fuerte conmoción cerebral que sufrió tras ser derribada por uno de sus jacos en el ruedo de Zamora.

En el apartado de anécdotas se encuentra una actuación de la jinete madrileña en el coso galo de Le Cannet, cerca de Arlés, a la que acudió Pablo Picasso. Beatriz le brindó al pintor la muerte de un novillo y este, en correspondencia, la invitó a cenar junto con el resto de los actuantes (Carlos y Paco Corpas y Mario Carrión).

Santullano falleció en Madrid el 3 de enero de 1979.

María Luisa Jiménez Carvajal, *Viuda de Atarfeño* (Guadix, 1911 - Granada, 1971), era una joven de gran atractivo físico, estatura regular y figura estilizada que llamaba poderosamente la atención por sus grandes ojos negros. Con tan solo veinte años contrajo matrimonio con el aspirante a

---

[16] *El Mundo Deportivo*, 13 de mayo de 1946.

figura del toreo Miguel Morilla Espinar, *Atarfeño*. Con él asistía a los tentaderos de reses bravas, en los que habitualmente aprovechaba para poner en práctica las enseñanzas de su marido.

El 2 de septiembre de 1934, la joven esposa y su hijo de diecisiete meses presenciaron en la plaza de Granada cómo un toraco de Moreno Santamaría segaba la vida de Atarfeño —amigo de García Lorca, quien al parecer le habría dedicado un poema—, justo unas semanas antes de que Juan Belmonte le doctorase como matador de toros. Aquella tarde, el novillero contaba en su cuadrilla con los subalternos anarquistas Argollas y Galadí, posteriormente asesinados en compañía del poeta granadino.

Solo habían transcurrido ocho meses desde la desaparición de Atarfeño cuando, aún de luto riguroso, su viuda tomó la arriesgada decisión de mostrar sus conocimientos como lidiadora de reses bravas en un festejo mixto que tenía el objetivo de recaudar fondos para erigir un monumento en el camposanto de su pueblo que perpetuase la memoria de su esposo y, de paso, la ayudase a sacar adelante a su hijo Miguelillo. De esta manera, el 22 de junio de 1935, Luisa, mujer garbosa y arrojada, se presentó en el principal coso granadino no de luces, sino vistiendo un pantalón negro —y no demasiado ceñido— y una chaquetilla de piqué blanco sobre una camisa blanca con el cuello abierto. Compartió el redondel con Alfonso Ordóñez, *Niño de la Palma II*, y Enrique Millet, *Trinitario II*, con reses de la igualmente viuda del Marqués de Villamarta. Esa tarde sufrió un síncope tan grande como el fracaso que cosechó. Unos meses después fue incapaz de pasaportar otro novillo en Zaragoza, de forma que como castigo pasó la noche en los calabozos de una comisaría de policía, aunque su mala actuación no tuvo mayores consecuencias.

Cuando ya había estoqueado alrededor de cuarenta festejos, la Guerra Civil cortó en seco su incipiente carrera taurina. Aún tuvo tiempo de ofrecer una última función en Tomelloso el 26 de junio de 1936 en un espectáculo cómico-taurino a favor de la Cruz Roja.

El levantamiento armado sorprendió a María Luisa Jiménez en Madrid, ciudad en la que intentaba compatibilizar la profesión de matadora con la de actriz cinematográfica, pues la había contratado una productora de cine norteamericana. En Granada se la conocía como la Pasionaria del Albaicín. Sin embargo, desde los primeros momentos del levantamiento armado se situó del lado de los conmilitones facciosos, lo que la obligó a abandonar la capital de España tan pronto como pudo, protagonizando una larga huida a través de Guadix, Jaén, Murcia y Almería. En la última urbe fue acusada de espiar a favor de los militares franquistas, motivo por el que fue encarcelada en Úbeda primero y en Baza unos días después, entre febrero de 1937 y marzo de 1939, mes en que las tropas nacionales tomaron la ciudad bastetana.

No obstante los anteriores datos, y dada la dificultad para conocer su trayectoria en estos días, sí se sabe que en mayo de 1937 Luisita Jiménez lució su arte en las plazas republicanas de Cehegín (con Julián Medina y Pedro Barrera) y Caravaca de la Cruz. En 1940 solicitó que le concediesen la Medalla de Sufrimientos por la Patria, que daba derecho a recibir una pensión vitalicia, pero las autoridades franquistas se la denegaron en un escrito en el que se aseguraba que carecía de pruebas testificales suficientes.

Según el blog *Mujeres de Atarfe*[17], la viuda torera acabó marchándose a América, tal vez a México, donde al parecer llegó a protagonizar alguna película. Cuando volvió a su tierra en los años sesenta, tenía suficiente dinero ahorrado como para invertir en varios inmuebles, de forma que pudo vivir cómodamente de las rentas. Por lo visto, contrajo de nuevo matrimonio hasta en dos ocasiones más, y en ambas enviudó.

En 1932, cuando se cumplían cuarenta temporadas sin que las mujeres pudieran torear legalmente en las plazas españolas, Juana Cruz de la Casa[18] (Madrid, 1917-1981) cumplía quince años. En junio, la aspirante madrileña hizo realidad su sueño de estoquear un becerro en León gracias a la permisividad del gobernador provincial, muy aficionado a la fiesta brava.

Ya miembro activo del escalafón novilleril, Juanita acudió al coso de Cabra en el mes de febrero del año siguiente (con Manolete y Bebé Chico). Sufrió una furibunda crítica antifeminista que no le impidió repetir comparecencia en el mismo recinto el Domingo de Resurrección (con reses de Gamero Cívico). Esa temporada, el Veneno de Pardinas sumó treinta y dos actuaciones en coliseos tan acreditados como los de Córdoba y Málaga, a

---

[17] <mujeresdeatarfe.blogspot.com.es>.
[18] Juanita Cruz nació en la calle de Jorge Juan de Madrid —entonces, avenida de la Plaza de Toros—, muy cerca del coso de la carretera de Aragón, en el que presenció numerosos festejos sentada en la meseta de toriles en compañía de su amiga Encarna, hija del carpintero de la plaza, en la que ambas jugaban desde niñas.

pesar de las permanentes descalificaciones machistas que le dedicaba una parte de la prensa especializa. Entre otros agravios, se incluía la omisión reiterada de su nombre.

En el curso de 1933, los representantes legales de la torera madrileña pusieron en marcha una campaña dirigida a exigir el cumplimiento estricto de los derechos que la Constitución republicana le otorgaba. Su apoderado y futuro marido inició una recogida de firmas tendente a reivindicar la igualdad entre hombres y mujeres en los cosos, iniciativa que contó con el apoyo de Marcial Lalanda, que avaló con su firma el derecho de la novillera a torear. Domingo Ortega se negó a rubricar aquel escrito.

Por fin, Juanita Cruz consiguió imponer sus derechos constitucionales —previa reforma del Reglamento Taurino—, una vez que el director general de Seguridad, Rafael Salazar Alonso, autorizó oficialmente la práctica del toreo femenino. En la temporada de 1934, Juanita se vistió de luces en cincuenta y tres ocasiones.

A finales de julio, la aragonesa Pilar Tirado, que solo buscaba la fama, se convirtió en la primera espontánea una tarde en la que, con su bata de vestir convertida en capote de brega, se arrojó al ruedo de Zaragoza en el turno de Juanita Cruz.

En la temporada siguiente, Juanita sumó cincuenta funciones con picadores desde su presentación en Granada el 5 de mayo de 1935 (con Antoñete Iglesias y Joselito de la Cal, y novillos de Perogordo). Ese curso tuvieron especial relevancia sus dos actuaciones consecutivas en el ruedo madrileño de Carabanchel, en esos momentos bajo los auspicios de José Escriche[19], quien colgó el cartel de «No hay billetes».

---

[19] José Escriche Asensio, empresario valenciano, era uno de los miembros de la Asociación de Empresas de Toros de España, que regentaba la plaza de Córdoba. En los años sesenta, cuando Manuel Benítez, *el Cordobés,* se presentó con picadores en los Tejares, Escriche continuaba al frente de la plaza. Con anterioridad se había ocupado de la gestión del coliseo madrileño de Vista Alegre —del que llegó a ser propietario—, de la plaza de Valencia —en los años treinta— y de las de Jerez, Aranjuez, Albacete, y parcialmente de la Maestranza sevillana. Tras el final de la Guerra Civil se convirtió en un acérrimo enemigo de Pepe Cámara, apoderado de Manolete. En el mes de julio de 1939 ofreció una de las primeras oportunidades a Luis Miguel Dominguín en la plaza cordobesa en una novillada nocturna. Aquella tarde, Dominguín brindó un utrero a Guerrita, y, tras el éxito obtenido, repitió actuación en el mismo redondel. Escriche, que residía en la capital andaluza, sufrió una grave dolencia ocular que le dejó ciego, y acabó regresando a Valencia, donde falleció en 1974.

El jueves 2 de abril de 1936, la lidiadora se presentó en Las Ventas con reses de las ganaderas Carmen de Federico y María Hernández, viuda de García Aleas, y junto al Niño de la Estrella, Miguel Cirujeda y Félix Almagro. El empresario Eduardo Pagés no confiaba en exceso en la espada de la avenida de la Plaza de Toros, pero esta le cortó una oreja a su primer enemigo a pesar de que la volteó y le destrozó el traje-falda. También resultó lesionada en la mano izquierda en el momento de entrar a matar, por lo que hubo que interrumpir la lidia para que le curasen en la enfermería. Una vez más, el machismo imperante quedó de manifiesto: todas las placas fotográficas que transmitieron los diarios madrileños al día siguiente estaban sospechosamente tomadas en los momentos más deslucidos de la actuación de Juanita.

Tras su triunfal presentación en la capital de la República le llovieron los contratos. Cuando las hojas del calendario alcanzaron el 18 de julio, la estoqueadora sumaba dieciocho festejos pasaportados.

Camilo José Cela dejó constancia de las peculiaridades que ofrecía el toreo femenino en las jornadas prebélicas:

> A Juanita Cruz señorita torera le dieron un aviso en Valladolid, lo pone el periódico, la verdad es que tuvo poca suerte con el ganado, que le salió mansurrón, a la Amanda Ordóñez le gusta más Enriqueta Palmeño, ¡dónde va a parar!, y la rejoneadora Beatriz Santullano, que monta a caballo como Dios, parece una centaura, no se dice centaura, bueno, pues una amazona[20].

Los días 20 y 21 de septiembre, Juanita ofreció sus dos últimas representaciones en los circos leales de Cartagena y Vista Alegre. A finales de mes, sus padres, junto a su apoderado, decidieron que lo más conveniente para sus intereses profesionales era aceptar las ofertas que tenía para viajar a las plazas americanas. Así, en los primeros días de octubre, la diestra abandonó la península ibérica a través de Portbou camino del puerto de Boulogne-sur-Mer, donde embarcó en un transatlántico rumbo a Venezuela.

En la inauguración de la temporada invernal del Nuevo Circo de Caracas, el 20 de diciembre de 1936, Juanita Cruz se presentó en las plazas venezolanas (con Chiquito de la Audiencia y Pepe Gallardo). A continuación, acudió al coso de Maracay, donde sorteó las seis reses en punta, de

---

[20] Camilo José Cela: *San Camilo, 1936*. Madrid: Alianza Editorial, 2003.

igual a igual, con sus dos compañeros de terna, sin hacer valer su condición de dama. Aquella tarde cosechó dos orejas. Una semana después ratificó su éxito en el mismo escenario. Sus triunfales actuaciones resultaron tan aplaudidas que la empresa caraqueña también escrituró a Enriqueta Palmeño.

En los meses siguientes, Juanita Cruz amplió su radio de acción a los redondeles colombianos de Cartagena de Indias, Barranquilla, Palmira, Cali y Turbaco, donde fue recibida con una inusitada expectación, a pesar de que un malentendido con el empresario caraqueño a cuenta de los emolumentos pactados retrasó su presentación varias semanas.

En el mes de julio de 1937 emigró a Perú, ajustada para actuar en los circos de Lima y Acho. En septiembre trabajó tres tardes consecutivas en Quito, en compañía de Juan Silveti. En diciembre, después de una larga excursión a través de diversas plazas latinoamericanas, regresó a Caracas, donde conservaba el prestigio intacto.

El 1 de enero de 1938, Juanita alternó en el circo de Maracay, mano a mano, con el Niño de la Palma; y a continuación, en los cosos de La Victoria, Valencia, Turnero… En los primeros días de febrero intervino en un festejo a beneficio de la Cruz Roja junto a Chiquito de la Audiencia, tarde en la que brilló a una gran altura. En marzo, Domingo Ortega se negó a realizar el paseíllo al lado de la novillera en Caracas, a pesar de reconocer que «parece que esa señorita se ha tomado el toreo en serio». En todo caso, el empresario de la plaza y representante del torero toledano, Eduardo Pagés —quien, a la vista de los resultados, había modificado su opinión sobre la torera—, prefirió el concurso de Juanita, quien el 13 de marzo volvió a pisar el mismo escenario (con Carnicerito de Málaga y Chiquito de la Audiencia) en una tarde en la que consiguió tres trofeos y una nueva contrata.

En mayo de 1938, la máxima atracción del toreo femenino aterrizó en México con una exclusiva para pasaportar quince festejos, si bien la vigencia del veto a los diestros españoles le impidió cumplir las escrituras. Juanita tuvo que esperar al 18 de septiembre, tras conseguir los avales de Armillita, Silveti y Carnicerito de México para poder presentarse en la plaza del Toreo (en un encierro de Carlos Cuevas con el que se midieron Arturo Álvarez, *el Vizcaíno*, y Porfirio Sánchez). A esta primera novillada siguieron otras comparecencias triunfales en Ciudad Juárez, Guadalajara, Monterrey, San Luis Potosí, Torreón, Zamora… A principios de 1939,

Juanita Cruz acudió al segundo coliseo más importante de México: Guadalajara, capital del estado de Jalisco (junto a Alfonso Ramírez, *Calesero*, y Carlos Arruza).

Los matadores españoles continuaban sin poder torear en México. La única excepción fue la diestra republicana, quien, finalmente, recibió la alternativa en Fresnillo (Zacatecas) el 17 de marzo de 1940 de manos de Heriberto Herrera. Esa tarde fue premiada con las dos orejas tras una deslumbrante actuación frente a los bureles de Cerro Viejo-San Mateo, confirmación que nunca pudo refrendar en Las Ventas.

Entre las temporadas de 1936 y 1942, Juanita Cruz alcanzó sus momentos de mayor esplendor artístico. Solo en los redondeles americanos estoqueó cuatrocientos sesenta festejos.

No obstante, las actuaciones de la estoqueadora en los ruedos de allende los mares fueron totalmente silenciadas en la Península. Para los vencedores de la Guerra Civil había dejado de existir. A su nombre le acompañaría la etiqueta de roja para siempre. Volver a vestirse de luces en las plazas españolas era misión imposible, entre otras causas porque se había vuelto a prohibir el toreo femenino.

En 1946, tras diez años de destierro forzoso, Juanita Cruz toreó por última vez en las plazas americanas en La Paz (Bolivia), antes de retornar a España previa escala en territorio francés, donde aprovechó para torear de vez en cuando. A finales de 1947 llegó a Madrid, donde nunca más pudo mostrar sus conocimientos del arte de Cúchares. Un político de la época se interesó por su caso ante el ministro y cuñado del «generalísimo», Serrano Suñer, pero uno de sus asesores concluyó: «Si es roja, señor ministro, y enemiga de Franco…». Además, el Gobierno franquista y el sindicato vertical no autorizaban el toreo femenino y la mayoría de los estoqueadores se negaban a torear junto a una mujer.

Una vez en la capital, y para evitarse más contratiempos, Juanita contrajo matrimonio religioso con su apoderado, pues nunca había renegado de la fe católica. Por prudencia, propia o pactada, tampoco volvió a conceder entrevistas a la prensa. Su trayectoria quedó resumida en el epitafio que su marido, Rafael García Antón, grabó sobre su tumba: «A pesar del daño que me hicieron en mi patria los responsables de la mediocridad del toreo de 1940-1950… ¡brindo por España!». En su biografía, García Antón resumió de esta manera los avatares que se había visto obligada a sortear Juanita, incluido el boicot al que la sometieron sus compañeros de profesión: «¡Vaya, ya me lo han ganado estos maricas de toreros españoles! ¡Y ha tenido que haber una guerra civil para que me vencieran!»[21].

Juanita Cruz protagonizó entre las temporadas de 1933 y 1947 más de setecientos festejos taurinos, en los que estoqueó alrededor de un millar de reses bravas. En mayo de 1942 fue herida de cierta consideración en Maracay, donde se seccionó el talón de Aquiles con un estoque. El 12 de septiembre de 1944, en Bogotá, también resultó cogida de gravedad en muslo, rodilla y tórax, en el festejo que hacía el número 555. En cualquier caso, gozó de un gran predicamento en Colombia, especialmente en Bogotá, Medellín y Cali. En sus años juveniles había aprendido el oficio de taquimecanógrafa.

Juanita fue la primera matadora que vistió una falda de luces en lugar de la clásica taleguilla, lo cual le valió las críticas de algunos compañeros de oficio. Los músicos mexicanos Oropesa y Saiz de Aja[22] le dedicaron un pasodoble, posteriormente recuperado del olvido por los escritores Emilia Boado y Fermín Cebolla:

> Es Juanita Cruz
> torera de temple
> que con el capote
> no tiene rival,
> y con la muleta
> al toro manda y domina,
> con sabor gitano y con arte de califal.

Junto a Juanita Cruz, Enriqueta y Amalia Almenara fueron dos de las más destacadas estoqueadoras del escalafón taurino, hasta que el estallido de la Guerra Civil les quitó el derecho a torear.

Las hermanas Palmeño eran hijas de Pedro Almenara Díaz, *Palmeño* (natural de Palma del Río), modesto exnovillero afincado en Barcelona que en los años treinta abrió una escuela de tauromaquia en Perpiñán. Allí, sus hijas aprovecharon para adentrarse en los secretos de la lidia, y en la misma plaza de toros francesa debutaron vestidas de luces.

De las dos hermanas, Enriqueta fue la que alcanzó mayor reconoci-

---

[21] Rafael García Antón: *Juanita Cruz. Su odisea.* Madrid: Artes Gráficas Sol, 1982.
[22] Emilia Boado y Fermín Cebolla López: *Las señoritas toreras: historia, erótica y política del toreo femenino.* Madrid: Ediciones Felmar, 1976.

miento popular. Gracias al camino que les abrió la Constitución republicana se pudieron presentar en numerosas plazas españolas. Al principio, Enriqueta actuaba en solitario, y posteriormente formó pareja con su hermana. Ambas mostraban la firme decisión de hacerse un hueco en el cerrado escalafón taurófilo.

Enriqueta Palmeño toreando en el Chofre donostiarra, el 31 de junio de 1935[23]

Según algunos revisteros de la época, Enriqueta ofrecía un repertorio muy variado que incluía el comienzo de las faenas sentada en el estribo, con la flámula plegada, para después moverse por las afueras del redondel con mucha facilidad y más gracia. Por su parte, Amalia mostraba un perfil más estilista, que no eludía la colocación de los garapullos. Acostumbraban a torear al alimón con el capote. La nombradía de ambas toreras llevó al compositor Pascual Marquina Narro a dedicarles un pasodoble con el título de su alias taurino.

La campaña de 1934, las novilleras franco-andaluzas escrituraron treinta y cuatro funciones como protagonistas principales de la parte seria de otros tantos espectáculos cómico-taurinos nocturnos. En el ciclo de 1935 pasaportaron cuarenta y seis festejos, incluida una novillada sin picadores en Carabanchel el 30 de marzo en la que alcanzaron un notable éxito. El 14 de julio ofrecieron otra magnífica actuación nocturna en Las Ventas, la cual quedó recogida en las páginas del *Heraldo de Madrid*:

La reaparición de las hermanas Palmeño en el coso monu-

---

[23] Fotografía de Pascual Marín. Kutxateka.

> mental fue bastante acontecimiento para llevar a miles de ciudadanos, a pesar de lo desagradable de la temperatura de la noche del sábado. Y es que estas señoritas toreras han demostrado una y otra vez en el coso madrileño un valor que para sí quisieran más de cuatro varones, y un arte poco común. Ganadoras un día de la «oreja de oro» en buena lid con otras artistas en tauromaquia, las hermanas Palmeño son una garantía para quienes gusten de ver torear clásicamente[24].

Según Emilia Boado y Fermín Cebolla, las hermanas Palmeño gozaron de una gran notoriedad en Albacete, donde en la temporada de 1935 las anunciaron tres tardes en una semana (la última, con ocasión del cuarto aniversario de la proclamación de la República). Poco después, coincidiendo con otra actuación de las hermanas Palmeño, el ex ministro de Comunicaciones del Gobierno de Lerroux y revistero taurino riojano César Jalón, *Clarito*, se manifestó contrario al toreo femenino en los siguientes término: «Pero, señores, ¿hasta cuándo hemos de aguantar estas parodias taurinas?».

En las ferias logroñesas de septiembre de ese mismo año, las hermanas cordobesas se midieron en un encierro de Fidel Rubio y Manuel Etura incluido en el espectáculo Las Palmeñas y Los Califas.

Antes de comenzar la temporada de 1936 (en la que actuaron en Albacete en cinco oportunidades distintas), el ganadero navarro M. Alaiza se hizo cargo de los intereses artísticos de las hermanas Palmeño. En los primeros días de abril acudieron de nuevo al principal redondel de Madrid, en el que se midieron a un encierro de la viuda de García Aleas (con Daniel Luca de Tena, Mariano García y Paco Hidalgo). El día 5 de ese mes se corrió un festejo en la Monumental barcelonesa que pasaportó Amalia en sustitución de Juanita Cruz (y junto a Paco Hidalgo y Daniel Luca de Tena, con novillos de la viuda de García Aleas). En la reseña que le dedicó Eduardo Palacios en el *ABC* se afirmaba que «La señorita Palmeño, ciertamente bella, a pesar de salir vestida con taleguilla, hizo cuanto pudo para lograr aplausos, cosa que en verdad no se le regateó. Su primer enemigo, que la volteó aparatosamente, murió de dos pinchazos»[25].

Tras el festejo, la policía detuvo a las dos practicantes del arte de Cú-

---

[24] *Heraldo de Madrid*, 15 de julio de 1935.
[25] *ABC*, 7 de abril de 1936.

chares siguiendo una orden emitida por la Dirección General de Seguridad en virtud de una denuncia presentada por la madre y el padrastro de las estoqueadoras. De esta manera, las hermanas tuvieron que pasar la noche en una comisaría de policía hasta que lograron justificar que era su tía, la señora Olivares, que las acompañaba, la depositaria legal de sus intereses artísticos. Al parecer, el malentendido se debió a un litigio familiar relacionado con la administración de los intereses profesionales de las toreras, pleito que aún continuaba vigente en los primeros días de junio, cuando volvieron a ser retenidas en Málaga por el mismo motivo[26].

El 1 de junio, Enriqueta actuó en solitario en Cáceres en la parte seria del Espectáculo Universal que cerraba la banda de música infantil Los Califas. El 21 de junio, Enriqueta y Amalia viajaron a Bilbao, donde pasaportaron una novillada de la ganadería de Pellón y Ramón Cruz (en compañía de Isaías Terradillos). El día de San Fermín las anunciaron en Málaga (con Manolo y Paco Ortiz). Y en los primeros días de julio su trabajo decepcionó en Cádiz, donde la autoridad gubernativa obligó a las Palmeño a despachar un encierro excesivamente grande y peligroso para los escasos recursos técnicos que mostraban. El 27 de julio ya no pudieron viajar a Tudela a cumplir el festejo previamente signado.

La Guerra Civil truncó la carrera de las hermanas Palmeño. Amalia, después de contraer matrimonio, fijó su residencia en Barcelona y nunca más volvió a vestir el traje de luces. Por su parte, Enriqueta cruzó el charco y vivió en Venezuela, Ecuador y Colombia, donde continuó en activo las temporadas de 1937 y 1938 con apariciones esporádicas en numerosos ruedos provinciales.

Así, con la guerra y el fin de la República, se ponía el punto final a los derechos de la mujer estoqueadora, hasta que se los devolvieron en los años de la restauración democrática.

---

[26] *La Vanguardia,* 9 de junio de 1936.

Capítulo III

Precedentes de la Guerra Civil

—¿Por qué lloran ustedes…? ¿Se les han muerto sus esposas?
—¡Peor, señor, peor!
—¿Se han quedado sin hijos?
—¡Mucho peor, señor, mucho peor…!
—Entonces, ¿qué tienen ustedes que están tan tristes?
—¡Que no sé qué va a ser de España si los picadores se declaran en huelga…! ¡Pobre España, señor, pobre España![27]

---

[27] *La Correspondencia de España,* 30 de abril de 1901.

Sindicalismo taurino

Las raíces del sindicalismo taurino de clase se remontan a los meses de mayo y junio de 1901, año en que se constituyó la Asociación de Picadores y Subalternos, que se vio impelida a exigir la regulación legal del trabajo de estos subalternos. El colectivo de subordinados taurinos puso sobre la mesa de negociaciones su derecho a contar con una escala salarial básica acorde con la categoría profesional de los estoqueadores a los que servían y de las plazas a las que acudían a torear. En primer lugar, y para conseguir sus reivindicaciones, se movilizaron los piqueros, lo cual no satisfizo a sus jefes, que se sintieron heridos en su orgullo y en su bolsillo. Unas semanas después, el conflicto laboral se extendió a las filas de los banderilleros, que inicialmente no habían secundado la convocatoria de paro. Por fin, los peones y varilargueros constituyeron la anterior asociación, la primera organización sindical taurina, suceso del que levantaron acta los principales medios de comunicación:

> Es cosa hecha la huelga de picadores, los de tanda y los de reserva: se reunieron la tarde del 30 de abril de 1901, y en vista de que los diestros Fuentes y Algabeño se negaron a aceptar la reivindicaciones, han resuelto declararse en huelga. Por su parte, los citados matadores han despedido a los picadores. Lo que motivó que esa misma noche se reunieran en el café San Luis los banderilleros para tratar de las bases de su asociación y los sueldos que habrán de percibir por su trabajo[28].

El conflicto laboral duró varias semanas. El domingo 12 de mayo seguía sin encontrarse una solución satisfactoria a las demandas de los proletarios taurómacos: «Los picadores asociados se niegan a torear con los de Algabeño, porque estos no pertenecen a la asociación, y, por lo tanto, ni Conejito ni Bombita pueden disponer de picadores»[29].

---

[28] *La Correspondencia de España,* 30 de abril de 1901.
[29] *El Liberal,* 12 de mayo de 1901.

El boicot de los picadores de turno continuaba a mediados de junio, de manera que Bombita, Negrito y Gordito comparecieron en el coso de Barcelona sin sus cuadrillas. A finales de mes se resolvió felizmente el conflicto, una vez que ambas partes, diestros y varilargueros —especialmente los no afiliados al sindicato—, cedieron en sus posiciones.

A finales de agosto de 1917 se planteó una nueva huelga del colectivo taurino que obligó a suspender varias funciones, entre otras una prevista en el anfiteatro de Madrid, por miedo a posibles algaradas.

En 1919, las tropas de a pie refundaron la sociedad profesional de rehileteros y varilargueros instituida a principios de siglo con el objeto de integrar al mayor número posible de miembros. La presidía el toledano Juan de Lucas Huecas (nacido en Olías en 1893), subalterno de Nacional I y Marcial Lalanda, quien en el otoño de 1927 se despidió del oficio en un festival promovido en su beneficio por sus colegas de profesión. En los años treinta se ocupó de los intereses profesionales de Lalanda y Niño de la Palma. Tal vez influido por el estoqueador de Vaciamadrid Marcial Lalanda (a quien había servido lealmente, primero como subalterno y después como apoderado), en los años cuarenta volvió a presidir el sindicato vertical de Picadores y Banderilleros.

En abril de 1931, la Asociación de Empresarios Taurinos y la Asociación de Picadores y Banderilleros plantearon conjuntamente una huelga general en el caso de que el ministro de Gobernación no cumpliese el acuerdo que habían aprobado las respectivas asambleas gremiales de sustituir las puyas obligatorias hasta esos momentos por las que determinaba el anterior Reglamento Taurino. Así, estaban dispuestos a no torear ningún espectáculo en el que se impusiesen las picas recién reglamentadas.

El 18 julio de 1936 coexistían dos asociaciones taurinas, en las que se encuadraba la mayoría de los espadas y los miembros de sus cuadrillas. Por un lado, se encontraba la Asociación de Matadores de Toros y Novillos —fundada por Bombita—, que contaba con unos ochocientos miembros y que fundamentalmente se encargaba de socorrer a los afiliados que sufrían algún tipo de discapacidad a través del Montepío de Toreros y de los beneficios que generaban las corridas caritativas que la asociación promovía anualmente. Esta asociación tenía su sede en la carrera de San Jerónimo, números 7 y 9, en Madrid (con anterioridad, se ubicaba en la madrileña calle de la Salud, número 19). La segunda entidad, la Unión Española de Picadores y Banderilleros, de tintes más reivindicativos y de clase, defendía los intereses de los rehileteros, alanceadores, puntilleros y mozos de espadas y contaba con alrededor de mil asociados.

El proletariado taurino había asumido la lucha de clases como el método más efectivo para defender sus intereses frente a aquellos a quienes identificaban como sus explotadores: los matadores, los apoderados y los empresarios. Afirmaban que sus jefes de filas percibían retribuciones cada vez más altas, mientras que ellos seguían cobrando las mismas míseras soldadas.

Antes de arrancar el curso de 1936 se anunció una huelga de asalariados taurinos para estupefacción de los aficionados más veteranos, que no recordaban haber presenciado nunca nada parecido. Entre los medios de presión que emplearon se incluyó un mitin protagonizado por diversos auxiliares en el que se escucharon, entre otros argumentos, los expuestos por un mozo de estoques, quien exclamó entres fuertes ovaciones: «Hace pocos años, los espadas de categoría cobraban de tres mil a seis mil pesetas. Hoy cobran hasta quince y veinte mil. Y pretenden seguir pagándonos, a las gentes de las cuadrillas, los mismos sueldos que antes. No podemos tolerarlo».

En los días siguientes, los subalternos sindicados redactaron un manifiesto que recogía sus principales reivindicaciones y se lo presentaron a los apoderados de los toreros. Estos, tras enconadas deliberaciones, y ante la inminente llegada de los meses de mayor actividad feriada, no encontraron otra solución que aceptar las exigencias de los obreros taurinos, especialmente las de carácter pecuniario, para poner punto final a la huelga. En estas negociaciones la comisión de subalternos seguía las directrices de la UGT, sindicato en el que se encontraban afiliados la mayoría de ellos. Como respuesta a las concesiones que se habían visto obligados a asumir, los representantes de los coletudos se conjuraron para repercutir a las empresas y al precio de los boletos los incrementos salariales.

El 17 de abril, la Asociación de Matadores de Toros y Novillos eligió una nueva junta directiva. La presidencia recayó en Marcial Lalanda, quien completó su equipo con Maravilla de vicepresidente, Fortuna en el papel de secretario y una lista de vocales integrada por Luis Fuentes Bejarano, Alfredo Corrochano, Alfonso Gómez, *Finito de Valladolid,* Francisco Díez Durruti, Mauricio García Cabello, *Cortijero,* Silvino Zafón, *Niño de la Estrella,* y Félix Almagro[30].

---

[30] Completaban la junta directiva, en calidad de vocales suplentes, Antonio Posada, Jaime Noain, Vicente Martínez, *Niño de Haro,* Cecilio Barral, Félix Colomo, Martín Bil-

La directiva de la Asociación de Matadores de Toros y Novillos reunida en torno a su presidente, Marcial Lalanda[31]

Conflicto taurino hispano-mexicano

En los primeros días de 1936, Nicanor Villalta certificó de manera oficial su retirada del toreo en el ruedo de Caracas. Por esos mismos días, Cagancho cortó seis orejas y dos rabos en el coso mexicano de Tampico. Con anterioridad, había triunfado en la plaza cardinal de México con dos magistrales exhibiciones de depurado toreo artístico rematadas con otros tantos volapiés, etiquetados de colosales, que le dieron derecho a dos trofeos y a un sentido banquete de despedida. También por entonces, Juanito Belmonte y Joselito Sánchez Mejías firmaron una exclusiva con Eduardo Pagés.

El 16 de febrero, el Frente Popular triunfó en las elecciones generales. En marzo se abrió la campaña barcelonesa (con Ortega y Victoriano de la Serna, mano a mano). Unos días después se inauguró la feria castellonense de la Magdalena con un desafío entre Domingo Ortega y el nuevo toricantano Rafael Ponce, *Rafaelillo*. Antes de arrancar el ciclo madrileño, la delegación de Seguridad del Ministerio del Interior prohibió la comercialización de los abonos de temporada completa —de abril a junio—, argumentando que perjudicaba a los intereses de la afición. En su lugar se

---

bao, Manuel Rodríguez, *Castrelito,* Máximo Berrocal Montes, Florentino Ballesteros y José Neila, *Pepillo.* A la vez, algunos de ellos eran miembros del Jurado Mixto Taurino.

[31] Fotografía de Videa. *Crónica,* 12 de agosto de 1936.

implantó el carné de abonado, una fórmula análoga a la que existía en la principal plaza de México.

La temporada en Las Ventas se inauguró con escasa asistencia de público, en un frío y lluvioso domingo de abril (con Valencia II, Amorós, Pepe Gallado y Ricardo Torres —que tomó la alternativa— y reses de Pallarés).

Una temporada más, había llegado a España un numerosísimo grupo de toreros de nacionalidad mexicana de todas las categorías laborales. Dominguín, empresario de Tetuán de las Victorias[32] y con intereses económicos en la principal plaza de toros de México, cerraba la mayoría de las combinaciones con estoqueadores americanos.

La feria de Fallas se desarrolló sin incidencias, salvo una incesante lluvia que impidió la celebración de la tradicional corrida de San José. La feria contó con la presencia de los charros Fermín Espinosa Saucedo, *Armillita Chico* (Coahuila, 1911 - Ciudad de México, 1978), Silverio Pérez Gutiérrez (Texcoco, 1915 - Ciudad de México, 2006), Luis Castro Sandoval, *el Soldado* (Mixcoac, 1912 - Ciudad de México, 1990), Lorenzo Garza (Monterrey, 1908 - Ciudad de México, 1978) y José González López, *Carnicerito de México* (Tepatitlán, 1905 - Vila Viçosa, 1947). La mayoría de ellos tenía una excelente reputación entre la afición española.

A mediados de abril se discutía sobre la obligación que tenían los toreros extranjeros de contar con una carta de trabajo para poder torear en los cosos españoles. Así se llegó al día 23, en que estaba anunciada la Corrida de Beneficencia. Esa tarde, por primera vez, la empresa se vio obligada a sustituir al latinoamericano Armillita Chico por un espada nacional, dado que el anterior tenía caducado su permiso laboral desde el mes de diciembre. Por fin, la lidia de los toros de Albaserrada corrió a cargo de Bienvenida, De la Serna, el Estudiante y Curro Caro.

---

[32] La plaza de toros de Tetuán de las Victorias estaba en un pueblo a varios kilómetros del centro de Madrid —en el actual barrio de Cuatro Caminos—, posteriormente anexionado a la capital y bautizado con el nombre de Tetuán de las Victorias en recuerdo de una batalla que aconteció en los albores de 1860, durante el reinado de Isabel II, en la que España ganó al sultán de Marruecos. La construcción de esta plaza de toros se remonta a 1870, y contaba con un aforo de cinco mil espectadores. A finales del siglo XIX se levantó un segundo recinto sobre el mismo solar; con capacidad para siete mil personas, se inauguró en 1900. Sin ningún interés arquitectónico, quedó derruida por los bombardeos nacionales. Nunca volvió a abrir sus puertas.

Unos cuantos días más tarde se hizo patente el desencuentro entre los toreros de ambos lados del charco, ya que no se le permitió al Soldado realizar el paseíllo en la primera corrida de la feria de Jerez (con Chicuelo y Venturita y reses de Ramón Ortega), a pesar de que contaba con la preceptiva autorización. A última hora, *La Gaceta de Madrid* del 3 de mayo publicó la disposición legal que planteaba los requisitos exactos que debían cumplir los toreros foráneos para trastear en las plazas de toros españolas, reglamento que recogía los principios de reciprocidad y proporción:

> A partir de la publicación de esta orden en *La Gaceta de Madrid*, los toreros extranjeros, en sus diversas categorías, que deseen trabajar en España se ajustarán a las siguientes normas:
>
> Primera: No podrán actuar en espectáculo taurino alguno los extranjeros, cualquiera que sea su categoría, que previamente no hayan solicitado y obtenido la correspondiente carta de identidad profesional.
>
> Segunda: La carta de identidad profesional, que será solicitada por los interesados al Ministerio de Trabajo, Sanidad y Previsión, podrá ser concedida previo informe del Jurado Mixto del Espectáculo Taurino y con acuerdo a las condiciones siguientes:
>
> > A. El personal subalterno (picadores y banderilleros) que utilicen los matadores de toros y novillos a quienes se conceda la carta de identidad profesional deberá ser español, autorizándose, por excepción, que uno de ellos sea extranjero, a menos que en el país de origen del matador de toros o novillos se conceda mayores beneficios al personal subalterno español, en cuyo caso se retorna a la recíproca.
> >
> > B. Para la concesión de la carta de identidad será necesario la presentación del correspondiente contrato de actuación en una plaza española.
> >
> > C. El tanto por ciento de actuaciones de los toreros extranjeros no será superior al porcentaje que los españoles hayan toreado en el país respectivo en el año precedente.
> >
> > D. En los espectáculos taurinos benéficos no podrán actuar profesionales extranjeros, salvo en el caso de que en el país de origen de estos últimos no se imponga esta prohibición.

Tercera: Cada empresa, en la contratación total de la temporada en las plazas que tenga a su cargo, confeccionará libremente los carteles, cuidando el jurado mixto mencionado de que el número de actuaciones en que tomen parte los extranjeros no exceda del señalado en el apartado C.

El Jurado Mixto del Espectáculo Taurino, dentro de sus facultades inspectoras, velará por el exacto cumplimiento de lo preceptuado en esta disposición. La infracción de sus preceptos será sancionada con multas que oscilarán entre quinientas y dos mil pesetas, con la caducidad de la carta de identidad concedida, que no podrá expedirse nuevamente hasta pasado un año, a contar de la fecha de la infracción.

Cuando en los países de los interesados se prohíba la actuación o se apliquen normas de mayor severidad a los profesionales españoles de esta clase, el ministerio aplicará el trato de reciprocidad que proceda.

A medida que transcurría el mes de mayo, las relaciones entre los matadores de toros mexicanos y españoles se fueron agriando. El conflicto, que se había larvado con lentitud, estalló con gran estruendo coincidiendo con la tradicional Corrida de San Isidro (con Lalanda, Manolo Bienvenida, Ortega y Armillita). El precio del boleto era una peseta. A la hora del apartado, el maestro de Vaciamadrid exigió al representante del diestro americano el preceptivo permiso de trabajo, que este no pudo exhibir. Así las cosas, la autoridad gubernamental solicitó a los representantes de los espadas anunciados esa tarde que se personasen en las dependencias de la Dirección General de Seguridad para estudiar la manera de solventar el conflicto. En nombre de Bienvenida acudió su padre, y solo Ortega lo hizo personalmente. A la cita también asistió Juan Espinosa, hermano de Armillita, y posteriormente se sumaron al encuentro el Algabeño, Valencia II y los empresarios venteños José Alonso Orduña, Guillermo Gómez de Velasco y Rafael Linage.

En el transcurso de las negociaciones, el presidente de la Asociación de Matadores de Toros y Novillos, Marcial Lalanda, insistía en que Armillita no cumplía los requisitos para poder lidiar en los redondeles españoles. Como el jefe de policía Pedro Rivas aseguraba que él personalmente había refrendado el visado al diestro foráneo, los huelguistas exigieron su verificación en las dependencias del Ministerio del Trabajo, así como la consiguiente comprobación de los antecedentes que obraban en poder del Jurado Mixto del Espectáculo Taurino[33].

Cuando las agujas del reloj marcaban las dos de la tarde, y dado que era una jornada festiva, las autoridades estatales intentaron convencer a los lidiadores para que aceptasen el documento provisional que exhibía Fermín Espinosa (y que no se había validado mediante su publicación en *La Gaceta),* pues lo avanzado de la hora impedía la comprobación de toda la documentación requerida. Los dieciocho miembros de las cuadrillas taurinas anunciados para realizar el paseíllo esa tarde reiteraron su negativa a vestirse de luces y rechazaron todas las alternativas que les ofrecían las autoridades.

Alrededor de las tres, todos los toreros fueron detenidos y trasladados a la cárcel Modelo, al igual que Marcial Lalanda —presidente del Jurado Mixto del Espectáculo Taurino— y los banderilleros Eduardo Lalanda, Luis Suárez, *Magritas*[34], Manuel Navarro, José Paradas, Francisco Codes, *Melones,* Farnesio, Fuentes Bejarano y Cástulo Martín. En el recinto carcelario se encontraron con los dirigentes falangistas José Antonio Primo de Rivera, Ruiz de Alda y Fernández-Cuesta.

Por su parte, Armillita se ofreció a despachar en solitario los ocho toros ya enchiquerados, aunque fue incapaz de encontrar un solo subalterno dis-

---

[33] La Ley de Extranjeros exigía, para poder desempeñar cualquier oficio en España, contar con una carta de trabajo. En el caso de los toreros, esta solicitud se debía publicar en *La Gaceta* quince días antes de la fecha de celebración del espectáculo. El visado de Armillita se había publicado en *La Gaceta* del 4 de mayo. Por tanto, los representantes de la asociación de toreros españoles consideraban que no cumplía con los plazos legalmente establecidos. La constitución de los Jurados Mixtos o Comisiones Arbitrales, inicialmente impulsados por la dictadura de Primo de Rivera, era una reivindicación sindical que se hizo realidad en los primeros años de la República gracias a las negociaciones de la UGT, y dieron una gran capacidad de representación a los diversos gremios productivos —incluido el taurino— en las negociaciones con los empresarios y el Ministerio del Trabajo, a quien obligaban a resolver la mayor parte de los conflictos laborales dentro de este marco legal. El Jurado Mixto del Espectáculo Taurino estaba integrado por representantes de los empresarios de las plazas de toros y de la Asociación de Matadores de Toros y Novillos y la de Picadores y Banderilleros.

[34] Al banderillero y dirigente sindical Luis Suárez, *Magritas* (Madrid, 1899-1948), el inicio de la Guerra Civil le sorprendió en la Línea de la Concepción, donde esperaba a su maestro, Curro Caro. Por esos mismos días, su familia se encontraba en Madrid, y solo meses más tarde, después de sortear numerosas dificultades, consiguió reunirse con ellos en Salamanca.

puesto a secundarle en el paseíllo. Todos los rehileteros españoles se habían solidarizado con sus compañeros presos.

Armillita Chico[35]

Los estoqueadores pusieron al Gobierno ante un dilema nunca visto. La noticia de la suspensión de la corrida se extendió con celeridad por todos los mentideros. Por su parte, el embajador de México anunció su obligación de informar a las autoridades de su país sobre el conflicto planteado. A partir de ese momento se temió que la nación americana reaccionase aplicando a los ciudadanos españoles residentes en aquel país un catálogo de represalias similares.

La totalidad del aforo de la Monumental estaba vendido. Una hora antes de arrancar el espectáculo, la muchedumbre se agolpaba en los accesos al recinto. Tras ser informados oficialmente del aplazamiento de la corrida protestaron con energía, y un grupo de unos doscientos forofos promovió una manifestación espontánea que encabezaron dos individuos que portaban una pancarta en la que podía leerse: «Queremos toros y la sustitución de Armillita». El movimiento popular se dirigió calle de Alcalá abajo camino del Ministerio de Gobernación. Los guardias de asalto de la comisaría de Buenavista tuvieron que realizar grandes esfuerzos para

---

[35] *La Fiesta Brava,* 26 de diciembre de 1934.

disolver la concentración e impedir que asaltasen las taquillas de venta de boletos de la calle de la Victoria.

A última hora de la tarde, una comisión formada por el abogado de la Asociación de Matadores de Toros y Novillos, José García Mateos de Mesa, y el diputado de Izquierda Republicana Félix Templado Martínez se situó frente al edificio de la Dirección General de Seguridad con la intención de entrevistarse con su máximo responsable, José Alonso Mallol, para negociar la liberación de los toreros detenidos.

La localidad de Talavera de la Reina (que transcurridos los primeros meses de guerra civil sustituiría su nombre ancestral por el de Talavera del Tajo) vivió el 16 de mayo un suceso similar que abundaba en la complicación del conflicto taurino hispano-mexicano. Los novilleros escriturados se negaron a torear, lo que supuso un incremento en la nómina de coletudos encarcelados (Ballesteros, Almagro y Morenito de Talavera) junto a sus correspondientes cuadrillas de subalternos. Por aquellas fechas, el norteamericano Sidney Franklin tampoco pudo vestir de luces en el circo de Matamoros (México).

En plena Guerra Civil, los primeros días de febrero de 1938, se retomó la actividad taurina en esta plaza toledana bajo los auspicios de las nuevas autoridades nacionales (con Lalanda y Cayetano Palomino). No obstante, el 16 de octubre del mismo año tuvo que suspenderse la celebración de un festejo patriótico (en el que intervenían Lalanda, Pepe Bienvenida y Curro Caro) cuando aún no había alcanzado su ecuador a causa del bombardeo de una batería republicana emplazada en una colina próxima.

Reyertas taurómacas

La opinión de los revisteros se encontraba dividida. Curro Castañares se mostraba en *El Debate* partidario del libre intercambio de toreros, nacionales y extranjeros, sin ningún tipo de restricción, con el argumento de que el arte no entiende de fronteras. Ricardo García López, *K-Hito* (Villanueva del Arzobispo, 1890 - Madrid, 1984), crítico del diario *Ya*, también defendía, más o menos, la posición gubernamental proclive a la actuación de los matadores foráneos sin ningún tipo de cuota.

La tarde del 20 de mayo, un grupo de toreros —entre los que se encontraban los subalternos Parrita y Blanquito— agredió por la espalda a K-Hito en el café Alhambra de la calle Sevilla, punto de encuentro de los aficionados a la fiesta brava. Le rompieron las gafas y le causaron heridas en la córnea izquierda y en otras partes del rostro. Un rato después, la Guardia de Asalto detuvo a los agresores.

El 2 de junio, un amplio grupo de amigos y colegas de profesión promovieron un banquete de desagravio al caricaturista y revistero agredido. El evento tuvo lugar en el restaurante Molinero y participaron más de doscientos comensales, entre los que sobresalían varios estoqueadores de nacionalidad mexicana encabezados por Lorenzo Garza. Los toreros españoles no solo se abstuvieron de asistir a la comilona, sino que evitaron condenar la agresión. Solo unas semanas más tarde, K-Hito se vio obligado a refugiarse en Valencia durante los largos meses que duró la guerra, y allí se ganó la vida como profesor de caligrafía.

El 22 de mayo, con ocasión del anuncio de la cuarta corrida del abono madrileño del mes de mayo, en la que estaba prevista la actuación de Armillita, se agudizó el conflicto taurino hispano-mexicano. La autoridad gubernamental había comunicado que la solicitud de huelga presentada por el colectivo taurino no surtiría ningún efecto legal, ya que se había presentado fuera de plazo. Por aquellos días, dos principiantes novilleros aztecas, Gabino Aguilar y Ruiz, tomaron la decisión de retornar a su país.

Mientras tanto, continuaban abiertas las negociaciones en el Ministerio de Trabajo, con la presencia del cónsul de México, Vila, y de varios estoqueadores mexicanos y españoles. Lalanda (que después de dos días detenido y tras declarar ante el juez en la cárcel Modelo había recobrado la libertad) propuso que el número de actuaciones de los toreros foráneos no superase la cifra de treinta y dos —el doble de lo que los españoles habían toreado el año anterior en las plazas mexicanas, en las que era requisito imprescindible que el noventa por ciento de los actuantes fuesen locales—, y no el mismo número de festejos que los espadas charros habían pasaportado en las cosos ibéricos el curso precedente. Unas horas más tarde, Marcial convocó una asamblea gremial en el Teatro Maravillas, en la que expuso a sus correligionarios la marcha de las negociaciones. Entre los oradores que subieron al estrado se encontraban Antonio García, *Maravilla,* Eladio Amorós, Victoriano de la Serna, Manuel Vilches, *Parrita,* Francisco Díez Durruti, Francisco Reina, José Echevarría, Francisco Castillo y Joselito Martín.

Domingo Ortega se manifestó contrario a continuar con la huelga, por entender que perjudicaba los intereses nacionales en general y los de unos ochenta mil españoles residentes en México en particular. A esta opinión se sumó el subalterno de Navalcarnero Martín Dargel Farelo, *Manteca*. Por fin, la asamblea aprobó la propuesta de Lalanda, siempre dentro de la legalidad y respetando los plazos legalmente establecidos, de continuar con la huelga. La votación solo registró los votos en contra de Ortega y de los subalternos Fernando Cepeda Viaña —ayudante del toledano y antes de Armillita y el Soldado— y León Manzaneque González, *Platero*.

En cualquier caso, y a pesar de las presiones sufridas, se acordó dejar libertad de acción a todos los afiliados que quisieran seguir toreando en los días siguientes mientras no recibiesen órdenes en contra. La ausencia de acuerdo y la anterior detención de algunos dirigentes taurinos forzó al colectivo a mantener la convocatoria de huelga indefinida.

El 23 de mayo, varios representantes de los colectivos taurinos fueron detenidos de nuevo por su reiterada negativa a torear. La relación de reclusos se incrementó con los nombres de José Paradas, José Codes, *Melones Chico*, Antonio Lucrín, *Farnesio*, Luis Prados, *Litri II*, Luis Fuentes Bejarano, Natalio Sacristán Fuentes, Cástulo Martín, Alfonso Gómez, *Finito de Valladolid*, Silvino Zafón, *Niño de la Estrella*, y Antonio García, *Maravilla*.

La actividad taurómaca del domingo 24 de mayo se desarrolló en las plazas de Vista Alegre (Madrid), Barcelona, Valencia, Zaragoza, Cartagena, Córdoba, Baeza, Sevilla, Valladolid, Badajoz, Albacete, Santander, Bilbao, Huelva, Tortosa y Jerez de la Frontera… sin la intervención de un solo diestro mexicano.

En la plaza barcelonesa de las Arenas, la novillada comenzó con retraso debido a la negativa inicial de los novilleros anunciados (Diego de los Reyes, Miguel Palomino y Morenito de Málaga) a arrancar el paseíllo, en solidaridad con sus colegas encarcelados en Madrid. La intervención de la autoridad gubernativa y la mano izquierda de Pedro Balañá los convencieron de torear para evitar problemas de orden público. Por el contrario, la novillada prevista esa misma tarde en Valencia (con Almagro, Arturo Álvarez y Rodríguez Cruz) se suspendió por el mismo motivo.

Esa tarde también estaba prevista la cuarta función del abono en Las Ventas (con Valencia II, Armillita y Corrochano). Lalanda se negaba a aceptar las propuestas que le presentaba el Ministerio de Trabajo, y al no ser capaces de consensuar el número de festejos que podían estoquear en las plazas de cada uno de los países, insistía en que la única solución para poner punto final a las discrepancias pasaba por la exclusión de los matadores mexicanos. La empresa capitalina intentó sustituir al diestro azteca por un colega español, pero la autoridad competente exigió que se respetase la terna inicialmente prevista. A primera hora de la mañana, los estoqueadores nacionales (y todos los miembros de sus cuadrillas) presentaron un certificado médico que acreditaba que no se encontraban en las condiciones físicas imprescindibles para torear. La falta de tiempo impidió que se escriturase una terna de espadas mexicanos, y Armillita no se prestó a que se malinterpretase su disposición a actuar en solitario, de manera que la lidia quedó suspendida.

Las galerías de la cárcel Modelo incrementaron su población reclusa con dos nuevos espadas, Valencia II y Corrochano, y sus subalternos: José López, *Tigre,* Miguel Atienza Caro, los hermanos Pablo y Manuel Suárez, *Aldeano,* Fernando Cepeda, José Blanco, *Blanquito,* y Emilio Ortega, *Orteguita.* En esta ocasión no consiguieron prender a Lalanda, que se escondió en las dependencias de la iglesia del cementerio Sacramental de San Isidro.

El café Colón, sito en la calle de Alcalá de Madrid, era uno de los puntos de encuentro más habituales de los miembros del planeta taurino. El desencuentro entre los toreros españoles y mexicanos alcanzó su punto álgido la tarde del 13 de junio. Esa noche, el banderillero Manuel Vilches, *Parrita,* apareció en la cantina acompañado de un nutrido grupo de colegas de oficio, entre los que destacaba el matador de toros Maravilla. Este, sin mediar palabra y por sorpresa, le sacudió un bastonazo en la cabeza a Miguel Torres, apoderado del diestro mexicano el Soldado (así como de Diego Gómez, *Laine),* que se encontraba sentado en una mesa acompañado de sus hijos y de varios amigos más. De repente, todos los allí presentes se vieron envueltos en una auténtica batalla campal. Por los aires de la taberna volaron sillas, vasos, botellas, palos, varias puntillas de rematar reses, algunos estoques de descabellar y la barra de hierro que empuñaba Antonio García. Transcurrió un buen rato hasta que hizo acto de presencia un retén de policía, pistola en mano, con el cometido de imponer la paz tabernaria. A pesar de que se vio desbordado por el numeroso grupo de contendientes, tras grandes esfuerzos consiguió desalojar a los alborotadores.

El servicio de atención sanitaria certificó que Miguel Torres sufría una herida de pronóstico reservado y su hijo Rafael, dos cuchilladas de pronóstico grave, en la espalda y en el costado. A su vez, Parrita lucía una profunda herida en el cuello y dos tajos en pecho y espalda, de pronóstico igualmente grave. También resultó lesionado de cierta consideración el novillero Ricardo Martín, *Trasmonte.*

Del suelo del café se recogieron numerosas puntillas, bastones, porras, estoques y armas blancas. No satisfechos con los resultados de la trifulca, unos minutos más tarde el mismo grupo de huelguistas radicales se personó en la taberna El Gallo, situada en la calle del Pozo y propiedad del propio Miguel Torres, donde destrozaron cuantos enseres encontraron a su paso hasta que de nuevo aparecieron las fuerzas de orden público y los pusieron en fuga.

Miguel Torres declaró que la agresión tenía su origen en la corrida de toros celebrada en Murcia dos días antes, en cuyo cartel figuraban únicamente espadas charros. El representante de los estoqueadores mexicanos aseguró que desde entonces no había parado de recibir amenazas de muerte telefónicas, lo que le había llevado a no pisar la vía pública si no iba acompañado por sus hijos. En relación con las violentas agresiones sufridas, afirmó que cuando sintió que lo atacaban se levantó para defenderse, y que cuando poco después vio que Parrita le clavaba una puntilla a su hijo Rafael se abalanzó sobre el banderillero y le arrebató el arma, con la que le devolvió tantos pinchazos como fue capaz. Parrita, por su parte, dijo que la agresión había partido del apoderado.

La empresa de Las Ventas, incapaz de encontrar a un solo estoqueador español dispuesto a alternar junto a los aztecas, se vio obligada a comunicar a la autoridad gubernativa la suspensión de la corrida de toros prevista para el domingo 14 de junio. El domingo 21, Manolo Bienvenida, Gregorio Corrochano, Fernando Domínguez y el jinete luso Simão da Veiga actuaron en ese mismo redondel con normalidad. Cuatro días después, con reses de Clairac, retornaron a Madrid Manolo Bienvenida y Domingo Ortega, quienes ofrecieron una pésima tarde de toros en la que comprobaron el resentimiento que les guardaba el público.

Tensión en Córdoba

El boicot persistía mientras se eternizaban las negociaciones entre los representantes del colectivo taurino y los del Ministerio de Trabajo. El 24 de mayo, nueve días después del comienzo de la huelga, una manifestación de profesionales taurinos de las distintas categorías recorrió la madrileña calle de Fuencarral.

Con el ambiente excesivamente caldeado se hicieron públicas las combinaciones de la feria cordobesa del mes de mayo. El empresario de los Tejares, José Escriche, había programado dos funciones de toros y otras tantas de novillos. A las once de la mañana del primer día feriado se inauguró un museo dedicado a la figura de Julio Romero de Torres. El día 24 se lidiaron seis reses de Conradi, que despacharon sin el más mínimo contratiempo Domingo Ortega, Rafaelillo y Jaime Pericás.

El conflicto resurgió con virulencia el día 25. Los espadas anunciados esperaban el comienzo del festejo en sus fondas respectivas. Manolo Bienvenida —en sustitución de Armillita Chico—, Domingo Ortega y Curro Caro se habían conjurado para no torear mientras permaneciesen encarcelados sus compañeros. Los toros de Albayda aguardaban en los chiqueros. A la espera de los resultados de las reuniones que se desarrollaban en el Gobierno Civil se acordó retrasar el inicio de la corrida de toros. Para mayor seguridad, Escriche envió a un notario a los albergues para que levantase acta de la presencia de los toreros. A las cinco de la tarde, los coletudos continuaban negándose a acudir al coso. El público que llenaba los tendidos empezó a impacientarse, lo que auguraba un inminente conflicto. Con urgencia, se envió a la Guardia de asalto en busca de los lidiadores. Al director de lidia, a medio vestir el traje de luces, le condujeron imperativamente al circo taurino, donde las fuerzas de orden público ya habían concentrado al resto de la terna, con noventa minutos de retraso sobre el horario previsto.

En primer lugar aparecieron sobre la arena los tres matadores de toros en solitario, sin un solo subalterno. Bienvenida, en mangas de camisa. Unos minutos después aparecieron, muy solivantados, los varilargueros de turno y los banderilleros, que mantenían su negativa a pisar el albero. Esto obligó a los guardias de asalto a empujarlos hasta el redondel en medio de las protestas de los espectadores, una intensa lluvia de almohadillas y fuertes aplausos al gobernador civil Antonio Rodríguez León. Un rato después aparecieron en el ruedo dos auxiliares, después de comprobar cómo los tres espadas pasaportaban en solitario al primer burel. Poco a poco se fueron sumando a la lidia el resto de los miembros de las cuadrillas... hasta que cambió el signo del espectáculo.

Lo que al principio parecía una tarde abocada al mayor de los escándalos se tornó en una corrida memorable. Las reses de Albayda, bien presentadas, ofrecieron un juego excepcional que permitió el lucimiento de Domingo Ortega, premiado con los máximos galardones a pesar de que el tercer burel fue condenado a banderillas de fuego. En sentido opuesto, el quinto ejemplar del encierro fue premiado con la vuelta al anillo.

Una vez finalizada la lidia, los tres espadas, ya vestidos de paisano, fueron conducidos a la comisaría de policía y posteriormente puestos a disposición de la autoridad judicial, que no los liberaría hasta las doce del mediodía del día siguiente.

Ese 26 de mayo se celebraba la primera novillada de la feria cordobesa, que permitió vislumbrar un nuevo conato de conflicto. En cumplimiento de las consignas gremiales, los novilleros anunciados (Joselito Sánchez Mejías y Juanito Belmonte) optaron por descender del tren expreso en la estación de El Carpio, a treinta kilómetros de Córdoba. Hasta allí tuvo que desplazarse un retén de la Guardia de Asalto para trasladar por la fuerza a los novilleros a una comisaría de la capital califal, donde quedaron a disposición del gobernador civil. Las fuerzas de seguridad también detuvieron a Pepe Bienvenida, a quien se acusaba de coaccionar a sus compañeros para que no toreasen. Sánchez Mejías y Belmonte se presentaron con puntualidad en el patio de caballos, escoltados por la policía. Al final, un dirigente del colectivo taurino manifestó que ninguno de los dos aprendices estaba implicado en el pleito y que estaban dispuestos a torear.

Esa noche, el colectivo tauromáquico convocó una asamblea decisoria, y a última hora fueron excarcelados Maravilla, Fuentes Bejarano y el Niño de la Estrella. La empresa de Las Ventas confiaba en que se pudiera celebrar el festejo previsto para la tarde siguiente. En la asamblea, que finalizó a las tres de la madrugada, la Asociación de Matadores de Toros y Novillos, la Unión de Picadores y Banderilleros y los vocales del Jurado Mixto del Espectáculo Taurino (Antonio Posadas, Miguel Palomino, *Nili*, y Francisco Zaragoza, *Trueno*) acordaron renovar la comisión negociadora, a la que instaron a que resolviera definitivamente el conflicto hispano-mexicano. Corrochano y Valencia II fueron excarcelados al día siguiente, y los demás miembros del colectivo taurino tampoco pasaron mucho más tiempo en la Modelo.

La tarde del 29 de mayo, la tensión se mascaba en los alrededores de Las Ventas mucho antes de que arrancase la corrida anunciada. Los aficionados se encontraban divididos. La mayoría de los espectadores de sol eran partidarios de los diestros españoles, lo que movió a los estoqueadores anunciados (Manolo Bienvenida, Domingo Ortega y De la Serna) a arriesgarse al límite en sus duelos con los astados (toros de Clairac, grandes, broncos y difíciles, así como poderosos y mansurrones).

A pesar de ser viernes, la Monumental mostraba todos sus asientos ocupados, y se escucharon innumerables muestras de simpatía hacia los estoqueadores americanos. La supuesta presencia de Armillita entre el público fue acogida con fuertes y prolongados aplausos, y una gran parte del auditorio manifestó con reiteración su descontento por el boicot a los diestros mexicanos. La tensión se mascaba en el ambiente.

Algunos aficionados se tomaron la actuación del maestro segoviano Victoriano de la Serna con mucha ironía y le recibieron con gritos de «A la huelga, a la huelga…». Ninguno de los tres espadas, a pesar de los esfuerzos que desplegaban, lograba arrancar un aplauso del auditorio. El encierro era muy difícil y el nerviosismo sobrevolaba el recinto, hasta que llegaron las primeras increpaciones: «¡Los mexicanos…! ¡Que vengan los mexicanos! ¡Y para esto queréis que no vengan!», registró el revistero Alfredo R. Antigüedad.

Cuando le llegó el turno que cerraba la terna, De la Serna cogió la muleta, se fue derecho y con decisión hacia el burel sin importarle el peligro que tenía e intentó fajarse en corto, con pases de castigo. Sin embargo, a pesar de la machacona voluntad del diestro castellano, el bicho no obedecía. El público seguía increpando al torero y llegaron a arrojar algunas almohadillas al ruedo. El momento de mayor tensión se produjo cuando se escuchó una estentórea voz anónima que atacó: «¡Que vengan los mexicanos…, cobarde!». Victoriano de la Serna, que acostumbraba a dialogar con los espectadores, interrumpió la lidia lleno de indignación, se dirigió al lugar desde donde había partido el insulto y en voz bien alta respondió: «Ahora veremos quién es el cobarde… Si vosotros o yo». Según Alfredo R. Antigüedad:

> El huracán de protestas se acalló momentáneamente. De la Serna se fue hacia el toro, tiró la muleta y se hincó de rodillas ante la cara del animal… Una arrancada… y el toro se

llevó prendido en sus pitones el cuerpo del espada. Cuando le recogen las asistencias, el torero solicita le lleven por la parte del callejón del tendido desde donde le habían insultado. Al pasar se incorpora ligeramente, y les vuelve a increpar: «¿Quién es el cobarde?».

Muchos años después, el revistero Suárez-Guanes recogió aquel suceso en un libro, justo el instante en que la plaza entera comenzó a vociferar «Armillita, Armillita»:

> El estilista torero de Sepúlveda tira la muleta y estoque mientras grita: «¡¡Viva España!! ¡¡Vivan los toreros españoles!!» [...] De la Serna, con fama de medroso —como todos los toreros artistas— da una lección de valor, de hombría, y se deja pegar la cornada para dejar bien alto el pabellón de los toreros...[36]

En la revista *El Ruedo*[37], dos décadas después de aquella corrida, el propio matador de toros le dio al reportero Santiago Córdoba su versión del incidente:

> Aquello fue tremendo. Salimos a torear Manolito Bienvenida, Ortega y yo una corrida de Clairac. Durante toda la corrida íbamos todos de cabeza, y el llegar el sexto toro la descargó sobre mí. Yo fui el elegido, porque cualquiera de mis compañeros habría hecho lo mismo que yo. Escribir una página para la historia con sangre. Yo interpretaba los gritos contra los toreros españoles y perdí el control, olvidándome del torero para que surgiera el español que todos llevamos dentro. Y al grito de «¡Viva España!» me metí dentro del toro, se puso en pie el público, aclamándome, y en un desplante me alcanzó el toro, dándome una cornada que me duró seis meses. Hoy llevo esa cicatriz con mucho orgullo.

---

[36] José Luis Suárez-Guanes: *Madrid, cátedra del toreo (1931-1990)*. Madrid: Espasa y Calpe, 1990.
[37] *El Ruedo*, noviembre de 1956.

A lo largo de su carrera, Victoriano de la Serna únicamente resultó herido de gravedad en cuatro ocasiones. En la entrevista del semanario taurino, el torero aseguraba: «La que más me emociona al recordarla es la de Madrid del año 1936, en que, en un ambiente turbio de pasiones indefinidas, que coincidían con el pleito entre toreros españoles y mexicanos, me dejé coger a conciencia, como protesta hacia aquel ambiente, al grito de "¡Viva España!"».

Victoriano de la Serna Gil (Sepúlveda, 1908 - Ciudad Real, 1981), miembro de una acomodada familia castellana, compatibilizó en los casi tres años de guerra civil la profesión de lidiador con la de médico en el Hospital Militar Alfonso Carlos, abierto en el seminario de Pamplona, donde se reponían los requetés heridos. Con motivo del conflicto hispano-mexicano fue uno de los oradores más activos en la asamblea gremial celebrada en el Teatro Maravillas. En los inicios de su carrera le apoderaba Bienvenida padre.

El 18 de octubre de 1936, De la Serna completó la nómina de estoqueadores que participó en el festival patriótico promovido por Queipo de Llano con motivo de la reapertura de la Real Maestranza. En mayo de 1937, compareció en la Glorieta salmantina abarrotada de soldados nacionales, y, un año más tarde, en la plaza de Burgos, cuartel general de los militares sediciosos. Como la mayoría de sus colegas de oficio, en los meses invernales realizó las correspondientes excursiones a los anfiteatros sudamericanos. Finalizada la contienda se negó a participar en la corrida de reinauguración de Las Ventas, alegando que no estaba conforme con el toro de Pablo Romero que le había tocado en suerte. Tras catorce temporadas en activo, se cortó la coleta en 1940, aunque reapareció fugazmente ocho años más tarde. Con posterioridad, se hizo criador de ganado bravo.

Al finalizar la campaña de 1944 declaró a la prensa «que el toro tiene que pesar los trescientos kilos y tener cumplidos los cinco años». En opinión de Don Ventura, era «un hombre que tiene cosas, dentro y fuera de la plaza, que algunos llaman genialidades». Por su parte, el semanario *Dígame* afirmaba que era un torero enigmático, de audacia belmontina y caprichos similares a los de Rafael el Gallo. Según confesión propia, su mejor actuación tuvo lugar en Algeciras en 1933 frente a un astado de Pablo Romero que brindó a su entonces apoderado, Cristóbal Becerra[38]. Entre

---

[38] Cristóbal Becerra García (Línea de la Concepción, 1896 - Sevilla, 1977), periodista de profesión, ejercía de apoderado de Marcial Lalanda cuando estalló la Guerra Civil.

sus aportaciones a la historia de la tauromaquia se encuentra el conocido como «pase de las flores»[39].

En sus años mozos practicó el atletismo, deporte en el que cosechó numerosos triunfos en las especialidades de 400 y 800 metros lisos. Solo otorgó una alternativa, al republicano Félix Colomo. Muchos años después de finalizada la Guerra Civil circulaba un bulo por los mentideros madrileños que aseguraba que los comunistas le habían asesinado y posteriormente decapitado.

El último día de mayo de 1936, en una breve alocución radiofónica, el ministro de Gobernación, el republicano independiente Juan Moles Ormella, manifestó que aunque el Consejo de Ministros no había deliberado acerca del conflicto taurino hispano-mexicano esperaba que esa misma jornada quedara resuelto definitivamente. En caso contrario, el Gobierno estaba dispuesto a suspender todas las celebraciones taurinas de manera indefinida, sobre todo si surgían nuevos incidentes de orden público.

Esa misma jornada, los representantes del colectivo taurino se personaron en la Dirección General de Seguridad para denunciar que en las fachadas de varios edificios madrileños habían aparecido carteles amenazantes contra al presidente de los espadas —«Boicot al torero fascista Marcial Lalanda por la campaña contra sus hermanos los toreros mexicanos»— bajo la rúbrica «PCE. 243» (Partido Comunista, célula 243). La policía necesitó muy poco tiempo para averiguar que los pasquines no los había pegado ninguna agrupación política conocida, pues todas ellas se mantenían al margen del pleito. Unos días más tarde fue el propio Maravilla quien acudió a una comisaría de policía para denunciar amenazas telefónicas anó-

---

Antes había representado a Victoriano de la Serna, Jaime Marco, *el Choni,* y Eduardo Liceaga —hasta la tarde en que un toro le segó la vida en Algeciras—. Cuando falleció representaba al Bombero Torero.

[39] Victoriano de la Serna hijo hizo las siguientes declaraciones: «El pase de las flores mi padre lo ejecutaba como remate de una serie de derechazos; es decir, ligado a un muletazo. Sin apenas dejar que el toro se parase, daba la vuelta a la muleta con mucha armonía, se cruzaba al pitón contrario y muy despacito giraba y hacía que el toro pasase por su espalda. En el momento de pasárselo por detrás, él se encontraba por completo inmóvil. Luego salía andando con parsimonia y gusto». José Luis Ramón: *Todas las suertes del toreo por su maestros.* Madrid: Espasa-Calpe, 2001.

nimas. Las presiones externas sobre los dirigentes taurinos se acentuaron a través de un sujeto que intentó suplantar la personalidad del secretario general del Partido Comunista y diputado por Madrid José Díaz Ramos, y que pretendió entrevistarse con Lalanda.

¡En junio y sin toros!

El conflicto que enfrentaba a los lidiadores españoles y los mexicanos se enconaba a medida que transcurrían los días sin que las partes implicadas encontrasen una solución. El mes de junio comenzó con huelgas en diversos sectores productivos, entre las que sobresalían las promovidas por los mecánicos de feria, los basureros, los conductores de autobús, los camareros y los albañiles. Los tradicionales jueves y domingos, días en los que se daban toros, transcurrían sin que la calle de Alcalá acogiese las habituales aglomeraciones de taurófilos.

Los aficionados deambulaban como almas en pena, de bar en colmado y de taberna en café, comentando la aparición del sindicalismo taurino de clase, antigubernamental y xenófobo. Apoderados, revisteros, huelguistas y toda la sin par camarilla que merodeaba alrededor de los ases de la tauromaquia discutían, vociferaban, suspiraban y regañaban mientras pasaban los días sin encontrar una solución al problema.

El 4 de junio se celebró con normalidad en la nueva plaza de toros de Madrid la tradicional Corrida del Montepío de Toreros, protagonizada por los estoqueadores huelguistas Domingo Ortega, Manolo Bienvenida y Rafaelillo, con reses de Coquilla. Resplandeció el trabajo ofrecido por el diestro de Borox y el hijo de Bienvenida.

Esa misma tarde, los novilleros Pepe Gil y Paco Godín se enfrentaron mano a mano en el coliseo carabanchelero. Mientras, en la plaza de Tetuán de las Victorias trasteó Juanita Cruz acompañada de Joselito de la Cal y Ángel Soria, y la actividad taurófila de aquel día se extendió a los circos de Barcelona, Zaragoza y Palma de Mallorca sin la intervención de ningún coletudo de nacionalidad mexicana.

El 9 de junio, el director general de Seguridad, José Alonso Mallol, citó en su despacho al abogado de la Asociación de Matadores de Toros y Novillos, José García Mateos de Mesa, a Antonio García, *Maravilla* —en representación de la Asociación de Matadores—, y a Cástulo Martín —en nombre de la Unión de Picadores y Banderilleros—, a quienes manifestó que el ministro de Gobernación estaba dispuesto a adoptar una amplia batería de severas medidas contra todos aquellos profesionales que se negasen a torear con los toreros mexicanos que tuvieran la documentación en regla. Entre las posibles acciones coercitivas estaba la retirada del permiso para lidiar durante un año. También enseñó las uñas a los empresarios, a quienes amenazó con clausurar las plazas de toros durante una temporada completa si no cambiaban de actitud. Los comisionados se mostraron en desacuerdo con la decisión gubernamental de traspasar la resolución del pleito tauromáquico de la jurisdicción del Ministerio de Trabajo al de Gobernación. Finalmente, el director general de Seguridad manifestó que en los siguientes días Armillita torearía en Murcia y en Madrid en compañía de diestros españoles. A pesar de la anterior decisión gubernamental, en Teruel, los matadores de toros españoles, en connivencia con el empresario, no permitieron realizar el paseíllo al espada mexicano, de manera que la función se resolvió en un mano a mano entre Domingo Ortega y Curro Caro.

Tampoco en la corrida del Corpus Christi celebrada el 11 de junio en Murcia fue posible recomponer las agrias relaciones hispano-mexicanas. La negativa de Jaime Noain y Rafaelillo a pisar la arena pimentonera en compañía de Armillita motivó que la empresa sustituyese a los toreros españoles anunciados por los colegas aztecas Carnicerito de México y el Soldado, que pasaportaron con brillantez un encierro de la viuda del Marqués de Villamarta. Por su parte, los subalternos completaron sus efectivos con cinco varilargueros mexicanos y uno español, a quienes las fuerzas de seguridad debieron proteger desde las afueras de Madrid hasta los arrabales de Aranjuez en su viaje hacia la plaza pimentonera. Por culpa de los intensos rumores que corrían acerca de la posible suspensión del festejo, el público no llenó la totalidad del aforo. Aun así, los aplausos con los que recibieron a los toreros charros fueron clamorosos, y estos, en correspondencia, devolvieron las muestras de afecto saludando desde el tercio tras finalizar el paseíllo. Carnicerito de México y el Soldado cortaron dos orejas y un rabo cada uno, y abandonaron el recinto a hombros.

Esa misma tarde de junio, en el coso de Las Ventas, Ortega y Bienvenida ofrecieron una excelente función de toros en una combinación que abría Antonio Cañero. Y en Granada, en lo que era la primera corrida de feria, los espectadores, cansados de los malos resultados que les estaba deparando el festejo, comenzaron a vociferar «¡Armillita, Armillita!» cuando el quinto toro abandonó los chiqueros. Esa protesta hirió el amor propio del Niño de la Palma, que ofreció una faena llena de adornos temerarios, de espaldas y de rodillas.

El 13 de septiembre se celebró una de las corridas de toros de la feria murciana (con Curro Caro, Rafaelillo —que se llevó una oreja— y Maravilla, con reses de Samuel Hermanos), promovida por Izquierda Republicana a favor de la organización Socorro Rojo Internacional[40]. Antes del festejo, un grupo de milicianos abrió el desfile de las cuadrillas al compás de himnos patrióticos. Esa misma mañana se había fusilado a veintisiete falangistas en el patio de la prisión provincial.

El 27 de septiembre se programó un festejo en Hellín (con el Estudiante, Chiquito de la Audiencia y Curro Caro) en el que se estoquearon reses de la Ganadería del Frente Popular[41], requisada a Coquilla. Antes de comenzar el espectáculo, los espadas y sus cuadrillas, así como el público, puesto en pie, entonaron la *Internacional*.

Los toreros mexicanos retornan a su país

A medida que transcurría el mes de junio, el pleito taurino se alargaba sin solución a la vista tras romperse todas las negociaciones y a pesar de los extraordinarios oficios desplegados por el embajador de México y por el diputado provincial Modesto Muro Arroyo. Los toreros nacionales habían adoptado una actitud irreducible que daba al traste con todos los intentos de concordia que se ponían sobre la mesa. Por fin, el presidente de la re-

---

[40] Socorro Rojo Internacional era un organismo de objetivos benéficos y solidarios creado para ayudar al proletariado internacional. Durante los años de la Guerra Civil proveía al Ejército Popular de ropa, víveres y material sanitario, solidaridad que extendía a las familias de los milicianos que se encontraban en el frente, heridos, huérfanos, refugiados y otras víctimas del golpe militar fascista. Socorro Rojo recaudaba dinero a través de suscripciones públicas, de la organización de festivales artísticos y taurinos, proyecciones de cine, etcétera.

[41] El 28 de julio de 1936 se lidiaron en este ruedo seis novillos a nombre de las Milicias Populares, que en realidad pertenecían a la ganadería de Hidalgo.

pública mexicana, Lázaro Cárdenas, decretó el retorno a su país de todos los lidiadores aztecas que se encontraban en España sin poder ejercer su profesión. La mayoría, en condiciones muy precarias.

El 10 de junio se recibieron los doce primeros pasajes. Quince días después se transfirió a la delegación fiscal mexicana en París la suma de 9.610 pesos, para la adquisición de los billetes del resto de los lidiadores. El 28 de junio, los últimos veinticuatro profesionales del toro embarcaron en el transatlántico Cristóbal Colón en Santander rumbo al puerto de Veracruz, previa escala en La Coruña y La Habana. Entre ellos se encontraban Jesús González Pañeda, *el Indio,* Rodolfo Rodarte, Fernando López Hidalgo, Rodrigo Velasco, Silverio Pérez, Javier Chávez, *Terremoto,* Fernando López, Rodolfo Velásquez, el varilarguero Barana y los banderilleros Vicente Cárdenas, *Maera,* José López, Manuel González, *Pinocho,* Reveri y Manuel Gómez Blanco, *el Yucatero.*

Armillita, tras enviar una emotiva carta de despedida a la afición española suscrita por otros veinticinco lidiadores mexicanos y publicada en el diario *Informaciones,* anunció su decisión de retornar a su país. En el mismo transatlántico viajaron Fermín Espinosa Saucedo *(Armillita Chico),* su hermano Juan Espinosa, *Armillita I,* sus banderilleros Zenaído Espinosa y José Espinos, el mozo de estoques Gilberto Sánchez y los padres del diestro, Fermín y María. En la capital gallega, Armillita ofreció una entrevista al revistero el Mozo de Estoques, del diario *El Ideal Gallego,* en la que aclaraba su posición acerca del conflicto taurino hispano-mexicano:

> —*Todos a México, cuando principia la temporada en España, ¿eh?...*
> —No hay más remedio que marchar a pesar de las gestiones realizadas y de tener en regla toda la documentación exigida por el Ministerio del Trabajo para que los diestros extranjeros podamos torear aquí. Se nos ha declarado un «boicot» tan tenaz como injusto, que nos obliga a repatriarnos a nuestro país, con harto sentimiento por nuestra parte.
> —*Pero teniendo la carta de trabajo y de identidad...*
> —Pues aun así, la Empresa de Orán, que me tenía contratado últimamente, ante la presión que se hizo sobre ella, se vio obligada a suspender la corrida porque tomaba yo parte en ella. ¡Lo inconcebible!

—*Y, en total, ¿qué corridas has toreado?*

—Solamente siete, tres en Barcelona, una en Murcia, dos en Francia y una en Portugal.

—*¿Y tenías muchas escrituradas?*

—Entre las celebradas, las que he dejado de torear por el pleito planteado y las comprometidas hasta la fecha, pasaban de setenta, calculando que hasta fines de septiembre llegaría a las ochenta o más.

—*¿Y cuál es la verdadera causa de tan lamentable actitud?*

—Se buscan pretextos erróneos para llevar el asunto por tales derroteros, procurando exagerar la nota. Es verdad que algunos periódicos de mi país han hecho campañas contra determinados toreros españoles por sus más o menos acertadas actuaciones, pero en eso no tienen culpa los toreros mexicanos. También se exagera al pretender hacer ver que, en México, a los toreros españoles se les pone un tope muy limitado de corridas; no es así; dígalo, si no, el diestro Joaquín Rodríguez Cagancho, que fue contratado por cinco corridas, y que por sus brillantes actuaciones llegó a torear hasta veinticinco, tantas o más que cualquier torero de aquel país.

—*¿Se te ocurre alguna cosa más?*

—Sí, haz constar en tu información mi gratitud al público español, que tantos aplausos y cariño me ha prodigado, y que, al partir para mi país, les envío a todos un afectuoso saludo de despedida, sintiendo que tan injusta campaña me prive de continuar ofreciendo a la afición de este país todo mi arte y mi gran voluntad[42].

Tras el alzamiento militar, el 21 de julio, los mexicanos Luciano Contreras (pundonoroso espada que en diciembre de 1936 recibió la tercera alternativa en su país natal, dado que su estilo artístico no conseguía adaptarse a los toros que se despachaban en el escalafón superior) y Eduardo Cepeda, que aún permanecían en Valencia, se ofrecieron a las autoridades gubernamentales para intervenir en cuantos festejos se promoviesen a favor de la República.

---

[42] Citado en *El Nervión*, 7 de julio de 1936.

En el fondo de la huelga taurina subyacía el miedo de los matadores de toros españoles a la novedad y competencia que representaban los espadas americanos, especialmente Fermín Espinosa, que tenía escrituradas más de setenta actuaciones. El maestro mexicano ganaba con excesiva frecuencia la pelea en los ruedos a los principales astros españoles gracias a su estilo fino y variado, que en algunos momentos recordaba al del mismísimo Gallito.

Al rebufo de Armillita habían llegado a la península ibérica alrededor de sesenta estoqueadores mexicanos de todas las categorías, la mayoría con currículos muy modestos, que solo aspiraban a cosechar algún triunfo en los ruedos de la madre patria que les sirviese de gancho para que los anunciasen en los cosos de su país. Sin embargo, los espadas españoles entendían que sus colegas del otro lado del Atlántico dejaban sin trabajo a numerosos profesionales autóctonos. «¡Que no vengan a quitarnos el pan!», protestaban los toreros nacionales. Juan Belmonte bautizó el conflicto como el «boicot del miedo». En cualquier caso, algunas de las reivindicaciones planteadas por las sociedades gremiales de matadores y subalternos eran totalmente indefendibles.

La realidad era que algunos empresarios españoles preferían la novedad que representaban los espadas de origen charro, entre otras razones porque atraían a los tendidos a más espectadores que sus colegas nacionales. No obstante, era pública la imposibilidad de los empresarios españoles de programar funciones taurinas en el Distrito Federal de México, actividad reservada en exclusiva a los promotores locales (quienes tampoco programaban funciones en España). Esta imposición permitió anular la concesión que ostentaba Domingo Domínguín en la plaza del Toreo, la cual regentaba en sociedad con el empresario gaditano Eduardo Margeli[43].

La media campaña de 1936 dejó al descubierto los intereses ocultos del colectivo de profesionales españoles, que se visualizaron en el veto a los principales astros del toreo mexicano en los cosos españoles. Más en

---

[43] El empresario Eduardo Margeli Furcó, *el Gaditano,* gestionó durante varias temporadas la plaza mexicana del Torero en sociedad con Antonio Casillas, *el Berrendo*. A finales de 1933, asociado con Domínguín, contrataron a Domingo Ortega para la siguiente campaña, a pesar de que se resistía a aceptar las condiciones económicas que le ofrecían. En el invierno de 1935, el diestro mexicano Alberto Balderas acusó a Ortega de tener intereses personales en la sociedad gestora del Toreo. Margeli también fue propietario de la finca de Malpaso. En septiembre de 1936, el novillero Antonio Popoca le pegó cuatro tiros en venganza por no anunciarle para torear.

concreto a Fermín Espinosa, *Armillita,* Luis Castro, *el Soldado,* y Lorenzo Garza. Sus correligionarios peninsulares no estaban dispuestos a ceder «sus» ruedos, ni a perder el favor de «su» afición.

El matador de allende los mares Eduardo Solórzano Dávalos (Morelia, 1912 - Jalisco, 1995) ofreció muchos años después su opinión sincera acerca de este boicot:

> Nosotros no fuimos los agraviados en España, sino los toreros españoles. Esto que digo parecerá una herejía, una blasfemia patriótica, y no es más que la verdad. En 1936, al surgir el conflicto, estaba España materialmente invadida de toreros y pseudo-toreros mexicanos, sin que las uniones sindicales intervinieran para poner límite al éxodo. Armillita y otros de nuestros ases habían llegado con sus cuadrillas y sumaban docenas de novilleros y subalternos. Constituíamos, por el número, un verdadero peligro para los toreros españoles. La situación no podía prolongarse, pues en cada barco llegaban nuevos toreros, de todas las categorías. Era natural, humano, que los españoles se pusieran en guardia y trataran de proteger sus intereses en su propia tierra; porque, de lo contrario, iba a suceder que los toreros mexicanos controlarían todas las corridas. Esa actitud no puede ser objetable, y nosotros, en México, hubiéramos hecho lo mismo. Fue un acto de legítima defensa, hay que reconocerlo. Y, además, ellos no nos cerraron las puertas de las plazas españolas, sino que fuimos nosotros, por nuestra intransigencia, quienes llevamos el conflicto a los extremos que llegó. En presencia del ministro de Trabajo, Sanidad y Previsión Social, señor Joan Lluhí i Vallescà, los representantes de los toreros españoles propusieron un «hasta aquí» a la invasión y fijar el número de corridas en que podrían participar los mexicanos. Se habló, por parte de los españoles, de que fueran ciento setenta, las mismas que sumaron los nuestros en la temporada de 1935; y que los novilleros actuasen en igual número de festejos que los del año anterior. Esto hubiera solucionado amistosamente, con dignidad para ambas partes, el problema; pero nuestros representantes adoptaron una actitud de intransigencia: con-

tratación libre o nada. El más afectado era Armillita, quien tenía contratadas ochenta corridas. Los ánimos se agriaron y las agrupaciones sindicales tomaron la resolución de no alternar con los mexicanos sin la previa firma de un convenio que delimitara los derechos de unos y de otros, para garantía de los intereses de todos. Esta es la verdad del conflicto taurino de 1936. Quien estudie serenamente los hechos verá que los ofendidos fueron los toreros españoles, no los mexicanos.

Cinco años después del fin de la Guerra Civil, los estoqueadores mexicanos seguían sin poder hacer el paseíllo en los redondeles españoles y los españoles, en las plazas mexicanas. Por otra parte, no existían relaciones diplomáticas entre ambos países; México seguía fiel a la Segunda República. Entonces, en 1944, el Sindicato Nacional del Espectáculo constituyó una comisión negociadora integrada por tres matadores de toros (Chicuelo, Cagancho y Domingo Ortega), el mismo número de empresarios (Pagés, Balañá y Gómez de Velasco), dos varilargueros (Francisco Díaz y Fausto Barajas), dos representantes de los rehileteros (Luis Morales y Antonio Labrador, *Pinturas*)[44] y el periodista K-Hito. En defensa de los intereses de los toreros mexicanos acudió el empresario del Toreo, Antonio Algaba. Al fin, consiguieron firmar el primer convenio que regulaba las relaciones de los toreros españoles y mexicanos.

Joaquín Rodríguez Ortega, *Cagancho* (Sevilla, 1903 - México, 1984), se convirtió en una de las figuras del toreo más singulares de su generación por méritos propios. Inicialmente se significó como simpatizante de la causa republicana, a favor de la que intervino en diversos festejos. Enseguida viajó a los cosos del Mediodía francés como paso previo a su reaparición en Bilbao el 5 de septiembre de 1937.

En 1927, su primer año de alternativa, Cagancho presenció cómo re-

---

[44] El zaragozano Antonio Labrador, *Pinturas,* formaba parte de la cuadrilla de Manolete en la temporada de 1947. Había debutado de novillero en la temporada de 1924, y fue doctorado como matador de toros en 1933. A principios de 1936 se reconvirtió en rehiletero a las órdenes de Belmonte Campoy, con quien se quedó bloqueado en las islas Baleares el 18 de julio. Los meses invernales de los años que duró la guerra viajó a las plazas americanas.

tornaban vivos a los corrales veintidós morlacos. En 1941, el gitano de los ojos verdes fue uno de los negociadores nominados por el sindicato vertical para recomponer las relaciones con sus colegas mexicanos, rotas desde quince años antes. En aquel país alcanzó una gran nombradía, y se acabó estableciendo allí en 1954. La fama del diestro gitano provenía más de sus numerosas «espantás» que de sus escasas tardes triunfales.

Un Arruza español y otro mexicano

Los hermanos Manuel (Santander, 1918 - México, 1941) y Carlos Ruiz Camino Arruza (México, 1920-1966) comenzaron su carrera taurómaca en su país de residencia, formando una exitosa pareja de novilleros. Llegaron a España en los primeros meses de 1936, con tan mala suerte que se encontraron metidos de lleno en el conflicto que enfrentaba a los lidiadores de ambos lados del océano. El boicot afectaba directamente a Carlos, nacido en México, pero no a Manuel, que había nacido en la Península. Para complicar aún más las cosas, dos meses después de su llegada a Madrid estalló la contienda fratricida, de manera que se vieron obligados a trasladar su residencia a Lisboa. En la capital de España apenas estuvieron el tiempo justo para realizar una prueba a puerta cerrada en la Monumental venteña, sin demasiado éxito, y entrevistarse con Eduardo Pagés gracias a la intermediación de Marcelino Benito, amigo de la familia. Con el empresario catalán firmarían unos años después su primera exclusiva para actuar en las plazas de toros españolas.

La situación era insólita. Un hermano solo podía torear en los redondeles mexicanos y el otro, en los españoles. En abril de 1937, Carlos decidió retornar a su país natal vía París, donde pasó numerosas penurias para demostrar que era el destinatario del dinero que le había envido su madre mediante un giro postal. Cinco meses más tarde regresaría Manolo acompañado de su padre enfermo, el sastre madrileño Pepe Ruiz Arruza, quien falleció unos días después de volver a México. Antes, la madre de los aprendices de torero, Cristina Camino[45], se había visto obligada a vender

---

[45] Cristina Camino Galicia (natural de Sequeros, Salamanca) era hija del notario zamorano Higinio Camino de la Rosa, casado con Valeriana Galicia Ayala. El matrimonio

el cincuenta por ciento de la sociedad que compartían con el socio y amigo de la familia Benjamín Burillo, las sastrerías Burillo-Arruza, La Parisina, Rosales y Chofer a Rosales. De vuelta en México, Manolo, gracias a un permiso especial, pudo mostrar sus conocimientos en los cosos de algunos estados aztecas. De todas formas, por aquel entonces los hermanos decidieron seguir caminos separados en los redondeles.

En 1938, el poeta León Felipe, ya anciano y medio ciego, se exilió en México, y sugirió a sus sobrinos que se instalasen provisionalmente en Portugal para seguir progresando en el oficio que habían elegido. Una vez de vuelta en Lisboa, tenían como única referencia para encontrar alguna contrata las tertulias que habitualmente acogía el café Suizo, frecuentadas por numerosos aficionados a los toros. Allí, la casualidad y la escasez de espadas portugueses quisieron que los descubriera un avispado empresario luso, quien les hizo una exitosa prueba práctica previa a su contratación. A partir de entonces, los hermanos Arruza se vistieron de luces en diversas plazas de Portugal.

El 30 de julio de 1939, solo unas semanas después de que finalizase la Guerra Civil, el Arruza español se presentó en Las Ventas (con novillos de Concha y Sierra, junto a Juan López Lago[46] y Paquito Casado) sin suerte con el lote que le correspondió. Manuel Sánchez del Arco, *Giraldillo*, crítico del *ABC*, le dedicó una durísima reseña, muy desalentadora y, tal vez, llena de «intencionalidad política»:

> Manuel Arruza es un irresponsable. La responsabilidad del lamentable espectáculo que nos dio debe caer por entero en los que le «sacaron». Ha sido una falta de consideración para

---

Camino Galicia tuvo ocho hijos. El mayor, Julio, fue un militar ilustre, además de médico psiquiatra. El segundo hermano, tío carnal de los Arruza, era Felipe Camino Galicia, más conocido por el nombre de León Felipe.

[46] A los novilleros Juan López Lago (Badajoz, 1915 - Madrid, 1980) y Aquilino Claver López el comienzo de la Guerra Civil los sorprendió dando sus primeros pasos por el planeta taurino, de manera que se vieron obligados a enrolarse en el Ejército Nacional. Compatibilizaron esta actividad con algunas actuaciones esporádicas en festivales taurinos de inspiración castrense. En la citada fecha de julio de 1939, López Lago se presentó en Las Ventas, y un año después, en la Monumental barcelonesa. En el mes de junio de 1954 se registró una última comparecencia en la plaza de Badajoz (con Antonio Vázquez y Francisco Mendes, frente a reses de Antonio de la Coba).

el público y un atentado al prestigio de la plaza de toros de Madrid presentarnos a un muchacho que no sabía ni coger el capote. Si Manuel Arruza recibe ayer una cornada, ¿de quién hubiera sido la culpa? Al confeccionar los carteles hay que enterarse[47].

A este festejo acudió el general italiano Gastone Gambara —a quien López Lago brindó uno de los utreros—, y aquella tarde los asistentes escucharon los compases de la *Giovinezza,* brazo en alto, en ademán firme y entre continuas aclamaciones al Caudillo y al Duce[48].

En vista de que la Guerra Civil se alargaba, tras su estancia en Lisboa, el maestro mexicano volvió a su país natal, donde el 1 de noviembre de 1940 recibió la alternativa de manos de Armillita, en una tarde en la que resultó cogido de gravedad. Su hermano Manuel seguía sin poder torear en los cosos aztecas salvo de manera ocasional, lo que le causó una fortísima depresión. El 12 de junio de 1941, un disparo fortuito, al parecer ejecutado por su hermano José, truncó para siempre la carrera del Arruza español, que contaba solo con veintidós años de edad. Aquello ocasionó un terrible trauma a su madre y hermanos.

Carlos Arruza, por su parte, fue el primer espada mexicano que compareció en el ruedo de Las Ventas una vez terminada la Guerra Civil y resuelto el conflicto taurino entre charros y españoles. Confirmó la alternativa el 18 de julio de 1944 (con Simão da Veiga, Antonio Bienvenida y Morenito de Talavera, y toros de Muriel) en la bautizada como «Corrida de la Concordia», que pretendía olvidar las viejas rencillas entre los profesionales de ambas nacionalidades y que en realidad solo sirvió para conmemorar el octavo aniversario del Alzamiento Nacional. Unos días más tarde, los representantes de ambos colectivos de estoqueadores firmaron un protocolo de intenciones que ponía fin a los ocho años de desavenencias. De todas maneras, hubo que esperar al 25 de febrero de 1951, tras la firma oficial de un convenio taurino, para celebrar

---

[47] *ABC,* 2 de agosto de 1939.
[48] El 24 de abril de 1937, Franco firmó un decreto en el que se establecía «como saludo nacional el constituido con el brazo en alto, con la mano abierta y extendida y formando con la vertical del cuerpo un ángulo de cuarenta y cinco grados». Su cumplimiento fue obligatorio desde el mes de agosto de 1937 hasta 1945.

la verdadera Corrida de la Concordia en la plaza del Toreo (con Curro Caro, Antonio Velásquez y Carlos Arruza), a la que asistieron numerosos exiliados republicanos.

Los rotundos triunfos del mexicano Arruza en la temporada de 1944 en los ruedos españoles se recibieron inicialmente con incredulidad en su propio país. Carlos —inventor del «pase del teléfono» y de la «arrucina»[49]— no llegó a significarse políticamente, pero se le presuponía simpatizante de la causa republicana por su convivencia y parentesco con León Felipe. Aun así, debido a su actuación en numerosos festejos de inspiración filantrópica, en mayo de 1957, el Gobierno del general Franco le impuso la Cruz de Beneficencia en Santander. Un inesperado accidente de circulación puso fin a su vida en mayo de 1966.

San Fermín, 1936

El 2 de julio de 1936 se celebró la tradicional Corrida de la Asociación de la Prensa de Madrid (en la que participaron Manolo Bienvenida, Domingo Ortega, Rafaelillo y Pericás, con toros de Carmen de Federico). Tres días más tarde tuvo lugar otra función taurina en el mismo escenario (con Chicuelo, Maravilla y Valencia II, y reses de José María López-Cobo), y las programaciones taurófilas se extendieron a los redondeles de Tetuán de las Victorias, Barcelona, Valencia, Palma de Mallorca, Castellón, Teruel, Cádiz, Badajoz, Orense, Santander, Gijón, Cabra, Orán (Argelia)... En Salamanca, Juanita Cruz cortó dos orejas y un rabo a un utrero de Villarroel. Los mexicanos habían dejado el camino expedito a los espadas nacionales.

Pronto, las hojas del calendario alcanzaron la feria de San Fermín. Los cinco festejos del abono pamplonés —cuatro corridas y una novillada— se

---

[49] «La arrucina según Manolo Arruza. La ejecución de esta suerte se divide en dos tiempos, aunque la arrucina propiamente dicha solo es el segundo: en primer lugar se da un derechazo normal (con la mano y el pitón derecho), solo que al rematar este, en vez de girar para quedarse colocado y ligar el siguiente derechazo, el torero se pasa la muleta por la espalda (todo muy ligado, sin pausas y sin cambiarse la muleta de mano), que queda como escondida detrás. De la muleta solo asoma la punta, que es la que utiliza el torero para pasarse el toro por le pitón izquierdo». José Luis Ramón: *Todas las suertes del toreo por su maestros*. Madrid: Espasa-Calpe, 2001.

jugaron con cierta normalidad entre los días 7 y 12 de julio. El festejo inaugural se pospuso imperativamente por culpa de la lluvia al domingo día 12, justo el día en que asesinaron en Madrid al teniente de la Guardia de Asalto José del Castillo. Entre los estoqueadores escriturados se encontraban el Niño de la Palma, Domingo Ortega, el Estudiante, Rafaelillo, Manolo Bienvenida, Curro Caro y Jaime Pericás. En la novillada comparecieron los imprescindibles Sánchez Mejías y Belmonte Campoy.

Los populares encierros matutinos registraron la afluencia de varios miles de forasteros, entre los que pasó desapercibido un grupo de futuros militares felones: Joaquín Fanjul Goñi —encargado de la revuelta en Madrid—, Emilio Mola, un hijo del general Sanjurjo, el aviador Juan Antonio Ansaldo y el coronel Carrasco —responsable del levantamiento armado en Guipúzcoa—, quienes aprovecharon la coartada que les ofrecían las fiestas navarras para perfilar los últimos detalles de la asonada. Uno de aquellos días se dejaron ver sentados en torno a un velador del café Kutz[50], donde protagonizaron un altercado verbal con un grupo de militantes izquierdistas situados en una mesa vecina[51]. Los aficionados locales tuvieron que esperar al mes de julio de 1939 para volver a presenciar espectáculos taurinos.

12 de julio de 1936, último encierro pamplonés antes de la Guerra Civil[52]

---

[50] El café Kutz de Pamplona, propiedad de Luis Kutz, fue inaugurado en 1921 y permaneció abierto hasta el año 1961. Se encontraba justo al lado del Iruña. Fue inmortalizado por Hemingway en varios escritos. Actualmente ocupa su espacio una oficina del BBVA.
[51] Pedro Barruso Barés: *La Guerra Civil en Guipúzcoa*. San Sebastián: Hiria, 2006.
[52] *Mundo Gráfico*, 8 de julio 1936.

El domingo 12 julio todavía se pudieron presenciar corridas de toros y novillos en Madrid (José Neila, Torerito de Triana y Pedro Barrera), Pamplona (el Estudiante, Curro Caro, Rafaelillo y Pericás), Sevilla (Paco Cester, Diego de los Reyes y Pascual Márquez), Zaragoza (Francisco Rodríguez, *Niño de la Alhambra,* Antonio Jiménez, *Faraón,* y Manolito Serrano), Valladolid (Juanita Cruz, Florentino Ballesteros y Cayetano Palomino), Pontevedra (Joselito Romero, Antonio Plaza y Gabriel Alonso), Tetuán de las Victorias (José Jaén, Luis Cruz Morales y Pepe Salvador), Ferrol (Manolo y Pepe Bienvenida), Valencia, Jerez de la Frontera, Cáceres, Murcia, Cádiz, Huelva, Guadalajara, Salamanca, una becerrada benéfica en Gijón y otra becerrada con la intervención de tres noveles en Zamora. En cambio, las corridas de San Jaime en Valencia y de Santiago en Santander se quedaron con los toros en los corrales.

Nadie podía imaginarse los acontecimientos que estaban a punto de suceder. Se acercaba la hora de la verdad. Ya habían sonado los clarines que anunciaban el cambio de tercio.

Capítulo IV

La hora de la verdad

Los milicianos toreros reciben instrucciones en el patio del Cuartel de la Montaña[53]

---

[53] Foto de Alazán. *Estampa*, 15 de agosto de 1936.

Capítulo IV

La hora de la verdad

Toreros milicianos

Los días previos al 18 de julio, numerosos automóviles con las cortinas corridas y cargados con voluminosos equipajes cuidadosamente disimulados para no llamar la atención abandonaron Madrid camino de las residencias veraniegas de San Sebastián, Biarritz, Estoril… Oficialmente, las clases acomodadas partían de vacaciones veraniegas. Al presidente Azaña, un Consejo de Ministros extraordinario convocado para el 24 de julio le impidió salir camino de la localidad cántabra de Piquío en la fecha que había previsto.

La sublevación de los militares africanistas se puso en marcha a las cinco de la tarde del viernes 17 de julio. La lentitud de las comunicaciones y la incredulidad inicial lograron que no se valorase la gravedad del levantamiento armado hasta muy avanzada la jornada siguiente. En esos primeros momentos se dudó del éxito de la trama sediciosa, que, en cualquier caso, se pensaba se reprimiría con rapidez.

La excepcionalidad del caso no impidió a los payasos Pompoff y Thedy actuar en el Teatro Calderón; ni al frontón Txiki Jai celebrar los partidos de pelota vasca (con sus correspondientes apuestas dinerarias) que a diario protagonizaban un grupo de veteranas jugadoras vascas. Al otro lado de los Pirineos se corría el tradicional Tour de Francia, en el que participaban los mejores corredores españoles: Julián Berrendero, Federico Ezquerra (que el 19 de julio ganó la etapa Niza-Cannes) y Mariano Cañardo. A esas alturas del año ya se habían celebrado ciento un festejos taurinos.

Para el 19 de julio estaba anunciada una corrida de novillos en Las Ventas (con Félix Almagro, Raimundo Serrano[54] y Paco Godín, y astados de Celso Cruz del Castillo, cuyo cortijo sería confiscado unos meses después).

---

[54] Raimundo Serrano, novillero madrileño de nacimiento y riazano de adopción, prodigó sus actuaciones novilleriles en los años treinta. El 28 de junio de 1931, uno de sus banderilleros, Eugenio Soto, *Sotito de Cádiz,* sufrió una cornada en el vientre a consecuencia de la cual falleció en la plaza de Haro. Los días 11 y 12 de septiembre de 1939 despachó un encierro de Juan Gallardo en Riaza.

A las doce del mediodía se procedió al preceptivo sorteo del ganado con normalidad, con la presencia de la autoridad competente y de los representantes de los espadas. Sin embargo, a primera hora de la tarde, ante el gravísimo cariz que tomaban los enfrentamientos armados que salpicaban las principales calles madrileñas, se decidió suspender el festejo.

Numerosos aficionados taurinos que no se habían enterado del aplazamiento acudieron puntualmente a la cita, y se sorprendieron al comprobar que los portones del recinto venteño se encontraban cerrados a cal y canto, lo que llevó a uno de ellos a exclamar: «¡No ha venido ni el Tato!». El festejo previsto para esa misma tarde en el coso de Tetuán de las Victorias (con Benito F. la Rosa y Bernardino Cabañas[55], y un encierro de Leopoldo Abente, cuya ganadería resultó esquilmada unos días después) también se suspendió.

Veinticuatro horas después, a la misma hora a la que estaba previsto el inicio de los festejos taurinos, comenzó la toma del Cuartel de la Montaña, donde se acantonaban los principales instigadores del levantamiento faccioso en la capital. En el asalto al recinto castrense participaron activamente, entre otros, los estoqueadores Saturio Torón, Bernardo Casielles y Melchor Rodríguez.

En los días siguientes del mes de julio, los casi dos mil afiliados a las agrupaciones sindicales de profesionales taurinos se dividieron entre partidarios de la legalidad republicana y de los militares golpistas. Las ciudades donde se levantaban los principales cosos —Madrid, Barcelona, Bilbao y Valencia— permanecieron fieles al Gobierno legalmente constituido. Solo las plazas de Sevilla, Salamanca y Pamplona, entre las catalogadas como de primera categoría, quedaron bajo la órbita castrense.

Tras la insurrección militar, de manera espontánea se constituyeron numerosos batallones de milicianos, en los que se integraron en tropel miles de ciudadanos demócratas de todas las estratos sociales: camareros, taxistas, conductores, albañiles, impresores, deportistas, artistas de variedades, de cine, de circo, de teatro..., además de varilargueros, rehileteros y mozos de espadas.

---

[55] Bernardino Cabañas (natural de Medina de Rioseco) era un novillero a quien se conocía como el Rey del Valor. Unos años después, ya retirado del oficio de estoqueador, ejerció de asesor taurino de la plaza de toros de su localidad natal, donde aún vistió de luces en el curso de 1944.

La mayoría de los subalternos taurinos se vieron impelidos a enfundar los estoques para empuñar los máuseres. La muerte ya no llegaba a las cinco de la tarde sobre la arena, sino a cualquier hora del día en los barrizales más inmundos.

Esos mismos días, los dirigentes gubernamentales solicitaron a las diversas agrupaciones sindicales y políticas, incluido al sindicato de subalternos, que se personasen en las oficinas de enganche de la Casa del Pueblo[56]. Un numeroso grupo de banderilleros y picadores afiliados a la UGT y la CNT se integró en el Batallón Galán, al que popularmente se acabó bautizando como la Brigada de los Toreros. Su destino fue la vanguardia bélica de Guadarrama y Somosierra. Por su parte, los picadores y banderilleros de la sección catalana fueron enviados al frente de Aragón; y los rehileteros sureños, a las barricadas del norte de Andalucía. Los estoqueadores que residían en Sevilla y Córdoba se posicionaron del lado del general Queipo de Llano.

Los primeros milicianos taurinos llegaron a los parapetos ofensivos alrededor del 23 de julio, tras realizar un solemne juramento de fidelidad al Gobierno republicano legalmente constituido. El Boletín de la Asociación de Matadores de Toros y Novillos y su abogado, José García Mateos de Mesa, se convirtieron en defensores de los banderilleros demócratas.

En las páginas del diario soviético *Pravda,* el periodista Mijaíl Koltsov recogió las posturas contrapuestas que habían adoptado los lidiadores más conocidos en función de la ciudad en la que los había sorprendido el levantamiento castrense: «Los toreros luchan valientemente contra los fascistas. De todos modos, los toreros de la ciudad de Sevilla se han puesto a disposición del general faccioso Queipo de Llano»[57].

Bernardo Casielles Puerta (Gijón, 1895 - Colmenar Viejo, 1983), hijo de un maquinista del Ferrocarril del Norte, alcanzó cierto renombre como estoqueador de reses bravas en los primeros años del siglo XX. Exhibió sus cualidades en los principales redondeles españoles y americanos, y, en sus tardes de mayor éxito, los escaparates de muchos comercios ovetenses de

---

[56] La Casa del Pueblo madrileña, radicada en el número 2 de la calle de Piamonte, era sede de la UGT y de la Agrupación Socialista de Madrid. Inaugurada en 1908 por Pablo Iglesias, el edificio fue derribado en 1953 para borrar las huellas de su existencia.

[57] Mijaíl Koltsov: *Diario de la guerra de España.* Barcelona: Planeta, 2009.

las calles de Fruela y Uría se llenaban de fotos del torero de la tierra. Uno de sus hermanos, Miguel, novillero y banderillero, sufrió una cornada mortal en Tetuán de las Victorias el 19 de agosto de 1934. Casielles llegó a alternar con las primeras figuras del toreo de su generación, incluidos Joselito y Belmonte. En la plaza de Sevilla triunfó en dos ocasiones gracias a su estilo refinado y a pesar de marrar con el estoque su flanco más débil. En julio de 1918 resultó cogido de cierta consideración en Madrid. Un año más tarde, en septiembre, confirmó la alternativa que había recibido unos días antes en Oviedo, en el redondel capitalino.

En marzo de 1925, Bernardo Casielles compareció por segunda vez ante un juez del distrito madrileño de Buena Vista acusado del rapto de la señorita Amparo de la Fuente, su novia, hija de un acaudalado indiano de origen asturiano. Se había enamorado de ella en una de sus excursiones a México, y acabarían casándose a pesar de la frontal oposición de la familia de la novia. Tras su comparecencia en el juzgado correspondiente, la señorita De la Fuente quedó confiada al cuidado de las madres religiosas del convento de San José, hasta que se aclaró el entuerto que en dos ocasiones dio con los huesos del matador de toros en prisión.

Casielles hizo el servicio militar en el Regimiento de Infantería del Príncipe n.º 3, a favor del cual estoqueó una novillada en el patio del propio cuartel el 8 de diciembre de 1916, coincidiendo con la festividad de la patrona del arma militar. Al parecer, en sus años de estudiante realizó algunos pinitos como actor. También era miembro activo de la logia masónica de Gijón, aunque, según Ignacio Peláez, se inició en la logia madrileña hispanoamericana número 379 del Gran Oriente Español tras pasar el pertinente examen de admisión en 1921. Dos años más tarde se convirtió en maestro masón[58].

En 1926 se afilió al partido político Izquierda Republicana, con quien participó activamente —junto a los capitanes republicanos Fermín Galán y Ángel García Hernández— en diversas conspiraciones contra el régimen dictatorial de Primo de Rivera. Hacía varios años que había abandonado la profesión de estoqueador cuando se sumó al asalto del Cuartel de la Montaña en julio de 1936.

El 26 de julio resultó herido de gravedad en el pecho por un cascote de metralla en el alto de los Leones. En reconocimiento a su labor, el 14

---

[58] *La Nueva España*, 7 de agosto de 2012.

de agosto, tal como atestigua una instantánea publicada en *ABC,* fue ascendido a capitán y condecorado por el comandante Enrique Cabrerizo, de Izquierda Republicana, en el paseo de coches del Retiro. Nada más recuperarse de las heridas regresó a primera línea de fuego y combatió en los frentes de Getafe, Carabanchel —cerca de la plaza de toros—, Campamento, Retamares y Guadarrama. Al parecer ejercía de enlace entre el Ministerio de Gobernación y su partido político. Al final fue destinado a Barcelona, donde se encargaba de la compra de material militar. Tras la Guerra Civil se exilió a Caracas y México D. F. En 1944, cuando aún estaba exiliado, el Tribunal de Represión de la Masonería y el Comunismo le condenó a doce años y un día de prisión. En 1964 regresó definitivamente a España.

El torero asturiano falleció en la residencia de ancianos de Colmenar Viejo el 9 de mayo de 1983, y sus restos mortales fueron trasladados al cementerio ovetense de El Salvador. En esos momentos era el decano del gremio.

En los primeros días de noviembre de 1936, el Ejército de la República tenía abiertos cinco frentes bélicos, en Asturias, Vizcaya, Córdoba, Málaga y Madrid. Por entonces, el exnovillero Melchor Rodríguez García (Sevilla, 1893 - Madrid, 1972) se convirtió en un personaje de singular trayectoria política. Militante de la FAI (Federación Anarquista Ibérica), fue director de Prisiones de Madrid y Alcalá de Henares entre noviembre de 1936 —fecha en la que el Gobierno se trasladó de Madrid a Valencia— y febrero del año siguiente. El escritor Alfonso Domingo resumió así su personalidad:

> Melchor Rodríguez, extorero, chapista de profesión, anarquista puro, amigo íntimo de los hermanos Quintero, quien desde su puesto de director de Prisiones y respaldado por el subsecretario Sánchez Roca, demostró un coraje excepcional defendiendo y protegiendo a la población penal en momentos en los que el incremento de los bombardeos nacionales provocaba hechos tan horrorosos como el del tren de la muerte[59].

---

[59] Alfonso Domingo: *El ángel rojo.* Córdoba: Almuzara, 2009.

Un diplomático chileno que residía en la capital republicana los días del levantamiento castrense, Carlos Morla, amplió las características humanas de este singular militante libertario: «andaluz genuino, un anarquista maravilloso que es la bondad y la honradez personificadas».

Cuando contaba con muy pocos años de edad, Melchor Rodríguez se quedó huérfano de padre a consecuencia de un accidente laboral (era estibador en el puerto de Sevilla). La desgracia obligó a su madre, María, a ganarse la vida ejerciendo los oficios de cigarrera y costurera en diversas casas sevillanas. Aun así, su hijo tuvo que visitar con excesiva frecuencia las instalaciones del hospicio de la ciudad, donde ejerció de monaguillo. Con trece años, Melchor se inició en el aprendizaje del oficio de calderero. Dos años más tarde comenzó a frecuentar las capeas pueblerinas, en las que conseguía recaudar algún dinero «pasando el guante» entre los espectadores tras demostrar sus conocimientos de la lidia. Acumuló una cierta experiencia en el manejo de los trebejos de torear, y en septiembre de 1915, con veintidós años, se vistió de luces por primera vez en la plaza de Sanlúcar de Barrameda, junto a Antonio García, *Bombita IV*. Aquella tarde salió a hombros gracias a su valor.

Melchor Rodríguez (en el centro), promotor del Hospital Penitenciario, rodeado de los directores de las prisiones madrileñas en el día de la inauguración del hospital[60]

De figura juncal y corte valeroso, Melchor no conseguía hacerse un hueco en los primeros puestos del escalafón novilleril, de manera que en 1918

---

[60] *Mundo Gráfico,* 4 de agosto de 1937.

decidió trasladar su domicilio a la capital de España. Allí logró que le anunciasen en el ruedo de Tetuán de las Victorias para el 4 de agosto (con novillos de Montoya para Redondo y Francisco Díaz). Esa tarde resultó cogido en el glúteo cuando intentaba pasaportar el sexto burel del encierro, y tardó varios meses en sanar de aquella herida. Al finalizar la temporada, sin poder mostrar más hazañas que una profunda desilusión, colgó los avíos de lidia. Reapareció en el curso de 1920 y volvió a resultar cogido de consideración en la Glorieta salmantina. Ese mismo verano, con veintisiete años, se presentó en la Maestranza, donde por tercera vez resultó herido de gravedad, lo que le llevó a cortarse la coleta definitivamente.

Entre sus compañeros de aventuras se encontraba el banderillero Castillito, a quien muchos años más tarde, sumido en la indigencia, sin una pierna y con una mujer a su cargo, dio cobijo en su domicilio madrileño.

Retirado de la profesión de lidiador, Melchor Rodríguez ejerció los oficios de ebanista primero y de chapista después. En esta época se afilió a la CNT, sindicato en el que ostentaba el carné número tres de la Agrupación Anarquista de la Región Centro. Reconvertido en dirigente libertario, participó activamente en numerosas huelgas, sobre todo en la promovida en la compañía telefónica, entonces propiedad de la multinacional norteamericana ITT.

De carácter intrépido, al igual que José Bergamín, Melchor Rodríguez intervino con entusiasmo en el asalto al Cuartel de la Montaña. En los primeros días de agosto de 1936 requisó el palacio del marqués de Viana al frente de un grupo anarquista que se autodenominaba Los Libertos.

Más adelante, el exdiestro sevillano ejerció de comisario político en diversos frentes bélicos, y por fin fue designado delegado de Prisiones en sustitución de Clara Campoamor. Este nombramiento permitió que el 8 de diciembre salvase de una muerte segura a los 1.532 presos facciosos recluidos en el penal de Alcalá de Henares, entre los que se encontraban el militar Agustín Muñoz Grandes[61] y los falangistas Raimundo Fernández Cuesta, Javier Martín Artajo, los hermanos Luca de Tena, Bobby Deglané, Ramón Serrano Suñer, Rafael Sánchez Mazas, Agustín de Figueroa y, probablemente, el estoqueador Nicanor Villalta.

---

[61] Años más tarde, el militar falangista Agustín Muñoz Grandes (Madrid, 1896-1970) estaría al mando de la unidad de voluntarios de la División Azul que se desplazó a Rusia para luchar contra el comunismo.

Estas y otras acciones humanitarias hicieron que sus propios camaradas sospechasen de su posible colaboración con la quinta columna. El ministro de Justicia Juan García Oliver, correligionario suyo, le destituyó de su responsabilidad política el 1 de marzo de 1937, y su propia esposa le abandonó a principios de 1939 convencida de que ingenuamente se había dejado utilizar por los quintacolumnistas. En las trincheras nacionales se le conocía como «el ángel rojo», y como el «traidor Melchor» entre sus colegas cenetistas.

A finales de abril de 1937, Largo Caballero disolvió la Junta de Defensa de Madrid (comandada por el general José Miaja) y la sustituyeron por un organismo similar formado por los ediles del órgano director del Ayuntamiento de Madrid, al que transfirieron la responsabilidad política. A finales de ese mismo año, el antiguo torero formó parte de la comisión impulsora de un monumento en memoria de Buenaventura Durruti.

En los primeros meses de 1939, la FAI y la junta del coronel Casado consensuaron nombrar a Melchor consejero municipal del anterior organismo como delegado de cementerios de la corporación local, presidida provisionalmente por el socialista Rafael Henche de la Plata en sustitución del esfumado alcalde Pedro Rico. De facto, Melchor Rodríguez fue el último alcalde de Madrid durante la República. El 28 de febrero de 1939, el coronel Casado y Julián Besteiro, del Consejo Nacional de Defensa, le encargaron la entrega del consistorio a las futuras tropas vencedoras. El 1 de abril de 1939, Melchor presidió el traspaso de poderes durante dos días, aunque su nombre no quedara reflejado en ningún acta o documento. Los nuevos inquilinos franquistas le detuvieron y le pusieron a disposición de un tribunal castrense el 13 de abril. En diciembre, ese jurado le declaró inocente, aunque el auditor militar no corroboró el veredicto. En mayo de 1940, un nuevo consejo de guerra condenó al exnovillero a cadena perpetua, posteriormente conmutada por veinte años de cárcel, que cumpliría en el Puerto de Santa María. Evitó parte de la pena gracias a la mediación de Muñoz Grandes —en esos momentos capitán general de la I Región Militar—, que durante el juicio realizó una encendida defensa de las cualidades humanas de Melchor, y al aval de dos mil firmas que solicitaban clemencia. Esto redujo su estancia en prisión a doce años y un día.

Tras cumplir la pena, el antiguo novillero continuó implicado en actividades libertarias, por lo que resultó detenido de nuevo y acusado de propaganda ilegal.

El escritor Víctor Márquez Reviriego, en un artículo publicado en la edición andaluza de *El Mundo,* contaba:

> Fue empleado en una compañía de seguros, y vivía con su antiguo compañero de capeas, el banderillero Castillito, y la esposa de este, en un modesto piso de la madrileña calle de la Libertad. Allí murió, y dicen que nunca pidió ayudas a nadie ni de nadie las admitió, y cuando se reunía a comer con alguien nunca dejó que le invitaran[62].

El agradecimiento que le profesaban las numerosas personalidades franquistas a las que había salvado la vida motivó que le surgiesen varias ofertas de trabajo, incluido un puesto de funcionario en el sindicato vertical remunerado con veinticinco mil pesetas. Sin dudarlo un segundo, rechazó estas prebendas una tras otra.

En 1973, el entierro del torero y militante libertario reunió a personas de ideologías enfrentadas, entre las que destacaban varios expresidiarios. Sobre su ataúd, cubierto con una enseña anarquista y un crucifijo, se rezó un padrenuestro. Como remate de la ceremonia fúnebre, un grupo de falangistas, opuestos a Franco, unió sus voces a las de un viejo anarquista para entonar un himno libertario.

El primer día de 1937, la explosión de una granada segó la vida del estoqueador de reses bravas Saturio Torón Goyanes (Tafalla, 1902) cuando comandaba un batallón de milicianos en el frente de Somosierra. Otras versiones sitúan el óbito en las proximidades de Pozuelo mientras cavaba una trinchera defensiva. La propaganda franquista extendió la patraña de que le habían asesinado por la espalda sus propios camaradas cuando intentaba desertar. En 1936 fue uno de los miembros del mundillo taurino que participó más activamente en el asalto al Cuartel de la Montaña. El recio torero navarro dejó sin protección a una joven esposa viuda y seis hijos de corta edad.

Torón fue uno de los pocos profesionales que no simultaneó la lidia con la milicia. Espada de humilde biografía taurófila, constitución atlética,

---

[62] *El Mundo,* 10 de noviembre de 2007.

considerable nobleza y una gran generosidad, exhibía en los redondeles tanto valor como torpeza. En los inicios de su carrera compaginó la práctica del boxeo con el arte de torear. También fue alumno de la escuela de periodismo de *El Debate,* y ejerció de corresponsal del diario *La Nación* durante la Revolución asturiana de 1934. Al parecer, su nombre también figuraba entre los colaboradores iniciales del diario falangista *Arriba.*

El espada tafallés aprendió el oficio taurino trabajando a las órdenes de diversos espadas de trayectoria humilde en numerosos redondeles de las geografías navarra y aragonesa. Tras sortear múltiples vicisitudes en plazas de segunda y tercera categoría consiguió recibir la alternativa en los sanfermines de 1930 (completaban el cartel Marcial Lalanda y Félix Rodríguez).

En su primera temporada en el escalafón superior perfeccionó notablemente la técnica de sortear ganado fiero gracias a la experiencia acumulada en los ruedos mexicanos durante el invierno anterior. El 12 de abril de 1931 confirmó la alternativa en Las Ventas (con Fausto Barajas y Antonio Posadas, en un encierro de Bernaldo de Quirós).

Como el espada navarro no conseguía hacerse un hueco entre los matadores de mayor postín decidió integrarse en las filas de los subalternos, trabajo que ejercía cuando estalló la Guerra Civil. Solo unos meses antes se había jactado de militar en Falange Española, por lo que, coincidiendo con una actuación en el coso de Tetuán de las Victorias, las calles de este municipio amanecieron totalmente empapeladas con pasquines que denunciaban la militancia azul del torero navarro. Sí parece comprobado, de acuerdo con el testimonio del escritor Rafael García Serrano, que Saturio Torón vestía el uniforme falangista en las inmediaciones del Teatro de la Comedia la mañana en la que José Antonio Primo de Rivera pronunció el discurso fundacional de la Falange.

> ... me fijé en que cerca de nosotros estaba, brazo en alto, un matador de toros de Tafalla, de nombre Saturio Torón, que lucía una corbata roja cuajada de pequeños yugos y flechas en negro, o al revés [...] Por razones de paisanaje, yo había sido un entusiasta de aquel diestro, arrolladoramente valeroso, seco y poco artista, comedor de toros, porque es que se los tragaba, pero capaz de anegar de emoción una plaza hasta la fatiga del respetable, que llegaba a sentir miedo físico en su apacible seguridad [...] Le vi tomar la alternativa en

los sanfermines inmediatamente anteriores a la proclamación de la República […] Se transfiguraba en banderillas. Andaba siempre cogido y no dominaba los secretos de la lidia, pero era valiente hasta la temeridad, y después de renunciar a la alternativa y trabajar nuevamente de banderillero, ingresó en la escuela de periodismo de *El Debate* […] Saturio Torón moriría unos meses después de capitán rojo, frente a nosotros en Somosierra […] Murió, según se cuenta, al explotarle un mortero. Al mirar las posiciones enemigas acaso las viera como un tendido abarrotado por aficionados de Olite, de Tafalla, de Tudela, de toda Navarra, que unos años antes le habían aplaudido en Pamplona[63].

En cualquier caso, se cree que para eludir los problemas que le causaba su supuesta empatía falangista, el mismo 18 de julio Saturio se integró en las Milicias Populares para garantizar su seguridad. Ya en los primeros meses de guerra, integrado en el Batallón Galán, resultó herido de gravedad en la sierra de Guadarrama. Las heridas le permitieron conseguir el ascenso a capitán.

Saturio Torón, uno de los primeros toreros heridos, rodeado por su familia en el hospital de sangre[64]

---

[63] Rafael García Serrano: *La gran esperanza*. Barcelona: Planeta, 1983.
[64] Foto de Alazán. *Estampa*, 15 de agosto de 1936.

El 7 de enero de 1937, unos días después de la desaparición de Torón, el rehiletero Ramón de la Cruz perdió la vida en el Plantío. Y otro subalterno destinado en primera línea de fuego, José Sánchez Luengo, *Zamoranito*[65] (Zamora, 1904 - Somosierra, 1937), resultó herido sin cura posible el 28 de enero.

En los primeros días de la Guerra Civil, la Unión de Picadores y Banderilleros remitió un memorando a la Agrupación Socialista madrileña firmado por su secretario general, Cástulo Martín, en el que se adjuntaba una relación de doce banderilleros y picadores «que desean se les faciliten las armas necesarias para la defensa del régimen». La petición estaba rubricada por Eduardo Plata, *Platita*[66], Faustino Alonso, Aquilino Morago, Luis Mera Sánchez, Jerónimo de la Torre Rubio, Juan Linares Pérez, *Nini*[67], Antonio Higuera Imbernón[68], Alfredo Guairan Álvarez, Francisco Mestre Montoliú, Benito Guía García, *Mañico,* Arturo Serrano Alonso y Manuel Serrano, *Máquina.*

En los primeros días del mes de agosto, Cástulo Martín hizo público un nuevo comunicado, en esta ocasión dirigido a los subalternos afiliados al sindicato socialista. Solicitaba la disponibilidad inmediata de todos sus colegas para participar desinteresadamente en los diversos festivales taurinos de corte patriótico que se estaban promoviendo a favor de las instituciones democráticas.

---

[65] En junio de 1926 había toreado en Valencia sin destacar. Unos meses más tarde le anunciaron por segunda vez en el Nuevo Circo de Caracas.

[66] Platita, nacido en Morón de la Fuente en 1892, compareció en la temporada de 1919 en la Maestranza sevillana, donde ofreció una actuación tan desastrosa que tiró por tierra todos los méritos que previamente había demostrado en otros circos andaluces. En el verano de 1933, en Tetuán de las Victorias, ya destacaba en funciones de brega. En los años cincuenta aún oficiaba en la plaza argentina de Chascomús, en las cercanías de Buenos Aires, de lo que se deduce que se exilió tras la Guerra Civil.

[67] Nini, natural de Madrid, se presentó de primer espada en Tetuán de las Victorias en la temporada de 1921. En 1922 le anunciaron en Carabanchel, ocasión en la que un revistero de *ABC* afirmó «que precisamente no estaba llamado a sustituir a Joselito». En 1928 ejercía de rehiletero en la plaza segoviana de Santa María la Real de Nieva. En los primeros días de la Guerra Civil compatibilizó su presencia en las trincheras con el trabajo de rehiletero de Chiquito de la Audiencia. En 1943 actuó a las órdenes del mexicano Jerónimo Pimentel en Pozuelo de Alarcón a favor de la iglesia parroquial.

[68] El varilarguero Antonio Higuera, miembro de una conocida saga de toreros algecireños, pertenecía a la Unión de Picadores y Banderilleros de la región andaluza. En los años anteriores a la guerra, colaboró desinteresadamente en un festejo a favor de un rehiletero lisiado, miembro de la cuadrilla de Enrique Torres.

Ya en noviembre, el vicepresidente de la Unión de Picadores y Banderilleros ugetistas, Antonio Codes, invitaba a los «camaradas» afiliados a su central sindical a pasarse por la sede con objeto de sustituir los antiguos carnés y ponerse al corriente del pago de las cuotas correspondientes. Advertía de que, de no hacerlo, y transcurridos quince días, «serán dados de baja aquellos socios que no se hayan puesto al corriente y aquellos otros que no hubieran cambiado sus respectivos carnés». De este modo perderían todos los derechos adquiridos, incluida la identificación personal.

Cástulo Martín Gutiez (Bilbao, 1890 - Madrid, 1964), hermano del matador de toros Joselito Martín, ejercía de secretario de la sección taurina de la UGT, con la que se sumó a la defensa de Madrid. Como ya era demasiado veterano para empuñar las armas, continuó dirigiendo el sindicato y toreando ocasionalmente a las órdenes de Rafaelillo. Tras el enfrentamiento fratricida fue encarcelado, pero en la temporada de 1940 volvió a vestir el traje de plata a las órdenes de Rafael Ponce.

En los meses invernales de aquel año se trasladó a Bogotá, donde colaboró con la empresa de Dominguín. Según Pepe Dominguín, en esa época se encontraba medio varado en Colombia y «era alto y enjuto, y en sus buenos tiempos había sido banderillero en la cuadrilla de Bienvenida». Anteriormente había pertenecido a las de Antonio Márquez e Ignacio Sánchez Mejías, con quien estuvo la tarde en la que el toro de Ayala López le segó la vida en Manzanares. Resultó cogido de gravedad al menos en cuatro ocasiones.

Cuando plegó el percal y abandonó los palitroques se dedicó al apoderamiento de espadas secundarios, básicamente americanos, entre los que se encontraba el ídolo de Venezuela Luis Sánchez Olivares, *el Diamante Negro*, a quien había conocido en el exilio y con quien cruzó el Atlántico en sentido inverso en la temporada de 1948.

Otro miembro de las improvisadas Milicias Populares, el banderillero de Jaime Noain Luis Mera Sánchez (nacido en Badajoz en 1898), residía en Madrid, donde se afilió a la CNT. En el ciclo de 1922 había toreado en Madrid, y en octubre del siguiente año, en Guadalajara. En la temporada de 1924 compareció con éxito en Zaragoza. En agosto de 1936, la CNT le entregó las armas necesarias para combatir en la sierra madrileña. Integrado en la 96 Brigada Mixta, alcanzó el grado de sargento de intendencia. Al finalizar la contienda armada consiguió torear en una única ocasión, hasta que en mayo le detuvieron en la Gran Vía madrileña, vestido de luces, momentos antes de partir hacia Las Ventas, después de que un colega de profesión le etiquetase de «rojo», aunque pronto consiguió recuperar la libertad. Siguió vistiendo de plata muy ocasionalmente.

El madrileño Ricardo Martín Prados, *Trasmonte,* ejerció de primer espada durante varias temporadas. En el ciclo de 1933 destacó en el coliseo de Tetuán de las Victorias en la tarde de su estreno, ocasión en la que mostró habilidad colocando los rehiletes. Un año más tarde retornó al mismo anfiteatro para pasaportar una gigantesca novillada de Enrique Moreno de la Cova. Entre sus mayores éxitos se encuentra una salida a hombros de la plaza de toros de Marsella en la temporada de 1935. En sus inicios toreó en numerosos cosos de carros y talanqueras, entre los que se encontraban los de los pueblos salmantinos de Cabrillas y La Alberca.

Ricardo Martín fue uno de los profesionales heridos de consideración en la reyerta desatada en el café Colón de Madrid con motivo del conflicto que enfrentaba a los toreros españoles y mexicanos. En la Guerra Civil, ejerció de portavoz ocasional del colectivo de toreros destinados en primera línea de fuego, tal como lo atestiguan unas declaraciones suyas aparecidas en la prensa republicana el 29 de julio de 1936:

> Al iniciarse este movimiento, la Asociación de Matadores de Toros y Novillos se ofreció al Gobierno para defender la República con sus socios en los lugares en donde se estimara oportuno. Inmediatamente nos alistamos un grupo de sesenta y tantos, la mayoría de los cuales estamos en el frente de Somosierra, y los demás en otros sitios a los que se les ha destinado. Aquí, entre otros que recuerde, hay: Miranda, Parrita, Litri II, Antonio Noguera Lorente, *Yerberito,* Práxedes Martín Martín, José García Romero, Miguel Palomino, Mario de la Villa, *Templaíto,* Alcolea, Emeterio Arreba, *Corchaíto,*

> José Neila, *Pepillo,* Aldeano[69], Julio Gracia Navarro, *Girula*[70]*,* Antonio Ferrer, *Pastoret,* Martinito, Lorenzo Ariza, *Manzanito,* José Pérez, *Nili,* Pepe Ballesteros, Ángel López, *Angelillo,* Perlita, el banderillero Adolfo y las toreras espontáneas Pilar Rodríguez y Esperanza Ochoa [...] Todos nos alistamos en el cuartel establecido en el antiguo convento de los Salesianos de la calle Francos Rodríguez, n.º 5. Algunos estamos afiliados a la UGT, sección de oficios varios; pero la mayoría hemos cogido el fusil para defender la República como obreros.

Una vez finalizada la Guerra Civil, Trasmonte perteneció durante varias temporadas a la cuadrilla de Álvaro Domecq. En los años cincuenta, ya retirado, se estableció en Martos (Jaén), donde promovió un taller especializado en la fabricación de capachos de esparto.

La relación de milicianos taurinos defensores de la legalidad republicana amplió su número con una nueva lista de rehileteros y picadores enviados a la sierra madrileña, parte de los cuales aparecieron retratados en las páginas de *Mundo Gráfico* el 12 de agosto:

> En la sierra hay un grupo de toreros peleando bravamente. El novillero Luis Prados, *Litri II,* responsable político de un grupo, ha visto premiado su heroísmo recibiendo primero la insignia de alférez, después la de teniente de Milicias, en pleno campo de batalla. Con él pelean sin descanso el vallecano Miguel Palomino, Joselito Migueláñez, Barocao, N. Martín, Pablo Sáez, Pedro Miranda, Fortuna Chico, Alcolea, Martitos, Curro Reyna, Saturio Torón y muchos otros más que no aspiran ahora a los ecos del renombre, sino al cumplimiento de sus deberes de ciudadanos[71].

---

[69] El apodo de Aldeano lo utilizaban los hermanos varilargueros Pablo y Manuel Suárez Pozo, hijos del mayoral de la ganadería extremeña de Manuel Albarrán, donde aprendieron a picar. En 1936, uno de los hermanos fue encarcelado con motivo del conflicto hispano-mexicano.

[70] Girula (nacido en Zaragoza en 1906) fue uno de los varilargueros que resultó herido de muerte en la sierra madrileña.

[71] «Los toreros, carne y alma del pueblo, luchan por la causa popular», Juan Ferragut, en *Mundo Gráfico.*

Un grupo de toreros milicianos entre los que se encuentra el entonces alférez Litri II (encima de la x) en la sierra de Guadarrama[72]

A mediados de agosto, tras la reanudación de la lidia en las principales plazas republicanas, Indalecio Prieto publicó un artículo en el diario *Informaciones* en el que exponía las actitudes contrapuestas que habían adoptado los distintos miembros del colectivo taurino frente a la Guerra Civil:

> Unos luchan en la zona de Guadarrama, mientras otros en Andalucía sobresalen como figuras y son toreros de relieve que reniegan del pueblo del que proceden. Así, en Sevilla capitanean a los partidos fascistas, que en unión de moros y gentes del Tercio realizan razias sangrientas por los pueblos, Pepe el Algabeño y Emilio Torres, el mayor de los Bombitas; y en Córdoba actúa casi de generalísimo el rejoneador Cañero. Destaca el hecho de que el torero enriquecido se ponga al lado de los fascistas, mientras el torero humilde, que no se ha desprendido del pueblo, se bata en las filas del Frente Popular.

---

[72] *Mundo Gráfico,* 12 de agosto de 1936.

En septiembre, cuando solo habían transcurrido unas pocas semanas desde la llegada de los toreros al frente, la *vedette* Conchita Rey se convirtió en la madrina del colectivo de subalternos. Por este motivo, una comisión se desplazó a Madrid para recibir personalmente el banderín que la artista había confeccionado ex profeso, y se retrataron junto a ella.

La nómina de milicianos continuaba ampliándose con los nombres de los novilleros Luis Mera, José Sánchez, *Madriles II,* y Adolfo Guerra[73]. En ocasiones, estos profesionales se topaban inesperadamente, otras veces adrede, con reses bravas que parecían estar extraviadas en los prados de la sierra madrileña. Y así improvisaban algunas funciones de toreo a campo abierto que sorteaban con sacos a modo de capote y muleta.

La edición de *Mundo Gráfico* correspondiente al 12 de octubre enumeraba la relación de estoqueadores de primera fila partidarios de la legalidad republicana, entre los que citaba a Joaquín Rodríguez, *Cagancho,* el Niño de la Palma, Antonio García, *Maravilla,* Chiquito de la Audiencia y Félix Colomo.

En una información similar divulgada por *El Sol* el 17 de noviembre, el periódico cuantificaba en alrededor de ochenta a los profesionales taurinos destacados en primera línea de fuego.

El 13 de octubre de 1938, el columnista de *La Vanguardia* Genil analizaba la posición adoptada por los matadores de toros más famosos ante la sublevación sediciosa; la mayoría de ellos ya había huido a las ciudades en poder de los militares franquistas:

> … andando el tiempo, los toreros se han ido divorciando del pueblo. Es verdad que algunos se han mantenido fieles a él. Es verdad que algunos han sabido recordar constantemente su primera tarde de maletas en el ruedo […], pero los afortunados, los astros de primera magnitud, se han ido a las alturas, y los que no se han casado con una marquesa se dedican a cazar obreros por los caminos o las ciudades de España, como idóneos militantes de Falange. ¿Por qué esta apuesta a

---

[73] Este novillero madrileño se presentó en las plazas de Tetuán de las Victorias y Carabanchel. A veces utilizaba el apodo de Rija, hasta que se reconvirtió en banderillero.

fondo de los toreros?[74]. Sería complejo, en una nota como esta, reflejar el proceso que la ha producido. Aceptemos el fenómeno, puesto que es cierto, y apuntemos, de paso, que en las filas del Ejército republicano luchan algunos hombres que han paseado su valentía por las arenas del peligro. Lo cierto es que, desde el 18 de julio, son muchos los espadas que viven en la zona invadida. A unos los cogió allí el golpe. Otros se han evadido de nuestro territorio porque han preferido la deshonra. Con esto han demostrado que si alguna vez los llamaron pundonorosos fue porque los críticos apuñalaron el calificativo o se dejaron untar con exceso la mano. La actuación de estos diestros entre los franquistas y los italianos tiene un índice bastante precario. Apenas media docena de corridas en lo que va de guerra. Un balance desalentador. Y un horizonte de negruras. ¿Para qué torear si cada corrida era un beneficio dedicado a las tropas del generalísimo?

Pepe Neila, en representación de la Asociación de Matadores de Toros y Novillos, amplió el número de novilleros y subalternos que continuaban defendiendo la causa republicana en las diversas agrupaciones militares en una entrevista aparecida en las páginas del *Heraldo de Madrid* el 3 de octubre de 1937, firmada por Joaquín Soriano:

> —¿Me podría usted ofrecer unos datos sobre la participación de los matadores de toros y novillos? —pregunté a José Neila *(Pepillo)*, en la actualidad presidente de la Asociación.
> »Podría usted decirme —insisto— ¿qué matadores se han destacado en la lucha antifascista?
> —Pues verá usted: aunque los datos que tenemos son bastante incompletos, porque estamos un poco apartados de estos compañeros que desde el primer momento marcharon a luchar contra la invasión, creo recordar que Miguel Palomino es comandante de Estado Mayor; Luis Prados *(Litri)* es también comandante en las fuerzas que manda Galán; Carlos

---

[74] Referencia a la esposa de Domingo Ortega, María del Carmen Plá Ruiz, hija de la marquesa de Amboage.

Alfonso Sanz, en las del Campesino; Francisco Corro en la 18 Brigada; Bernardo Casielles y Enrique Torres son también comandantes.

»Valentín Ritoré es capitán de Carabineros. Son tenientes y capitanes Eladio Amorós, Joselito Migueláñez, en la 42 Brigada; Ángel Sanz *(Angelillo de Málaga)*; Miguel Cirujeda, en la 38 Brigada; y Gustavo Rodríguez Antón y Vicente Soto, en la 32, e infinidad de ellos más que no recordamos, y de los que no se puede… ofrecer detalles, pues no mantienen en la actualidad nexo alguno con la Asociación. Entre cabos y sargentos hay una infinidad, entre ellos Josele.

—Y en la policía popular, ¿no tienen ustedes compañeros?

—Naturalmente que sí. Que yo recuerde, Ricardo Martín *(Trasmonte)* y José María Vizcaíno.

»En el Cuerpo de Tren tenemos a los matadores de toros Manuel del Pozo *(Rayito)* y Gitanillo de Triana, así como al matador de novillos Francisco del Pozo.

»Félix Colomo está en Sanidad, y Félix Morales, en artillería. En el Cuerpo de Seguridad y Asalto tenemos a Luis Calderón de la Barca, Gabriel Carmona, Manuel González[75], Gabriel Alonso y otros muchos.

»Pero no acaba ahí la lista, pues en el Parque de Intendencia tenemos a Máximo Berrocal, Cecilio Barral, Ricardo González, Pablo González *(Parrao)*, Epifanio Bulnes, Vicente Samperio, Antonio Carriches, Manuel García y otros.

»En la Caja de Reclutas número 1 están Antoñete Iglesias y Vicente Martínez *(Niño de Haro)*.

»En diferentes brigadas hay un número sin fin de matadores de novillos desde los primeros días del movimiento fascista, entre los cuales se encuentran Manolo Fuentes Bejarano y su hermano, Florentino Ballesteros, Pepe Ballesteros, Mariano Moreno *(Chavito)*, Dionisio Rodríguez *(Toreri)*,

---

[75] Manuel González de Sevilla, a quien se apodaba *Manolín y Manolete*, en esos momentos soldado del regimiento de Zapadores, protagonizó en 1932 un festival taurino promovido para celebrar el Día del Ejército promovido por la guarnición de Madrid, en el que se aprovechó para homenajear a la República.

Palmeño, Práxedes Montero, José Álvarez *(Giralda)*, este en la 53 Brigada; Joselito de la Cal, Julio Cinco, etcétera.

»Muchos matadores de novillos y toros han caído también defendiendo la causa. Entre ellos, estos: Morateño, Daniel Rubén, Torón, Leonardo Cantálejo, Ayuso, Perlita, Félix Fresnillo, Antonio Valero *(Varelito)*, Andrés Hernández *(Villalta II)*, Pedro Cerrato, Vicente Soto, José García, Moreno de San Bernardo, Santiago Núñez *(Rosalito)*, Pérez Soto, Trinitario de Málaga y muchísimos más.

»Los toreros —me dicen— sienten la causa como nadie. Como decía el Maestro, el hambre nos tiene dadas muchas cornadas, muchas más que los toros; por eso, por haber sido siempre unos parias es por lo que tenemos que luchar al lado de los que sienten el santo afán de una vida mejor.

—Y ahora una pregunta extemporánea, ¿qué opina usted sobre la pretendida supresión de la fiesta del toro?

—Yo no digo nada ahora, porque ahora no se puede ni se debe decir nada. Los toreros queremos ante todo ganar la guerra. De lo que vaya a suceder después con esta y con otras cosas, el pueblo y solo el pueblo lo ha de decidir, ¿no le parece?

—Naturalmente.

—Yo creo que la fiesta es algo tan circunstancial con nuestro carácter, que el pueblo la desea, la quiere. Es la fiesta brava del pueblo más valiente del mundo.

»Los toreros del pueblo luchan con el pueblo y para el pueblo. Si algunos desgraciados se olvidaron de... "su origen" y fingieron acariciar avarientos su dinero, bastante desgracia tienen...

Los mandos tauromáquicos de la 96 Brigada Mixta

Entre los cientos de defensores de la legalidad republicana que acabaron defendiendo los alrededores de la Casa de Campo se encontraban los subalternos Litri II, Fortuna Chico y Guillermo Marín. Este grupo de rehileteros había asumido un papel primordial en los frentes de Guadarrama, La Cabrera, Somosierra, Toledo y Guadalajara, y, con el paso del tiempo, se convertirían en los principales mandos de la 96 Brigada Mixta. Constituida en Murcia en junio de 1937, a ella fueron a parar numerosos profesionales taurinos provenientes de la 22 Brigada Mixta, el Batallón Galán.

A finales de 1938, cuando esta agrupación de milicianos se encontraba en Corcolilla, al norte de Valencia, en la frontera con la provincia de Teruel, se detectó una ola de terror impuesta por el SIM (Servicio de Información Militar) contra varios soldados y mandos leales a quienes se acusaba de intentar desertar. Entre ellos, lógicamente, había miembros del gremio taurino integrados en la Brigada de los Toreros.

Luis Prados Fernández, *Litri II* (Madrid, 1902-1959), nació en Fuenlabrada, localidad en la que aprendió el oficio de barbero antes de abrazar la profesión de torero. Era uno de los socios más veteranos del Real Madrid. En 1927 y 1928, sus mejores años en activo, despachó una docena de novilladas, incluida la correspondiente a su presentación en Madrid en el mes de marzo de 1929, tarde en la que, en opinión de un revistero de *ABC*, se le notaron en exceso los resabios aprendidos en numerosas capeas. En sus comienzos se apodaba el Alcachofo. Sus detractores afirmaban que había militado en la Falange.

En julio de 1936, Luis Prados ejercía de secretario de la Sección Autónoma de Novilleros, cargo que le permitió participar en la resolución del conflicto que enfrentaba a los lidiadores españoles y los mexicanos. De acuerdo con los datos recogidos por Javier Pérez Gómez, llegó a enfrentarse abiertamente con el embajador de México, Ramón P. de Negri.

Reconvertido en banderillero, el 23 de julio de 1936, Litri se alistó en el 5.º Regimiento Popular, con el que defendió las sierras madrileñas y donde alcanzó el grado de comandante. En octubre de 1936, siendo ya capitán de la Columna Galán, se vio en la obligación de reivindicar públicamente en un escrito remitido al periódico *ABC* la posición que mantenían los profesionales del gremio taurino en defensa de la legitimidad democrática. Esta reacción la ocasionaron las maledicencias que de manera continuada se propalaban a través las ondas de Radio Burgos relacionadas con una corrida goyesca, con toros de Eduardo Miura, que iba celebrarse en esa ciudad; la propaganda franquista decía que en ella iban a participar algunos toreros republicanos que se habían pasado a territorio nacional:

> El 23 de julio, apenas iniciada la criminal rebelión que ensangrienta España se enrolaron en las Milicias Populares del 5.º Regimiento un creciente número de toreros, todos afectos a esta entidad, que en la actualidad se encuentran defendiendo nuestra causa en los distintos frentes de combate. [...] Cuando se constituyó en esta sociedad (la Asociación de Matadores de Toros y Novillos) el comité que actualmente la rige, acordó que serían expulsados todos los socios que se adhieran a la rebelión moral o materialmente, porque los verdaderos toreros no pueden olvidar que son hijos del pueblo, al pueblo se deben y al lado del pueblo tienen que permanecer fiel e invariablemente [...] Varios compañeros fueron sorprendidos por los sucesos en territorio insurgente, y acaso la brutalidad fascista les haya hecho actuar contra sus convicciones y sentimientos; pero esté seguro de que algunos de los camaradas que se mencionan se encuentran en América para cumplir compromisos profesionales y otros los realizan en Francia, sin haber pisado las zonas facciosas, constituyendo, por el momento, una falsedad más de las que nos tiene acostumbrados la radio chismosa e indeseable de Burgos[76].

En julio de 1937, Prados asumió la jefatura de la 96 Brigada Mixta, con la que combatió en Teruel. Como muchos otros toreros, durante la Guerra Civil se afilió al Partido Comunista.

El final de la contienda fratricida provocó un éxodo humano sin precedentes. Entre los miles de soldados derrotados que huían de las represalias de los vencedores atravesando fronteras terrestres y marítimas se encontraba una parte del colectivo de subalternos taurinos. Los que no habían perdido la vida se vieron en la disyuntiva de elegir entre el exilio o la reclusión en los presidios franquistas. Como muchos otros compañeros de fatigas, el 31 de marzo de 1939, Litri II, Fortuna Chico y Guillermo Martín fueron detenidos en los arrabales de Murcia cuando se dirigían a Cartagena, donde pretendían embarcar rumbo a Argelia en una de las naves que nunca llegaron a atracar en este puerto. Inicialmente, todos ellos fueron recluidos

---

[76] *ABC*, 29 de octubre de 1936.

en el campo de concentración Las Isabelas, en el que se hacinaban más de setecientos republicanos. Más tarde, los trasladaron a la penitenciaría de Colmenar Viejo.

Litri II con el uniforme de miliciano, en el que destacan las dos estrellas de teniente que ya lucía en el pecho[77]

Tras someterle a un juicio sumarísimo, Luis Prados —que contó con los testimonios favorables de Marcial Lalanda, Luis Fuentes Bejarano, Manuel Mejías Rapela, el alcalde de Fuenlabrada, el abogado de la extinta Asociación de Matadores de Toros y Novillos, José García Mateos de Mesa, y el apoderado Victoriano Santisteban— fue condenado a veinte años y un día de reclusión mayor en aplicación de la Ley de Responsabilidades Políticas. Purgó esta condena en las cárceles de Teruel, Madrid y Zaragoza. En su descargo, los testigos de su defensa argumentaron que había contribuido a la liberación de algunos toreros detenidos en los penales republicanos. En el mismo sumario fueron juzgados sus compañeros de batallón Fortuna Chico y Guillermo Martín.

Cuando en 1943 recobró la libertad vigilada aún tuvo tiempo de vestir de plata en las cuadrillas de algunos espadas de escaso renombre, hasta que decidió dedicarse al negocio de la hostelería. Abrió dos bares con los nom-

---

[77] Foto de Alazán. *Estampa*, 15 de agosto de 1936.

bres correspondientes a sus alias taurinos: Litri, en el paseo de las Delicias, y Alcachofo, en la calle Francisco Silvela de Madrid.

Juan Mazquiarán Beobide, *Fortuna Chico* (San Salvador del Valle, 1907 - Alcorcón, 1997), sobrino de Diego Mazquiarán, *Fortuna,* fue otro de los reputados mandos de la Brigada de los Toreros. Ya había cumplido veintinueve años cuando se alistó voluntariamente en el Batallón Galán (al que también se sumó su hermano Raimundo, banderillero, que paseó las arenas de Olías del Rey los días 4 y 5 de octubre de 1925 como miembro de la cuadrilla de su hermano). Con la Brigada de los Toreros se dirigió a las trincheras de Buitrago. En octubre de 1937, mientras combatía en las colinas de Teruel, fue promovido al rango de mayor del Batallón n.º 3 de la 96 Brigada Mixta[78].

Al igual que la mayoría de sus compañeros, Fortuna Chico pertenecía a la Asociación de Matadores de Toros y Novillos, y durante la Guerra Civil se afilió al Partido Comunista.

Tras la guerra, el rehiletero vizcaíno fue recluido en el campo de concentración Las Isabelas y posteriormente en la penitenciaría de Colmenar Viejo. Por fin, un tribunal militar le condenó a veinte años y un día de reclusión mayor, siete de los cuales los pasó en los presidios de los Capuchinos de Teruel y el Provincial de Zaragoza.

En 1946, cuando logró la libertad condicional, regresó a Madrid, donde residía su familia, con la obligación de presentarse a diario (y hasta 1950) en la comisaría de policía más cercana a su domicilio. Por aquel entonces, Fortuna Chico trabajó de subalterno ocasional a las órdenes de Victoriano Valencia, pero su integración laboral resultó muy complicada. La mayoría de sus amigos le dieron la espalda, y, a pesar de contar con el título de bachiller expedido en el colegio de los escolapios, se vio obligado a ejercer los oficios más dispares. Recolectó remolacha en la provincia de Zamora, trabajó como peón de la construcción, ascendió a listero, encargado y, hasta su jubilación, administrativo de la empresa que le ofreció la última oportunidad.

---

[78] Javier Pérez Gómez: *La Brigada de los Toreros.* Madrid: Almena, 2005.

El subalterno Guillermo Martín Bueno (nacido en Sevilla en 1902) también se enroló de voluntario el 31 de agosto de 1936 en una columna del V Cuerpo del Ejército Popular, con la que partió a la sierra madrileña. Militante comunista, en marzo de 1937 se integró en el Batallón Galán, donde ascendió a teniente. En junio, ya con el rango de capitán, formaba parte de la plana mayor de la 96 Brigada Mixta. Y en noviembre, su nombre aparecía en la lista de ochenta servidores taurinos que luchaban en la Casa de Campo publicada por el diario *El Sol*.

Tras el final de la guerra fue detenido en las afueras de Murcia, desde donde le trasladaron al campo de concentración de Las Isabelas, primero, y a un penal madrileño después. En 1942 consiguió la libertad vigilada. Más tarde se trasladó a América, donde le otorgaron la alternativa, que nunca pudo refrendar en España. Allí se acabó convirtiendo en promotor taurino mientras toreaba de subalterno de Manolo Martínez y del Diamante Negro. A su regreso a la Península en los años cincuenta, y durante varias décadas, trabajó de peón de los hermanos Bienvenida. En la temporada de 1955 toreó en la feria de Bilbao, en la que colocó dos excelentes pares de banderillas. En el otoño de 1975, al cumplir medio siglo de profesión, se celebró en la plaza de El Escorial un festival de despedida en su propio beneficio.

En sus años jóvenes, Martín Bueno llegó a torear en la plaza vieja de Madrid, hasta que cambió el capote de seda por el de percal para integrarse en las cuadrillas de Cagancho, Jesús Solórzano y Antonio Márquez en la temporada de 1936.

Miguel Palomino Sierra (nacido en Sacedón en 1907) llegó a ostentar el grado de comandante del Estado Mayor. A mediados de agosto de 1936, una fotografía suya apareció publicada en las páginas del semanario *Estampa*: mostraba al antiguo novillero supervisando su máuser momentos antes de partir hacia Somosierra. En agosto de 1939, el nombre del aspirante guadalajarense se encontraba incluido en una larga relación de personas a quienes se solicitaba comparecer ante el auditor de guerra franquista, tal como consta en el expediente abierto en el Centro Documental de la Memoria Histórica del Ministerio de Educación, Cultura y Deportes.

En la temporada de 1932 ya se barruntaba que el novillero simpatizaba con la causa progresista, especialmente desde la tarde en que le anunciaron en Las Ventas y le aplaudieran con fuerza solo los espectadores sentados al sol, mientras que los aficionados aposentados en sombra jalearon únicamente al espada derechista Alfredo Corrochano. En la temporada de 1934, su mejor año en activo, sumó veintitrés novilladas, a la que puso el punto final una gravísima cornada en Requena. Coincidiendo con la huelga del mes de mayo de 1936, el novillero afincado en el barrio de Vallecas amagó con no actuar en las Arenas barcelonesas en solidaridad con sus compañeros detenidos en Madrid a consecuencia del conflicto hispano-mexicano. El último domingo de junio de 1936 volvió a torear en Madrid, pero la Guerra Civil borró su nombre de la cartelera taurina.

En los años cuarenta intentó recuperar el tiempo perdido pasaportando cuarenta novilladas, incluida una en Las Ventas. En la temporada de 1946 tomó la decisión de reconvertirse en banderillero, oficio que ejerció a las órdenes de infinidad de diestros de segunda fila.

Silvino Zafón Colomer, *Niño de la Estrella* (Mosqueruela, 1908 - Orange, Francia, 1963), ejerció entre los ocho y los doce años como pastor en un caserío de Benasal, en la serranía turolense. Tras un grave desencuentro con su progenitor se marchó a Barcelona, donde se ganó la vida trabajando de panadero. En 1928 se vistió de luces en las plazas de Vinaroz y Olot por primera vez, con el nombre de Silvino Rodríguez. Las siguientes temporadas se estableció en una localidad del sureste francés, en cuyos redondeles pasaportó catorce novilladas. En esta época confió la dirección de sus intereses a Carmelo Tusquellas, *Charlot*[79], hombre de confianza de Pagés. En la temporada de 1930 se presentó en la madrileña plaza de la carretera de Aragón. El buen momento por el que atravesaba en la campaña de 1935

---

[79] Carmelo Tusquellas Forcén, *Charlot's* (Barcelona, 1894-1967), imitaba en los redondeles al personaje cinematográfico Charlot, al que daba vida en las pantallas el actor Charles Chaplin: comparecía empuñando un bastoncillo de junco y dando saltitos. Previamente había intentado el toreo serio en diversos ruedos catalanes con el apodo del Relojero, hasta que a Pagés se le ocurrió unir su carrera a la de Rafael Dutrús, *Llapisera*, y su Botones, junto a quienes actuó en numerosos cosos españoles, franceses y americanos. En sus últimos años en activo, ejercía de cachetero de la plaza Monumental de Barcelona vestido con un raído traje de luces. El Club Taurino Rafaelillo le homenajeó en 1959 y le hizo entrega de una medalla conmemorativa y un traje de luces nuevo con el que desarrolló su quehacer hasta su retirada.

le llevó a otorgar escritura de apoderamiento a Jerónimo Aguado, *Pinteño,* colaborador de Domingo Dominguín. En esos años, su fama era tan considerable que en la ciudad de Sagunto se embotellaba una marca de anís con su alias taurino, y el compositor Jaime Texidor le dedicó un pasodoble.

En el fatídico ciclo de 1936, con la confrontación bélica ya desatada, estoqueó seis festejos en distintas plazas de toros republicanas, hasta que el 16 de mayo de 1937 recibió la alternativa en Barcelona (con Pedrucho y Noain frente a reses de Pellón), en un festejo a beneficio de Euskadi al que acudió Ernest Hemingway.

Cuando estalló la rebelión militar, el Niño de la Estrella, vocal de la Asociación de Matadores de Toros y Novillos, se integró en la 96 Brigada Mixta, donde ejerció de comisario político. Con posterioridad le trasladaron al frente de Teruel junto al grupo de milicianos que capitaneaban Litri II y Fortuna Chico.

Tras el final de la lucha armada y junto a uno de sus hermanos fue detenido en su localidad natal. Al torero le encarcelaron en el penal zaragozano de Torrero acusado de poseer una escopeta de caza, aunque no le imputaron ninguna responsabilidad política. Cuando abandonó el presidio, el escaso fulgor profesional que tenía se había esfumado. Las autoridades nacionales no reconocieron su ceremonia de alternativa, de manera que reapareció en el escalafón novilleril en las Arenas barcelonesas el 8 de junio de 1940. En 1945 le volvieron a detener, en esta ocasión acusado de mantener relaciones con un grupo de maquis oculto entre las montañas de Teruel y Castellón.

En la temporada de 1947 reapareció en Linares y más tarde actuó de sobresaliente en Las Ventas en una función protagonizada por Morenito de Talavera en solitario.

Al final no le quedó más remedio que exiliarse a Francia, donde continuó ligado a diversas actividades relacionadas con la fiesta de los toros, hasta que perdió la vida en un accidente de circulación en la villa de Orange el 14 de marzo de 1963. Sus restos mortales descansan en el cementerio de Trinquetaille (Arlés).

Florentino Ballesteros González (Zaragoza, 1914 - Caracas, 1984) era hijo de un antiguo matador de toros del mismo nombre que alcanzó cierta notoriedad en los primeros años veinte, y al que una cornada mortal le segó la vida en la plaza de Barcelona en la temporada de 1917. Su hijo Florentino se enfrentó a siete utreros de Terrones en la plaza de Carabanchel en su despedida del escalafón novilleril el 24 de septiembre de 1933. Un mes más tarde recibió la alternativa en las Arenas de Barcelona en una ceremonia a la que renunció en los primeros meses de 1936 al considerar que podía torear con mayor frecuencia en el escalafón novilleril. A mediados de septiembre de 1935 había sufrido un grave accidente de circulación en la colonia del Retiro de Madrid cuando viajaba de paquete en un sidecar.

En mayo de 1936, Ballesteros fue uno de los espadas que se negó a torear en Talavera de la Reina como medida de presión a las autoridades republicanas por el conflicto que enfrentaba a los toreros mexicanos y los españoles. El 12 de julio de ese mismo año actuó junto a Juanita Cruz en Valladolid, donde recibió un trofeo auricular. A finales de ese mes, y tras finiquitar una novillada en Madrid, anunció su decisión irrevocable de enfundar los estoques para trasladarse al frente de Aragón acompañado de su cuadrilla. En septiembre se distinguió luchando contra el Ejército italiano en las sierras cercanas a la localidad de Atienza (Guadalajara). Precisamente en Tardienta (Huesca) se concentraban varias columnas de milicianos integradas en su mayoría por obreros, ingenieros, abogados, estudiantes... En ellas, según afirmó el periodista Koltsov, «hay incluso dos toreros, que han aprendido rápidamente a lanzar granadas de mano»; quizá uno de los cuales fuese el aragonés.

Sin embargo, a finales de mes, Ballesteros volvió a enfundarse el vestido de luces en Marsella, donde le ofrecieron una de las escasas oportunidades de torear a lo largo de la Guerra Civil. Los años posteriores, su nombre desapareció del panorama, de lo que se deduce que como muchos otros espadas menores los pasó en algún penal franquista.

En la temporada de 1941 reapareció en los ruedos de Zaragoza y Madrid. En 1942 resultó cogido de consideración en Bilbao. Para intentar sortear las numerosas dificultades que tenía para ejercer de estoqueador se reconvirtió en rehiletero, aunque tras comprobar que sus antecedentes políticos seguían afectando a la práctica de su oficio se exilió a Venezuela, donde falleció.

Entre las temporadas de 1928 y 1931, Joselito Migueláñez (Madrid, 1911-1988) trabajó de primer espada en diversas novilladas, sin demasiado éxito a pesar de las enormes dosis de valor que derrochaba. Coincidiendo con el levantamiento de los militares franquistas, Migueláñez se integró en el Ejército Popular, en el que alcanzó el grado de teniente instructor en la caja de reclutas de Madrid. Con anterioridad había defendido la sierra madrileña.

Tras la Guerra Civil ejerció de subalterno, apoderado, empresario... En esta última actividad consiguió cierto renombre programando numerosos festejos pueblerinos.

En el ciclo de 1949, su nombre aparecía entre el grupo de rehileteros que actuaba con más frecuencia en Las Ventas. En 1956 pertenecía a la cuadrilla del rejoneador Josetxu Pérez de Mendoza. En julio de 1957, el nombre de Migueláñez se encontraba entre los promotores de un ágape en homenaje a Pepe Amorós, al que también se sumaron los antiguos subalternos republicanos Luis Morales y Antoñete Iglesias. Este último pasaba por ser uno de los que mejor toreaba a una mano. Por su parte, Morales había logrado el doctorado en la campaña de 1933.

El último domingo de marzo de 1988, tras verificarse el paseíllo de una novillada en Madrid, se guardó un respetuoso minuto de silencio en recuerdo de Joselito de Madrid, quien en sus años juveniles había estudiado en el colegio de huérfanos de la Guardia Civil de Valdemoro.

Los últimos días de diciembre de 1936, la primera línea del frente se encontraba fijada en los arrabales madrileños. Entre los aspirantes de humilde trayectoria taurina que luchaban por la legitimidad democrática se encontraba Paco Domínguez, que soñaba con torear en Moscú y a quien Mijaíl Koltsov inmortalizó en sus crónicas:

> Los facciosos han truncado los éxitos de Paco Domínguez en el momento de mayor empuje. Paco Domínguez ha mandado ya al otro mundo, de manera muy interesante, cincuenta toros. De él empezaban a hablar muy lisonjeramente los más severos críticos de la tauromaquia. Paco conserva aquí mismo, en las trincheras, un cuaderno con los recortes de periódico. Se esfuerza por convencerme de que al día siguiente de haberse terminado la guerra, es indispensable nacionalizar todas las ganaderías de toros de lidia. Y luego, ¿no sería posi-

ble organizar una gira de toreros en Rusia? En España la temporada termina en octubre; pues bien, en invierno se podría hacer algo en Moscú[80].

Enrique Torres Herrero (Valencia, 1908 - México, 1980) fue un estoqueador modesto, con anterioridad aprendiz de joyero, que trasteó ganado fiero en diversas plazas de toros españolas en los meses previos a la confrontación armada. A los quince años había comenzado a actuar de becerrista en varios cosos levantinos, hasta que su padre, guardia de asalto, solicitó su traslado a Sevilla para que Enrique pudiera mejorar sus conocimientos prácticos de la lidia de ganado bravo. El trabajo de su padre hizo que en algunos ambientes le conocieron como el Niño del Seguridad.

El valenciano Enrique Torres trata de descabellar a un toro de la ganadería del Comité de Control de UGT-CNT (en realidad, de Antonio Pablo Romero)[81]

A finales del curso de 1935 renunció a la alternativa que dos años antes le había otorgado Juan Belmonte al constatar el escaso número de contratas que le ofrecían en el escalafón superior. El 26 de septiembre de 1936 protagonizó una segunda ceremonia de doctorado en el circo valenciano de la avenida de Játiva, ataviado con el mono azul proletario (con Vicente Barrera, Rafaelillo y Manolo Martínez y reses de Alipio Pérez-Tabernero), a beneficio de la organización benéfica Socorro Rojo

---

[80] Mijaíl Koltsov: *Diario de la guerra de España*. Barcelona: Planeta, 2009
[81] Foto de Luis Vidal Corella.

Internacional. Esa tarde brindó un burel al comandante José Benedito, quien en agradecimiento le devolvió la montera junto con dos estrellas de teniente miliciano. En esos momentos, Torres se encontraba destinado en la Comandancia Regional de Milicias de Valencia, en las que se había integrado voluntariamente.

Etiquetado de torero rojo, al finalizar la Guerra Civil fue encarcelado en distintos penales hasta que recuperó la libertad en 1943, aunque no le quedó más remedio que marcharse a los ruedos americanos, donde no cosechó excesiva fortuna. En 1949 recibió en el coliseo de Caracas una cornada gravísima en el hígado que le obligó a cortarse la coleta. Con posterioridad se afincó en México, donde regentaba un restaurante llamado Las Campanas.

José Pérez Gómez, *Nili* (Sevilla, 1898 - México, 1970), tenía solo trece años cuando comenzó a frecuentar capeas pueblerinas, a pesar de la frontal oposición de su familia. Consiguió vestir de luces por primera vez en el redondel de talanqueras de Cazalla de la Sierra. En los primeros compases de su carrera completaba una terna de niños toreros junto a José Gárate, *Limeño* —posteriormente pareja de Joselito—, y Francisco Díaz, *Pacorro*[82] (Sevilla, 1897 - Madrid, 1967). El 14 de noviembre de 1915 se presentó en la Real Maestranza gracias a la recomendación de Rafael el Gallo, quien le apodó Nili debido a su parecido físico con José Manzano, lidiador que había utilizado el mismo seudónimo. En 1921 se incorporó al servicio militar. Las siguientes temporadas colgó los avíos de torear hasta que en el ciclo de 1925 se integró en la cuadrilla de Francisco Peralta, *Facultades*, trabajo que compatibilizaba con esporádicas apariciones de primer espada. En el escalafón novilleril se presentó en Barcelona el 6 de septiembre de 1926 (con Curro Puya y Mariano Rodríguez, *el Exquisito*[83], con novillos de Flores Iñiguez y Flores Tassara). Persona sentenciosa, resumió su actuación

---

[82] En los años cuarenta, Pacorro ejerció de asesor presidencial de la plaza de toros de Madrid.

[83] Mariano Rodríguez (nacido Sevilla en 1906) fue un fino diestro con escasa certeza empuñando el estoque a quien el crítico José Alarcón bautizó con el alias del Exquisito antes de que recibiese la alternativa en 1928. Después de torear en diversas plazas americanas sin suerte, la temporada de 1934 reapareció en el escalafón novilleril. En 1945 se convirtió en banderillero y posteriormente en apoderado.

en la capital catalana en un escueto telegrama cursado a su familia: «Tarde mala. Ganado pésimo. Yo peor». Esa tarde, Nili recibió un puntazo en el escroto en el tercio de quites.

Como no conseguía ascender al escalafón superior se reconvirtió en subalterno, profesión en la que mostró el oficio y las facultades necesarias para labrarse un sólido prestigio a las órdenes de Pablo Lalanda, Ignacio Sánchez Mejías, Rafael el Gallo, el Niño de la Palma, Mariano Rodríguez, Fuentes Bejarano, Fernando Domínguez, Chicuelo y Juan Belmonte, durante las campañas de 1934 y 1935.

Coincidiendo con el conflicto taurino hispano-mexicano de 1936, Nili asumió un cierto protagonismo en las fallidas negociaciones con el Gobierno.

El alzamiento armado sorprendió al subalterno sevillano en Madrid, donde le nombraron responsable municipal de abastos, aunque en su ciudad natal le responsabilizaron del exterminio de la cabaña de reses bravas en las regiones del centro peninsular. Quien sufría directamente más presiones era su hermana, la tonadillera y artista cinematográfica Anita Sevilla, que residía en la ciudad del Betis. Nili, en opinión de Edmundo Barbero, «concitaba contra él todos los odios, por ejercer en el Ayuntamiento de Madrid el cargo de delegado de Abastos al servicio del pueblo»[84]. Al parecer, con posterioridad ocupó un puesto de similares características en la Generalitat de Cataluña.

Entre las «hazañas» protagonizadas por José Pérez se encuentra la liberación del último alcalde democrático de Madrid, Pedro Rico, a quien ayudó a huir de la capital republicana oculto en el portaequipajes de su automóvil. El 7 de noviembre de 1936, una partida libertaria había retenido al regidor municipal y a muchos otros dirigentes republicanos en la carretera de Tarancón cuando viajaba en la caravana gubernamental que se dirigía a Valencia. El alcalde y dos mandos de la CNT fueron obligados a retornar a Madrid, pues los anarquistas consideraban una traición el abandono de la capital republicana. Para mofarse de su excesiva gordura, los libertarios le obligaron a cavar trincheras defensivas. Acabó refugiándose en la legación de Suecia y, gracias a la ayuda de Indalecio Prieto, cruzó la frontera francesa camino del exilio a México.

---

[84] Edmundo Barbero: *El infierno azul*. Sevilla: Renacimiento, 2005. Colección Espuela de Plata.

En el país americano se encontró con Nili, quien se ganaba la vida ejerciendo de apoderado de espadas de segunda fila, entre los que se encontraban Antonio Toscazo, Antonio Velásquez, Jesús Córdoba y Alfonso Ramírez, *el Calesero*. Una tarde en que el empresario de la plaza del Toreo, Antonio Algara, pretendía abonarle los emolumentos pactados por la actuación de uno de sus poderdantes con una letra de cambio, le respondió: «¿Una letra, tuya? ¡Ni con música de Beethoven!».

El antiguo peón democrático falleció en México en enero de 1970 víctima de un infarto de miocardio. A su sepelio asistió su paisano el ganadero Pedro Domecq, a cuya casa de licores representaba en el país azteca.

Entre los diestros representados por el exbanderillero sevillano se encontraba su sobrino Antonio Durán Pérez (nacido en Aracena en 1929), hijo de su hermana Anita y del novillero Benito Durán Guerra.

Antonio arribó a México a principio de 1939 con ocho años de edad, y allí desarrolló su carrera taurina. En 1948 debutó en Mixcoac y tres años más tarde, el 5 de agosto de 1951, en el principal redondel charro (con toros de la Laguna para Raúl González, Julio Pérez, *Vito,* y Antonio Durán). En sus momentos de mayor popularidad contaba con una peña taurina de más de dos mil seguidores, la mayoría exiliados españoles.

En marzo de 1952, Antonio Durán viajó a las plazas españolas dispuesto a pasaportar media docena de novilladas, entre las que se incluían su presentación en los ruedos de Sevilla, Barcelona (el 15 de agosto) y Madrid (el 5 de octubre). En la Maestranza sustituyó a Gitanillo de Ricla, ocasión en la que el diario *ABC* le adjudicó la nacionalidad mexicana y donde consiguió dos premios orejiles y una treintena de contratos para la siguiente temporada. La segunda tarde, la aparición de una bandera republicana en los tendidos ocasionó tanto revuelo entre los espectadores que las autoridades franquistas vetaron sus siguientes comparecencias, de manera que en 1953 solo consignó dos actuaciones en los redondeles hispanos. Al año siguiente, una nueva ruptura del convenio taurino hispano-mexicano le obligó a volver a su país de acogida para siempre a pesar de su origen español.

Batallones taurómacos

El 28 de agosto de 1936, el diario *La Vanguardia* citaba a varios desconocidos miembros de la comunidad taurina que se encontraban en la primera línea de fuego defendiendo la sierra madrileña, algunos de ellos enrolados en la 6.ª Compañía del Batallón Largo Caballero[85]:

> ... los aplaudidos novilleros pertenecientes a la Sociedad de Matadores de Toros y Novillos, Juan Manuel Fernández, Andrés Dorado, José Guerra, Serafín Fernández, Emilio Escudero y Vicente Soto. De labios de sus camaradas hemos escuchado palabras de cálido elogio para la actuación de estos valientes novilleros, que no han vacilado en dejar de ejercer, momentáneamente, su profesión para luchar al lado de las fuerzas del Gobierno del Frente Popular, en pro de la libertad y de la República.

Entre estos se encontraba el también aspirante Josetxu Agüero, hermano del gran estoqueador de toros Martín Agüero, que recibió «una cornada de caballo» en una pierna mientras combatía, máuser en mano, en las crestas de Guadarrama, según la información ofrecida en las páginas de *Mundo Gráfico*. Le dejaría una cojera perpetua. Cuando finalizó la Guerra Civil, Josetxu se vio obligado a exiliarse a México.

A otro de sus hermanos, también aspirante a figura del toreo, Manolo Agüero, el levantamiento le sorprendió en Madrid, donde no tuvo otra opción que integrarse en el Ejército Popular. Unos años después, ya reconvertido en rehiletero, abrió una chatarrería frente a la plaza de toros de Bilbao para ganarse la vida de la mejor manera posible. Para su desgracia, a consecuencia de su pasado republicano, recibía la visita de la policía social con excesiva frecuencia, de manera que solventó el problema afiliándose a la Falange.

Entre las numerosas agrupaciones populares que de manera más o menos espontánea se formaron en julio de 1936 se encontraba la bautizada como Batallón Deportivo —con oficina de enganche en la calle de Clau-

---

[85] Este batallón popular, controlado por el PCE, contaba con mil hombres distribuidos en nueve compañías.

dio Coello, número 10, y de instrucción en el campo de fútbol de Chamartín—. A este batallón se alistaron multitud de practicantes de las más diversas especialidades deportivas. Estaba al mando el teniente de la Guardia Civil Francisco Galán, hermano de Fermín, fusilado en Jaca en 1930. Una de estas compañías llevaba el nombre de Suñol, diputado de Esquerra Republicana y presidente de la Federación Catalana de Fútbol, muerto en las colinas del Guadarrama.

Según cuenta Julián García Candau, se encontraban adscritos a este destacamento varios boxeadores (Mico Martínez de Alfara…), ciclistas, atletas, árbitros, futbolistas (Villa, del Valladolid; Alcántara, del C. D. de Madrid; Cotillo, guardameta del Tranviario; Pedría, del Salamanca; Gómez, portero de la Ferroviaria; Emilio Alonso, *Emilín,* y Simón Lecue, del Real Madrid). También pertenecían a este batallón el estoqueador Rafael Vega de los Reyes, *Gitanillo de Triana,* y los miembros de su cuadrilla: el varilarguero Manuel Ortega y los banderilleros Boquerón, Pepe Fernández, *Chupuli,* y José Rodríguez[86].

El levantamiento franquista sorprendió al gitano Rafael Vega en la capital de la República, donde no tuvo más remedio que integrarse en el Batallón Deportivo. Por aquel entonces, el matador sevillano era uno de los clientes habituales del café Hércules, propiedad de Rafael el Gallo. No tardó mucho tiempo en volver a ejercer de estoqueador, con motivo del festival taurino patriótico que reabrió los portones de Las Ventas el 16 de agosto.

En septiembre participó en otros dos festivales de similares características, en Cuenca y en la entonces llamada Ciudad Libre de la Mancha, promovidos por Socorro Rojo Internacional. Con posterioridad viajó a la Capital Condal, y desde allí a la frontera francesa. El 25 de octubre reapareció en la plaza franquista de Écija (con Manolete, Zurito, Palmeño y Antonio Pazos).

Coincidiendo con la Corrida de Beneficencia de 1946 brindó la muerte de un toro al general Franco, con un escueto «Por nuestro caudillo y por España», aunque tras rematar su faena saludó al dictador gallego con la mano extendida.

Rafael, hermano menor de Curro Puya, estaba casado con una hija de Pastora Imperio, exmujer de Rafael Gómez, *el Gallo.* Durante la Guerra

---

[86] Julián García Candau: *El deporte en la Guerra Civil.* Madrid: Espasa, 2007.

Civil, la arropaba en sus actuaciones en los teatros, especialmente en el García Lorca, también conocido como Teatro Popular (sito en la madrileña plaza del Carmen).

Compañero de paseíllo favorito de Manuel Rodríguez, la desaparición del espada cordobés en 1947 le alejó de los redondeles, momento que aprovechó para inaugurar el tablao flamenco El Duende, en Madrid.

Todavía en el curso de 1952 estiraba la capa y la flámula de manera ocasional, mientras regentaba un bar-restaurante de estilo andaluz en una callejuela próxima a la Puerta del Sol madrileña. El torero gitano falleció en un desgraciado accidente de circulación cuando volvía de la finca conquense Villa Paz, propiedad de Luis Miguel Dominguín.

Las Milicias Andaluzas —que formaban parte del 5.º Regimiento— tenían su oficina de reclutamiento en el cuartel del antiguo colegio de los salesianos, en el madrileño barrio de Estrecho, y el campo de instrucción en el Cuartel de la Montaña. Esta división se constituyó por iniciativa de los partidos y sindicatos de origen sureño asentados en la capital de España, cuyos miembros eran parroquianos habituales del Centro Andaluz de la plaza de Santa Ana.

Muchos de los hombres que formaban el Batallón Villafranca, a quienes destinaron al frente cordobés, eran campesinos andaluces comandados por el diputado sevillano de Izquierda Republicana Juan María Aguilar. En marzo de 1937, este grupo miliciano se integró en la 74 Brigada Mixta (de la que también formaban parte las milicias de Bautista Garcés y Los Pedroches) con la tarea de defender los territorios situados al norte de Andalucía.

En las trincheras del norte de Córdoba ejercía de comisario político Pedro Garfias, al que se conocía como «poeta del pueblo». En la misma compañía estaba enrolado un variadísimo elenco de milicianos provenientes de todas las esferas: escritores, trabajadores de circo, domadores de leones, braceros agrícolas... y algunos desconocidos lidiadores, como los picadores el Chino e Higueras, los novilleros cordobeses Columpio y Manuel Lobeto, *Niño de Puerto Real,* y el exrehiletero de Bienvenida, Parrita.
Pedro Garfias describió a Manuel Vilches del Río, *Parrita* (nacido en la Línea de la Concepción en 1905), como «hombre de los golpes de mano portentosos, de temeridad ilimitada». «Una de las mayores satisfacciones

de Parrita es poner alguna banderilla a sus antiguos colegas», dijo también de él, y finalmente acabó dedicándole un poema:

> *Al teniente Parrita*
> Dejadme a mí. Yo sé lo que me digo
> y lo diré mil veces. No es pasión.
> Por encima de todos,
> los granaderos de mi batallón.
> Ellos son fuertes, ágiles y jóvenes.
> Su única consigna es la pasión.
> Y a nada tienen miedo
> los granaderos de mi batallón.
> La noche está aterrada; el cielo, lívido;
> el viento para su respiración.
> Tranquilos en la noche,
> los granaderos de mi batallón.
> Avanzan como lobos, vuela el puente.
> Hace al silencio añicos la explosión.
> Tranquilos en la noche,
> los granaderos de mi batallón...
> Venid, acá, fascistas arrogantes.
> Templad para venir el corazón.
> Aquí os esperan, firmes en su puesto,
> los granaderos de mi batallón[87].

Parrita había sido uno de los más ardientes defensores de la huelga taurina del mes de mayo de 1936, hasta el punto de que participó en varias de las reyertas que se desataron entonces (como la agresión al apoderado de los diestros mexicanos). Tras el levantamiento franquista formó parte del grupo de toreros que acudió a entrevistarse con la diputada Margarita Nelken para ofrecerle el concurso de seiscientos toreros de humilde currículo dispuestos a luchar por la democracia y la República. Aquel gesto obligó a la diputada radical a variar su opinión sobre la fiesta de los toros, contra la que había escrito con reiteración.

---

[87] Pedro Garfias: *Héroes del Sur*. Sevilla: Renacimiento / Ayuntamiento de Pozoblanco, 2001. Colección Facsímiles Renacimiento.

Durante el enfrentamiento bélico, Parrita se afilió al Partido Comunista. Sus conocimientos sobre la lidia le convirtieron en elemento indispensable para el asalto a las ganaderías de reses bravas asentadas en territorio enemigo. Requisaban los animales para alimentar a las tropas populares, y cocinaban unas grandes calderetas de carne de toro, rabo incluido, con las que aprovechaban para agasajar al hambriento pueblo llano.

Cuando estalló la ofensiva facciosa, Parrita residía en Madrid. Los primeros días se batió el cobre en Somosierra, previa instrucción en el Cuartel de la Montaña. Al finalizar ese año se integró en la 4.ª Compañía del 383 Batallón con el grado de sargento. Ya en el Batallón Villafranca, en una oscura noche de diciembre, cerca de la Navidad, asestó un duro golpe de mano al enemigo en las proximidades de Córdoba, causando numerosos heridos. A continuación, esa misma noche, hicieron huir a una partida de requetés que estaban asentados en el cortijo El Capricho (Alcolea), donde requisaron todo el ganado estabulado y volaron el puente Moncho justo en el momento en que cruzaba un convoy militar franquista.

Parrita en el patio del Cuartel de la Montaña[88]

De acuerdo con el testimonio del escritor Francisco Moreno Gómez, Parrita, ya con el grado de teniente, comandaba una compañía de

---
[88] Foto de Alazán. *Estampa*, 15 de agosto de 1936.

ametralladoras. En octubre de 1937 fue herido de gravedad en la cabeza en las cercanías de Pozoblanco. En los primeros meses de 1938 pertenecía a la 96 Brigada Mixta. Cuando finalizó la contienda armada —y tras ser declarado en rebeldía— se exilió a Venezuela, mientras que su esposa e hijos continuaron residiendo en Algeciras.

En las vanguardias bélicas de Andújar y Montoro también se encontraba destacado el novillero, músico y poeta jerezano Manuel Abollado, *Orejitas,* a quien el escritor cubano Lino Novás reconoció su contribución a la causa popular:

> Acababa de afeitarse la cabeza y llevaba un pintoresco sombrero de tela. Sus compañeros del Batallón Garcés ríen su gracia jerezana y escuchan sus coplas improvisadas en los altos del combate. Me lo presentan así: «Aquí tienes al novillero Manuel Abollado; el hombre que corría detrás de los moros comiendo melón y pegando tiros»[89].

Militante comunista, años después de la contienda armada Orejitas pasó a ser responsable de una partida guerrillera llamada Agrupación Fermín Galán de Cádiz y Sevilla, que se ocultaba en la sierra cordobesa de Cabra[90].

Otro torero de plata apodado *Parrita,* Bartolomé Parra Pérez (Marchena, 1898 - Madrid, 1983), padre y abuelo de los futuros matadores de toros Agustín Parra Dueñas y Agustín Parra Vargas, se integró en las filas del Ejército republicano. Tras la guerra fue encarcelado en una penitenciaría de Salamanca, aunque gracias a la ayuda de Morenito de Talavera recuperó la libertad sin excesiva dilación. Vinculado a Córdoba, donde estableció su residencia, Bartolomé trabajó de subalterno en las cuadrillas de José Roger, *Valencia,* Juan Sainz, *Saleri,* Pablo Lalanda, Fuentes Bejarano, Victoriano de la Serna y Curro Caro.

---

[89] Lino Novás: *Crónica general de la Guerra Civil.* Sevilla: Centro de Estudios Andaluces / Renacimiento, 2007.
[90] Francisco Aguado Sánchez: *El maquis en España.* Madrid: San Martín, 1975. Manuel Pérez Regordán: *El maquis en la provincia de Cádiz.* Sevilla: autoedición, 1987.

Entre los numerosos miembros de las brigadas culturales que acompañaban a Pedro Garfias en sus misiones divulgativas a través de las vanguardias bélicas se encontraba el cartelista y pintor taurino Andrés Martínez de León (Coria, 1895 - Sevilla, 1978). Compañero de Federico García Lorca, Jorge Guillén y Miguel Hernández, el artista andaluz aportó su granito de arena a las campañas de alfabetización que se pusieron en marcha tras el advenimiento de la República. En 1931 fijó su residencia en Madrid, contratado por el diario *El Sol*. Unos años más tarde publicaría el libro *Oselito en Rusia*, en el que resumía sus experiencias como corresponsal del periódico *La Voz* en la patria del comunismo. En Moscú intentó que Stalin autorizase la celebración de festejos taurinos.

A finales de julio de 1936, Martínez de León se refugió en el balneario de Jabalcuz (Jaén) hasta que consiguió unirse a las tropas leales a la República, con la tarea de reforzar la moral de los milicianos destinados en las trincheras andaluzas y extremeñas. El pintor taurómaco vivió el final de la Guerra Civil en Valencia, donde fue encarcelado y posteriormente condenado a la pena de muerte, acusado de rebelión contra la seguridad del Estado y de colaboración necesaria en actividades a favor de la República.

La ayuda de varios amigos, especialmente de su abogado —Ramón Revuelta— y del falangista Sancho Dávila, permitió que se retrasase su ejecución a 1941, año en que le conmutaron la pena de muerte por treinta años y un día de reclusión mayor. Su familia se vio obligada a sortear innumerables vicisitudes para poder sobrevivir. Con la ayuda de un improvisado marchante, su amigo el fotógrafo Juan José Serrano, dieron salida a las obras de inspiración taurina que Martínez de León pintaba en la soledad de la cárcel, y que Serrano vendía por las calles de Sevilla. Gracias al indulto de las Navidades de 1945 consiguió la libertad condicional, y regresó a Sevilla. En la década de los cincuenta reorientó su trabajo hacia la pintura y la cartelería taurina, con difusión principalmente en Latinoamérica. El comportamiento de los sacerdotes a los que conoció en las prisiones le convirtió en un hombre profundamente anticlerical.

En resumen, la mayoría de los miembros del planeta taurino no tuvo más remedio que posicionarse políticamente. Muchos, sin buscarlo, en función de la zona geográfica en la que los sorprendió el alzamiento militar. Para un gran número de estoqueadores y sus cuadrillas, entre 1936 y 1939, la única oportunidad de huir de la locura en que se habían visto envueltos y de practicar el único oficio que conocían fueron las corridas en Francia y América. En los primeros meses, muchos estoqueadores se pasaron al bando franquista o permanecieron en los ruedos de allende los mares. En algunos casos, como los de Juanita Cruz y Félix Colomo, les colocaron el cartel de rojos para siempre. Lo injustificable fueron los espadas y ganaderos asesinados en las cunetas de algunas carreteras republicanas. Igual de lamentable fue el protagonismo criminal asumido por algunos conocidos personajes taurinos franquistas que se tomaron la justicia por su cuenta.

Capítulo V

La fiesta de los toros en las principales ciudades republicanas

Niño de la Palma, Cagancho, Chiquito de la Audiencia, Maravilla, Domínguez, el Estudiante, Gitanillo de Triana, Félix Colomo y el novillero-miliciano Angelillo de Madrid encabezan el festival de apertura de Las Ventas[91]

---

[91] *Mundo Gráfico,* 26 de agosto de 1936.

La familia Lalanda, víctima de pistoleros anarquistas

El 11 de agosto de 1936, un grupo de milicianos radicales se dirigió al domicilio de Marcial Lalanda del Pino (Vaciamadrid, 1903 - Madrid, 1990), en la madrileña calle de Martínez Campos. Al no encontrarlo allí, fueron a su finca toledana, donde localizaron a sus primos —el ex matador de toros Pablo Lalanda Gutiérrez y sus hermanos Martín y Salvador— y a seis familiares más, a quienes segaron la vida de manera inmisericorde en un descampado próximo a Las Ventas con Peña Aguilera (Toledo). Posteriormente se conocería este enclave como la Cruz de los Lalanda[92].

Los familiares del inventor del «lance de la mariposa» fueron víctimas de la fama de su miembro más conocido —con quien Pablo había formado pareja en los inicios de su carrera—. El motivo esgrimido por los anarquistas para perpetrar aquel crimen fue la condición de los Lalanda de terratenientes, así como que profesaban la fe católica.

Los dos cortijos propiedad del matador de toros y de su esposa, Emilia Mejías García, junto con sus correspondientes rebaños de ganado bravo —adquiridos en 1931 a Florencio Sotomayor— fueron colectivizados, y los rebaños, aniquilados por un comité libertario. Muchos años después, en una entrevista concedida al quintacolumnista el Caballero Audaz[93], el propio Marcial realizó el balance de las pérdidas humanas y económicas sufridas:

> En la finca La Salceda [en la que trabajaban cuarenta y cinco familias y ciento cincuenta jornaleros temporeros] me mataron miles de cabezas de ganado y centenares de vacas bravas... En Madrid se incautaron de dos casas y las destrozaron totalmente... Y después de todo, lo peor no fue eso, sino que

---

[92] Demetrio Gutiérrez Alarcón: *Los toros de la guerra y del franquismo*. Barcelona: Caralt, 1978.

[93] José María Carretero, *el Caballero Audaz* (natural de Montilla), era un revistero taurino muy pretencioso, miembro de la quinta columna, que permaneció escondido en la capital de España durante la Guerra Civil. Debía su fama profesional a sus cualidades como entrevistador.

> con mi familia se ensañó la furia marxista y asesinaron a diez parientes míos. Entre ellos, a mi primo Pablo, que era uno de los hombres más buenos que han existido[94].

Unos meses después, su otra hacienda, La Cigüeña, fue escenario de la batalla del Jarama, que tuvo lugar entre el 6 y el 28 de febrero de 1937.

Durante varias décadas, Lalanda ejerció junto a su primo Pablo de mecenas del asilo de Chichón, en el que se acogía a los numerosos ancianos desvalidos de la comarca, y promovían anualmente un festival taurino cuyos beneficios servían para ayudar al sostenimiento de la institución benéfica. También promovía con cierta regularidad otros festejos de similares características en las localidades de Arganda, Cadalso de los Vidrios, Villa del Prado, Borox. Esta contribución le hizo merecedor de la Cruz de Beneficencia de la República en 1933, a pesar de que en más de una ocasión se había manifestado en contra de la reforma agraria.

A mediados de 1936, el maestro de Vaciamadrid solo contabilizaba doce corridas estoqueadas. A causa del pleito hispano-mexicano pasó varios días encarcelado antes de la sublevación castrense. Desde los primeros momentos se declaró partidario de los militares insurgentes, y se afilió a Falange Española. Varios años después ejercería de concejal franquista del Ayuntamiento de Madrid.

El estallido de la Guerra Civil sorprendió al torero en Zarautz, donde veraneaba su familia, y esperó el momento oportuno para trasladarse a Mont-de-Marsan, ciudad en la que estaba anunciado para torear el martes 21 de julio (con Bienvenida y Ortega y toros del Conde de la Corte). No consiguió acudir a la cita por no contar con el visado correspondiente para franquear la frontera, cerrada a cal y canto por los Gobiernos de París y Madrid, a pesar de las numerosas gestiones emprendidas por el alcalde de la capital de los Bajos Pirineos ante el Gobierno Civil de Guipúzcoa. Su apoderado, Cristóbal Becerra, y su cuadrilla ya le esperaban en la ciudad gala. El 15 de agosto consiguió cruzar la muga de Irún camino del coso de Plumaçon. Domingo Ortega fue el único espada que no consiguió cumplir la escritura, y fue sustituido por Antonio Márquez. Tuvo que esperar a su triunfal actuación en Valencia el día 29 para cambiar de bando.

---

[94] José María Carretero *(el Caballero Audaz): El libro de los toreros. De Joselito a Manolete.* Madrid: Biblioteca Nueva, 1988.

Tan pronto como finalizó el festejo, Lalanda cruzó de nuevo la frontera a través de la muga de Dancharinea en dirección a Burgos, acompañado de los hermanos Bienvenida. Una vez en la ciudad franquista se puso a disposición del coronel Asensio, del Cuerpo de Sanidad Militar, quien le destinó al frente de Talavera. Al parecer, participó en algunas acciones bélicas en Toledo, a las órdenes del teniente Sotelo en la Columna Sáenz de Buruaga. Más tarde retornó a San Sebastián, ya en poder de las tropas requetés, donde residió hasta que finalizó la guerra.

En agosto de 1937 se programó en Mont-de-Marsan el mismo cartel previsto para el año anterior, esta vez con Domingo Ortega (con reses de Pablo Manuel Blanco, antes Parladé). En esta edición de la feria de la Madeleine —en la que Eduardo Pagés ejercía de asesor—, las paredes de la ciudad amanecieron forradas con cientos de pasquines en los que se acusaba a los toreros españoles de fascistas, especialmente a Marcial Lalanda, que aparecía retratado con la camisa azul falangista. Esto motivó que los aficionados galos se dividiesen entre partidarios y contrarios al golpe castrense.

Himmler preside una corrida de toros en su honor en el Chofre donostiarra

En febrero de 1938 se publicaron en territorio nacional unas memorias de Marcial Lalanda escritas por el periodista José Simón Valdivielso. En ellas se declaraba falangista convencido, según publicó *La Vanguardia*. Sin embargo, cuando en el verano de 1939 Himmler le condecoró una vez terminada la corrida promovida en su honor, al parecer, el diestro madrileño se desprendió el galardón afirmando que «las medallas son para la Virgen».

Posteriormente habría quemado la foto de Hitler que también le habían regalado[95].

A lo largo de su carrera, el inventor del «lance de la mariposa» estoqueó 2.890 toros en mil trescientas corridas, en las que solo recibió cinco cornadas. El maestro de Vaciamadrid debutó de becerrista en 1914, con once años. Cinco años más tarde, Belmonte le otorgó la alternativa. Se retiró en 1942, en una tarde en la que doctoró a Juan Mari Pérez-Tabernero. En los años treinta, y durante siete ejercicios consecutivos, ocupó la presidencia de la Asociación Benéfica de Auxilios Mutuos de los Toreros, institución para la que toreó desinteresadamente en catorce ocasiones, una de ellas en solitario. Bajo su presidencia se inauguró el Sanatorio de Toreros de la madrileña calle Bocángel. En los años sesenta volvió a presidir la institución.

Domingo Dominguín, de la checa al exilio mexicano

El 18 de julio de 1936, ante el gravísimo cariz que estaban tomando los enfrentamientos armados, la familia Dominguín decidió abandonar su domicilio del número 30 de la calle de Atocha de la capital para trasladarse a La Companza, su finca toledana, donde intuyeron que gozarían de mayor seguridad. Sin embargo, solo dos días más tarde, los vecinos de este perdido paraje castellano se vieron obligados a movilizarse para salvar la vida de su paisano Domingo González Mateo (Quismondo, 1895 - Madrid, 1958)[96].

Inesperadamente se presentó en su hacienda un numeroso grupo de miembros de la FAI con la intención de detener al patriarca del clan, a quien trasladaron a una checa de la calle de Atocha. Allí consiguió que le

---

[95] Juan Eslava Galán: *Los años del miedo*. Barcelona: Planeta, 2008.
[96] Domingo González, *Dominguín,* retirado del toreo, se convirtió en 1929 en empresario de la plaza de toros de Tetuán de las Victorias, desde donde extendió su actividad promotora a los cosos de Toledo, La Coruña y Vista Alegre. Al mismo tiempo, representaba a algunos diestros famosos: Cagancho y Domingo Ortega (de quienes se le considera descubridor), Curro Caro, Armillita —el año del boicot— y sus hijos Domingo, Pepe y Luis Miguel.

liberaran después de aclarar el malentendido creado por un «denunciante, hoy gordo y burgués», que le había acusado de fascista, según el testimonio de su hijo Pepe Dominguín. Parece que también contribuyó la amistad que la madre de la familia mantenía con Dolores Ibárruri y José Díaz, presidenta y secretario general del PCE respectivamente, tal como relató años después su hijo Domingo. En los primeros días de octubre, un batallón de legionarios y tropas moras entró en Quismondo sin encontrar resistencia.

En esa misma época, Dominguín supo que su socio en la plaza del Toreo de México, el gaditano Eduardo Margeli, estaba a punto de perder la participación accionarial en la empresa gestora del principal coso azteca. De esta manera, a mediados de agosto de 1936, tras efectuar las gestiones pertinentes ante el Gobierno de Franco en Salamanca, consiguió un permiso para viajar al otro lado del Atlántico. El matrimonio y sus cinco hijos se apelotonaron en una vieja camioneta de toreros en la que viajaron hasta Lisboa, previa parada en Salamanca, y tras cruzar la frontera por Fuentes de Oñoro abordaron el transatlántico Saturnia. Así, haciendo escala en Nueva York, donde también soportaron numerosos inconvenientes, llegaron a México. En la capital mexicana, Dominguín descubrió que la sociedad taurina había sido nacionalizada y que no tenía más remedio que aceptar el justiprecio que unilateralmente se había fijado por su participación accionarial.

A pesar de que seguía representando los intereses de Armillita, no podía ejercer de apoderado de toreros en el país americano, ante la ausencia del correspondiente convenio taurino entre México y España. La única solución que encontró fue que sus hijos continuasen practicando el oficio de lidiadores, especialmente en las ganaderías de Piedras Negras y La Laguna, propiedad de Wiliulfo González.

Para mejorar su precaria situación económica, en junio de 1937, la familia Dominguín regresó a Portugal, donde los tres hermanos firmaron dos contratos para torear en Campo Pequeño, escenario en el que sus actuaciones llamaron poderosamente la atención.

En los primeros meses de 1938, los Dominguín retornaron a su terruño castellano. Una vez allí, consiguieron apalabrar varios festejos de características patrióticas en San Martín de Valdeiglesias (con Joselito de la Cal, quien realizó la mili en la aviación franquista a pesar de sus antecedentes republicanos, y Quinito Caldentey, novillero y legionario), Talavera —a tres kilómetros de la primera línea de fuego—, Escalona, Almorox, Hormigos... Y el 25 de julio, un festejo nocturno en Córdoba (con reses de Villarroel). Luis Miguel repitió actuación en la plaza califal el 10 de septiembre, en una novillada promovida por la Asociación de la Prensa local.

En la temporada de 1939, tras el final de la conflagración bélica, los hermanos Dominguín comenzaron a comparecer en los cosos más señores. En Bilbao actuaron dos tardes en agosto y octubre. En la segunda ocasión, Luis Miguel González Lucas, *Dominguín Chico* (Madrid, 1926 - San Roque, 1996), de solo trece años de edad, deslumbró a la concurrencia con su amplio catálogo de suertes de la lidia. Y así lo dejó recogido un revistero de *La Gaceta del Norte*:

> El chavalillo Luis Miguel toreó con temple, ritmo y sabiduría de persona mayor. Banderilleó con una majeza y una maestría extraordinarias y realizó con la pañosa dos magníficas faenas llevando al toro embebido entre los pliegues de aquella. La intuición de lo que es el toreo la tiene Luis Miguel, y para él el toreo no tiene secretos. Si no se malogra —que suele ser achaque de estos niños prodigio—, la historia taurina inscribirá en sus páginas con letras de oro el nombre de este pequeño gran lidiador[97].

Al finalizar la temporada de 1939, los hermanos Dominguín habían estoqueado veintisiete novilladas en combinaciones siempre repetidas: Luis Miguel, frente a dos erales, y sus hermanos, para estoquear cuatro utreros. Por aquellos tiempos, Pedro Balañá reinventó las cuadrillas de niños toreros sin excesivo éxito, salvo cuando anunciaba juntos a Paquito Casado y Luis Miguel.

En 1940, el Gobierno prohibió torear a los menores de dieciséis años. Esto obligó a los tres novilleros a retornar a los ruedos americanos, donde los dos hermanos mayores recibieron la alternativa.

Antes del levantamiento armado, el mayor de los tres hermanos, Domingo Dominguín Lucas (Madrid, 1920 - Guayaquil, 1975), estuvo a punto de ser encarcelado acusado de repartir en la vía pública el diario ilegal *Arriba*, órgano periodístico oficial de la Falange. Con solo dieciséis años, en plena Guerra Civil y mientras residía en Lisboa a la vuelta del

---

[97] *La Gaceta del Norte*, 3 de octubre de 1939.

primer viaje americano, se escapó de su casa para alistarse en la Segunda Bandera de la Falange de Castilla, en la que ejercía de máximo gerifalte el falangista José Antonio Girón, y con la que participó en la batalla del Jarama. En el Cerro de los Ángeles resultó herido en el glúteo por una esquirla de mortero, lo que motivó su traslado al hospital provisional de Pinto.

Seguidor en un principio de la doctrina nacionalsindicalista de Manuel Hedilla, finalizada la Guerra Civil se afilió al Partido Comunista de España. Finalmente, se suicidó en la ciudad ecuatoriana de Guayaquil. En contraposición, en los años anteriores, su hermano menor, Luis Miguel, lo mismo compartía una jornada de caza con Francisco Franco que visitaba a Pablo Picasso en su exilio francés.

La Guerra Civil en Badajoz duró cuatro semanas escasas. El 14 de agosto cayó en manos de las tropas franquistas. Un día más tarde, su plaza de toros —alejada del centro urbano— fue escenario del «corrió» indiscriminado de varios centenares de militantes de todas las organizaciones sindicales y políticas de izquierdas. En un suceso nunca muy bien explicado, los concentraron en el centro del redondel y una batería de ametralladoras emplazada al lado de los burladeros los acribilló sin el mínimo procedimiento legal. Según el historiador Paul Preston, varios terratenientes portugueses fueron invitados a presenciar la matanza como reconocimiento a la ayuda que habían prestado en la detención de los demócratas españoles en su país.

De acuerdo con las declaraciones realizadas a la prensa portuguesa por el coronel y miembro de la Falange Juan Yagüe, las tropas nacionales ejecutaron a más de dos mil milicianos y carabineros republicanos, aunque hay quien eleva la cifra a cinco mil.

Mário Neves, corresponsal del *Diário de Lisboa,* fue el primer periodista extranjero que llegó a Badajoz, siguiendo a las tropas nacionales, y quien ofreció la primera información acerca de las ejecuciones sumarísimas: «En la plaza de toros, donde se concentraban los camiones de las Milicias Populares, hay algunos cadáveres y bombas que no han explotado…». Unos días después, un grupo de milicianos libertarios se tomó la revancha ajusticiando a trece curas y varios seminaristas en la plaza de toros del Torico, en Teruel.

Reapertura de Las Ventas

Para los primeros meses de la temporada de 1936 se programaron en la Monumental de Las Ventas tres corridas de toros con la participación estelar de las principales figuras del toreo del momento: Manolo Bienvenida y Domingo Ortega. Sus respectivos apoderados intentaban consolidar, ficticiamente, una pareja de lidiadores con el atractivo suficiente para atraer a los aficionados a las plazas de toros y que a la vez rivalizasen por el puesto de número uno del escalafón. Solo se pudieron verificar los dos primeros encuentros[98].

En junio, el ambiente ya se encontraba muy enrarecido a consecuencia del conflicto taurino hispano-mexicano. A pesar de todo, en una de sus últimas comparecencias en el circo madrileño, Bienvenida cortó el primer rabo que se concedía en el coso venteño.

La tarde del 16 de julio se celebró el último festejo previo al levantamiento armado. Hubo que esperar al 26 de agosto de 1939 para que las puertas de Las Ventas del Espíritu Santo se reabriesen con normalidad. Entre medias, en agosto de 1936 se celebraron varios festivales de características benéficas y proselitismo miliciano.

Estos primeros días de julio del 36 se ultimaban en Valencia los preparativos de la feria de San Jaime. Las plazas madrileñas de Las Ventas y de Tetuán de las Victorias —esta última gestionada por la empresa Thomas— tenían programada una función nocturna mixta de tema goyesco para el fin de semana de la asonada castrense, con la participación de Aurelio López y Antonio Mateos y las señoritas toreras Consuelo Barrera y Espontánea —que debutaba—. Camilo José Cela describió a las lidiadoras: «Consuelo Barrera es muy valiente y sabe el terreno que pisa, si fuera hombre llegaría muy lejos, como usted lo oye, a mí me recuerda a Marcial Lalanda [...] La Espontánea [...] si esta mujer tuviera padrinos barría a todas las demás»[99].

Completaba el espectáculo la cuadrilla cómico-taurina del Gran Lerín, el Guardia Torero y su Troupe de Pintores de Brocha Gorda. Las novilladas previstas para el domingo 19 de julio (con Almagro, Serrano y Paco Godín) no llegaron a celebrarse.

---

[98] El primer festejo que acogió la plaza de toros de Las Ventas, el 17 de junio de 1931 —antes de su inauguración oficial—, fue promovido por el alcalde de Madrid Pedro Rico, con el fin de recaudar fondos a beneficio de los trabajadores sin empleo.

[99] Camilo José Cela: *San Camilo, 1936*. Madrid: Alianza, 2003.

En el calendario de actividades deportivas destacaba el final de la tradicional vuelta ciclista a los puertos madrileños. En el apartado de variedades, la prensa recogía el fallecimiento de Antonia Mercé, *la Argentinita,* en la ciudad francesa de Bayona, a consecuencia de un fallo coronario justo el día en que se sublevaron los militares.

En las primeras semanas tras el alzamiento, en la mayoría de las ciudades republicanas la vida cotidiana transcurría dentro de una aparente normalidad, lo que permitía la programación de espectáculos de distinto tipo, especialmente teatrales, bajo la orientación ideológica de la UGT y la CNT.

Muy pocos días después del estallido de la guerra comenzaron a llegar a la capital numerosos convoyes procedentes de las localidades levantinas repletos de las viandas necesarias para el abastecimiento de la población.

El 29 de julio, la autoridad gubernamental se incautó de la compañía Trasmediterránea, propiedad de Juan March, la cual pasó a formar parte de la flota de la Marina de Guerra republicana. En paralelo, en los distintos Ministerios se abrieron las primeras cuentas destinadas a recaudar fondos para ayudar a los heridos de guerra.

De mono y azul

A principios de agosto de 1936 aparecieron en la prensa los primeros insultos dirigidos contra los «traidores» Marcial Lalanda, Valencia II y Nicanor Villalta.

Entre el 19 de julio y el 13 de agosto no se celebró ningún festejo en la plaza de Las Ventas. Cuando se decidió reanudar la actividad taurómaca en las ciudades democráticas, las funciones siempre mostraban una clara orientación patriótica y de homenaje a las tropas leales, y los eventos pretendían recaudar fondos para financiar causas humanitarias y el sostenimiento de las tropas populares.

La *rentrée* tuvo como escenario la plaza de Tetuán de las Victorias el sábado 15 de agosto, con la participación de los veteranos Fortuna y Fuentes Bejarano. Aquella tarde, el miliciano popular Ignacio Azofra se vio impelido a pasaportar «de un tiro de pistola» a un burel descarriado que había saltado a los tendidos, sembrando el pánico entre los espectadores.

Diego Mazquiarán Torrontegui, *Fortuna* (Sestao, 1895 - Lima, 1949), uno de los protagonistas de aquel evento, era miembro de una familia de origen navarro, de raíces proletarias, que había emigrado a trabajar a la cuna del socialismo vizcaíno: los Altos Hornos de Vizcaya. En aquella fábrica, Diego aprendió el oficio de fundidor antes de convertirse en espada. Ya era un estoqueador veterano cuando estalló la Guerra Civil. Aun así, toreó en varias corridas propagandísticas en algunas plazas republicanas, entre ellas, Barcelona y Ciudad Libre de la Mancha. Con la llegada de los meses invernales de 1936 viajó a Latinoamérica; donde más veces se vistió de luces fue en la plaza de Acho (en Lima, Perú), lugar en el que terminó estableciéndose. Las autoridades franquistas denigrarían su nombre reiteradamente afirmando que estaba loco e internado en un manicomio.

El nombre del diestro de la margen izquierda del Nervión reaparece con frecuencia en las páginas de la prensa para rememorar el inusual suceso que protagonizó en la Gran Vía madrileña una mañana del mes de enero de 1928, en la que se vio obligado a estoquear con la ayuda de su capa de paseo una res descarriada que de improviso irrumpió en la vía pública a la altura de la Red de San Luis.

El domingo 16 de agosto se dispuso la celebración de varios festivales taurinos de características patrióticas en las principales plazas de toros republicanas. Participaron en ellos algunos de los principales estoqueadores de toros que aún se mantenían fieles a la legalidad democrática.

El teatro taurino de Las Ventas reabrió sus portones con un festejo a favor de los hospitales de sangre promovido por la sociedad juvenil Aida Lafuente[100]. Se corrieron ocho reses que permanecían encorraladas desde el mes anterior, y las despacharon los diestros anunciados (Niño de la Palma, Cagancho, Chiquito de la Audiencia, Maravilla, Domínguez, el Estudiante, Gitanillo de Triana, Félix Colomo y el novillero-miliciano Angelillo de Madrid). Antes de arrancar la celebración, todos ellos, junto a los espectadores, puestos en pie y con el puño en alto, ofrecieron muestras

---

[100] Aida Lafuente (León, 1915 - Oviedo, 1934) fue una joven militante comunista que participó activamente en la revolución asturiana de octubre de 1934. Murió en las inmediaciones de la iglesia de San Pedro de los Arcos, en la cima del monte Naranco (Oviedo), durante una refriega armada.

de entusiasmo desbordante, sobre todo mientras se interpretaban el himno de Riego, la *Internacional* y el himno de la Joven Guardia, a cargo de la banda de música del Batallón Acero, melodías que sustituían a los castizos pasodobles. Las dos horas que duró la lidia, en medio de la euforia general, estuvieron amenizadas con cánticos de tema revolucionario, especialmente antes del comienzo y en el intermedio del espectáculo.

Primer festival taurino celebrado en Las Ventas en agosto de 1936 [101]

En los primeros momentos de la Guerra Civil, algunos estoqueadores fueron etiquetados de «toreros milicianos». Entre ellos se encontraba Luis Gómez Calleja, *el Estudiante* (Alcalá de Henares, 1911 - Madrid, 1996), uno de cuyos hermanos, oficial del cuerpo de caballería republicana, perdió la vida luchando en la sierra de Guadarrama.

A principios de julio, el antiguo alumno de perito mercantil fue uno de los principales soportes de la feria pamplonesa de San Fermín, en la que mostró su arte tres tardes consecutivas. El maestro alcalaíno tuvo que esperar a que reabriese la Monumental de Las Ventas para convertirse en el principal actor del espectáculo. Esa tarde cosechó dos orejas, que recibió con lágrimas en los ojos y la pérdida momentánea de la consciencia a consecuencia de la intensa emoción vivida.

Tras estoquear al burel que le correspondía, el Estudiante abandonó el recinto a hombros de un grupo de milicianos. El periódico *El Liberal* explicó los motivos de la vuelta al redondel y de tal exaltación: «Dejó un

---

[101] *Estampa,* 22 de agosto de 1936.

recuerdo imborrable entre los aficionados, que constituyó una honda emoción al recorrer el ruedo con el puño en alto y con el recuerdo del hermano muerto hace muy pocos días defendiendo la República. El instante tuvo tanta emoción que el valiente torero fue víctima de un síncope».

Todos los lidiadores anunciados esa tarde habían saludado con el puño en alto tras el paseíllo, según quedó atestiguado en la instantánea fotográfica divulgada por diversos medios de comunicación.

Posteriormente, el Estudiante mostró su arte en los cosos republicanos de Alcalá de Henares, Albacete, Tomelloso, Hellín y Barcelona. En la Ciudad Condal participó en octubre en un festejo a beneficio de la Cruz Roja en la que sería su última actuación en las plazas leales. Al parecer, Luis Gómez mantenía una excelente amistad con un influyente dirigente miliciano al que apodaban Pancho Villa[102]. Este le proporcionó un salvoconducto para viajar a Francia, donde supuestamente debía torear. Una vez en territorio nacional, el estoqueador madrileño compatibilizó el servicio militar con el arte de la lidia. El 30 de enero de 1937 fue el principal protagonista del festejo taurino que abría la temporada donostiarra, lo que sirvió para certificar su presencia al lado de los militares rebeldes.

La mayor parte de los denostados «toreros señoritos», a quienes el levantamiento faccioso había sorprendido en las ciudades leales, se había esfumado a través de la frontera pirenaica con la excusa de torear en las plazas del país vecino.

En los escasos festejos patrióticos que se programaban en las plazas de toros democráticas, los vestidos (antaño bordados en seda y oro) fueron sustituidos por el popular mono de color azul adornado con los distintivos de las diversas organizaciones milicianas, y las tradicionales monteras de origen calañés fueron reemplazadas por las igualmente atávicas boinas proletarias. En ocasiones, la muerte de las reses bravas se dedicaba a alguno de los principales dirigentes políticos, entre los que más de una vez se encontraba Dolores Ibárruri.

---

[102] Tal vez el alias *Pancho Villa* corresponda a Rafael Martí, militante libertario valenciano miembro de la Columna de Hierro, posteriormente integrada en la 83 Brigada Mixta. Otro miliciano que utilizó el mismo apodo fue José Monserrate, que en una fotografía publicada en *ABC* el 16 de agosto de 1936 aparecía retratado en el frente de Guadix mientras recibía la insignia de alférez como premio a la voladura de un puente.

El sábado 22 de agosto se programó una novillada con picadores en el principal redondel capitalino a beneficio de Socorro Rojo Internacional y de los hospitales de sangre. Mariano García, Paco Godín, Antonio Leco de Torre[103], Luis Grimaldo, *Cocolín,* y el miliciano Luis Sanz, *Niño del Socorro,* se enfrentaron a cuatro utreros de Domingo Ortega y otros tantos de Jerónimo Díaz. El festejo, amenizado por la banda de música del Batallón Acero, fue presidido por el alcalde, Pedro Rico.

Otra celebración de similares características, la cuarta en Madrid en el mes que había transcurrido desde el alzamiento, tuvo como escenario el coso de Carabanchel. En esta ocasión se homenajeó a los milicianos destacados en los diversos frentes bélicos. Los lidiadores (el Estudiante, Cagancho, Chiquito de la Audiencia y Maravilla, que torearon reses probablemente del Duque de Tovar), sus cuadrillas e incluso el alguacilillo hicieron el paseíllo con el puño en alto, entre los fuertes aplausos de los asistentes.

Koltsov, comisario político y revistero taurino

El 23 de agosto se programó un nuevo festival patriótico en la plaza de Carabanchel, hasta unas semanas antes controlada por el empresario y apoderado valenciano Vicente Barrera. Promovido por el Ayuntamiento y el Frente Popular, los beneficios estaban destinados a los hospitales de sangre de Carabanchel Bajo. Torearon el Niño de la Palma, Fernando Domínguez, Félix Colomo, los novilleros Toreri[104], José González, *Parrao,* José Manuel García y el miliciano Gregorio Hernández, *el Pollito,* que despachó el sobrero.

---

[103] El nombre de Antonio Leco de Torre aparece en un cartel de la plaza de Navalafuente (Madrid) junto a Primitivo Frutos en agosto de 1940, en un festejo promovido por la Falange Española. El 9 de agosto de 1944 pasaportó en solitario una novillada en Santa Cruz del Valle (Ávila).

[104] La Guerra Civil truncó la carrera de Dionisio Rodríguez, *Toreri* (Madrid, 1912 - Salamanca, 2007), igual que la de muchos otros aspirantes a figuras del toreo. En la madrileña plaza de Vista Alegre cosechó sus primeros éxitos, los cuales le llevaron a Las Ventas en julio de 1932. En agosto de 1941 se ofreció para torear a favor de la organización falangista Educación y Descanso, festejo en cuyos prolegómenos se escucharon el himno nacional y el del Movimiento. En 1947 volvió al coso de Carabanchel para intentar recuperar el tiempo perdido. Al final se reconvirtió en banderillero y profesor de la Escuela de Tauromaquia de Salamanca.

A esta representación asistió el corresponsal del diario *Pravda* Mijaíl Koltsov, que ejerció de improvisado crítico taurino sin citar el nombre de ninguno de los intervinientes.

> El espectáculo empieza según todo el ritual. Pero cuando el medieval desfile da la vuelta al ruedo y se acerca al palco presidencial, los alguacilillos con sus capas negras, montados a caballo, pasan los clarines a la mano izquierda y con la derecha, puño en alto, saludan a lo *Rot-Front*. Desfilan seis toreros con sus trajes de luces y coletas, pero en vez de monteras llevan boinas proletarias.
>
> El primer torero [Niño de la Palma] hace gala de la diversidad de su estilo. Corre con los alanceadores y maneja con extraordinaria habilidad la capa roja [...] Luego da unas pruebas de su maestría como banderillero, atrayendo hacia sí al toro [...] Pero cuando ha llegado el momento de demostrar su auténtica calidad, el matador no ha estado a la altura [...] El segundo torero [Fernando Domínguez] ha resultado ser el triunfador de toda la corrida. Ha empezado brindando el toro al Partido Comunista y a doña Dolores Ibárruri: clamorosas ovaciones [...], la orquesta toca la *Internacional*, luego el himno republicano, al vencedor le arrojan una gorra de uniforme de la milicia obrera, el torero se la pone, corre con ella a lo largo de la plaza, todo es clamoroso y juvenil regocijo.

Al periodista ruso le extrañó que los tendidos registrasen un lleno absoluto a pesar de los altos precios de las localidades y de encontrarse la ciudad en guerra. También le llamó la atención la actitud febril de los asistentes al evento, entre los que sobresalían numerosos grupos de mujeres. Estas se abanicaban con mucha gracia mientras bebían limonada a la vez que cotilleaban sobre el descuido que mostraban los vestidos de los otrora elegantes toreros.

El jueves 27 de agosto, la Agrupación Socialista del Puente de Vallecas programó un espectáculo taurino en Las Ventas a beneficio de los hospitales de sangre y las milicias proletarias de la UGT, la CNT y el Partido Comunista. Aprovecharon la ocasión para ofrecer una calurosa bienvenida al embajador plenipotenciario de la URSS en España, Marcel Rosenberg.

En este «grandioso festival» participaron la amazona Beatriz de Santullano —que resultó cogida de gravedad—, la torera Juanita Cruz tras su presentación en esta plaza el 2 de abril y los novilleros Ricardo González Soria, *Campitos*[105], Alfonso Gómez, *Finito de Valladolid*, Antoñete Iglesias, Félix Almagro, Miguel Cirujeda[106] y Paco Godín, quienes se encargaron de pasaportar seis reses confiscadas a los principales criadores de la región madrileña (incluida una del hierro de Marcial Lalanda). La llave de los chiqueros fue solicitada por la artista Custodia Romero y la música corrió a cargo de la banda del Batallón Acero. En el ecuador del espectáculo ofreció sus conocimientos artísticos el cantante Ángel Sampedro Montero, *Angelillo*[107], acompañado a la guitarra por José Posadas, y la banda de música de la Joven Guardia Roja interpretó la *Internacional* y el himno de Riego mientras recorría el redondel, lo que completó, en opinión del *ABC*, «una gran tarde de toros y patriotismo».

---

[105] Tal vez sea *Campitos* el personaje al que se refiere Koltsov cuando cita a un novillero valenciano que actuó de mimo parodiando una corrida de toros en un alto de la batalla del Jarama a finales de febrero de 1937.

[106] Miguel Cirujeda y Val (Montalbán, 1907 - Madrid, 1952) ejerció de aspirante a matador de toros durante los años de la Guerra Civil. Le entró el gusanillo taurino mientras trabajaba de mozo en el bar del Club Taurino Aragonés de Barcelona, en cuya plaza se presentó en una novillada de noveles. Sus triunfos más sonados los cosechó en Tetuán de las Victorias, en cinco ocasiones, en la temporada de 1934, éxitos que le abrieron las puertas de Las Ventas. En la temporada siguiente extendió su radio de acción a numerosos pueblos de Navarra y Aragón, hasta sumar veintitrés actuaciones.

[107] De acuerdo con el testimonio de Koltsov, las milicias se incautaron del flamante coche Autoplan propiedad del artista Angelillo. A finales de agosto de 1936, el chófer y el vehículo fueron puestos al servicio del periodista ruso en sus desplazamientos por los alrededores de la capital de España. El conductor le informó de que Ángel Sampedro era un buen republicano que en esos momentos se encontraba en el frente cantando para entretenimiento de las tropas.

Asesinatos en cunetas y cercados

El 7 de noviembre comenzó el durísimo asedio del Ejército franquista a la villa de Madrid. A esas alturas del año, ya no quedaban toros en los cercados ni toreros dispuestos a estoquearlos en el foro. Sitiada por doquier la principal ciudad republicana, hacía varios meses que sus recintos taurinos habían clausurado sus portones.

Las instalaciones de Las Ventas del Espíritu Santo se reconvirtieron en un espacio dedicado al estacionamiento de vehículos averiados y, posteriormente, en una huerta que servía para alimentar a varias familias de refugiados de provincias, quienes utilizaron la madera de las barreras y los asientos de los tendidos como combustible para ahuyentar el frío invernal.

Los primeros días de la sublevación militar, la plaza Monumental fue uno de los escenarios donde se ejecutó a numerosos simpatizantes de la causa franquista[108].

El levantamiento castrense supuso la desaparición de la mayor parte de la cabaña encerrada en los cortijos bajo control popular. En los treinta y tres meses de confrontación bélica, las más de cinco mil reses bravas que pastaban en las regiones de Madrid y la Mancha fueron sacrificadas casi en su totalidad para alimentar a los ciudadanos y contendientes republicanos, cuando no simplemente para vengarse de sus propietarios. Su condición de latifundistas hacía creer a los desheredados de la fortuna que los criadores de ganado de lidia eran partidarios de los militares golpistas y, por tanto, desde el primer día del levantamiento fueron sentenciados a la pena de muerte sin juicio previo.

También las manadas de ganado bravo radicadas en el centro geográfico peninsular —dependientes de la Jefatura de Intendencia del I Cuerpo del Ejército republicano— fueron aniquiladas, sobre todo las que se encontraban en las áreas de Colmenar Viejo, Toledo, Ciudad Real, Guadalajara, Cuenca, Albacete, norte de Córdoba y Jaén.

Según Pepe Dominguín, el ganado bravo que pastaba en la vega del río Alberche, de procedencia Buenabarba y Contreras —en territorio controlado por los militares nacionales—, sirvió para alimentar a las tropas franquistas, especialmente las reatas de los ganaderos Manuel González Martín, *Machaquito,* y Mangas.

A finales de marzo de 1939, el periodista Julio de Urrutia, tomando

---

[108] Javier Cervera: *Madrid en guerra.* Madrid: Alianza, 2006.

como referencia los datos recopilados por el revistero Don Luis (quien a su vez había utilizado un informe de la Unión de Criadores de Toros de Lidia), levantó acta de la situación de los territorios ganaderos: «... los ganaderos de la zona central contaban antes del 18 de julio con 5.083 reses de casta y herradas; en mayo de 1937, solo quedaban 166 vacas, 8 toros, 22 añojos y 127 crías».

Cuando ya no había vuelta atrás, las autoridades republicanas se percataron del tremendo error que habían cometido sus partidarios más radicales, al evidenciar que no disponían de carne ni leche suficientes para alimentar a la población civil y a los milicianos.

Por otra parte, no solo desaparecieron las reses de lidia, sino que en esos mismos días se fusiló vilmente a un grupo significativo de ganaderos. El mismo domingo 19 de julio de 1936 aprehendieron en su finca de Colmenar Viejo a Juan Manuel Puente Sanz, alcalde de la localidad y diputado a Cortes. Unas semanas más tarde, en una saca indiscriminada realizada en el penal de Ventas, fue asesinado en los alrededores de su pueblo natal. Las 241 reses que pastaban en su hacienda fueron esquilmadas casi en su totalidad. Solo quedó con vida una punta de veintisiete vacas de vientre y algunos becerros que posteriormente adquirió Carlos Portes Seoane, duque de Pinohermoso. El 24 de septiembre de ese año estaba anunciado un festival taurino en Las Ventas con la participación de Rafael el Gallo, Fuentes Bejarano, Fernando Domínguez, Ricardo González, Soria, Campitos, Otero y Fauro, y reses del mismo ganadero colmenareño. Cinco días antes del festejo, que no llegó a celebrarse, le segaron la vida.

En agosto, el furor vesánico había aniquilado los rebaños de Augusto Perogordo (El Escorial), a quien solo dejaron con vida ocho vacas y un semental. El 21 de septiembre el infortunio se cebó en el duque de Veragua, un caballero de edad muy avanzada a quien quitaron la vida en una cuneta de la carretera de Fuencarral a pesar de que ya hacía mucho tiempo que había vendido su prestigiosa reata de ganado fiero, que pastaba en Valjuanete (Toledo). La detención de Cristóbal Colón y Aguilera en su domicilio de la calle San Mateo movilizó a los representantes diplomáticos de varios países americanos, incluido el de Chile —Núñez Morgado—, quien le localizó en una checa de la calle Velázquez que controlaba el PCE. Pese a las numerosas gestiones realizadas, incluida una entrevista personal con el ministro de Estado Julio Álvarez del Vayo, no consiguió impedir la ejecución sumarísima del anciano ganadero —junto a su cuñado, el duque consorte de la Vega— a manos de un pelotón popular encabezado por un capitán al que apodaban el Cojo.

José García Aleas era otro de los criadores de ganado bravo más representativos de la comarca de Colmenar Viejo. También a él lo pasaron por las armas en un descampado próximo a la carretera de Fuencarral la madrugada del 22 de septiembre, acompañado de sus hijos José Manuel y José María. Su rebaño vacuno quedó reducido a cuarenta y cinco vacas y un semental. Unos años después, su hijo menor formó parte del comité impulsor de la recuperación de la cabaña de ganado de lidia en la zona centro.

En octubre todavía se asesinó sin justificación a algunos criadores de ganado bravo. En el corazón de Madrid, el día 3, les tocó el turno a los hijos de Manuel Escrivá de Romaní —conde de Casal—, Fermín y Guillermo, marqueses de Alginet y de Centellas respectivamente. Su vacada brava desapareció completamente.

Por su parte, las reatas de reses propiedad de Patricio Sanz (San Agustín de Guadalix), Joaquín y Jesús Guzmán Sanz (Cabanillas de la Sierra) y Antonio Pérez de Herrasti y Orellana (Marqués de Albayda) también resultaron devastadas por las Milicias Populares.

En los primeros días de 1938 falleció de muerte natural tras numerosos sufrimientos el ganadero colmenareño Julián Fernández, quien había dirigido con gran acierto los destinos de la añeja ganadería de Vicente Martínez. Tras la contienda fratricida, solo quedaron con vida cincuenta y ocho animales de las setecientas tres reses herradas antes de la guerra.

Por su parte, de la vasta manada de ganado de lidia de la viuda de Félix Gómez (Colmenar Viejo) solo quedaron cincuenta y cuatro vacas y un semental. Muchos otros criadores sufrieron la pérdida total de sus propiedades: Esteban Hernández Plá (Ciempozuelos), Flores Albarrán, García Mateo, Félix Gómez, Pacomio Marín, Celso Pellón y el conde de Antillón (Madrid).

Los rehileteros de Atarfeño, Francisco Galadí Melgar (Granada, 1898-1936) y Joaquín Arcollas Cabezas simultaneaban la profesión de subalternos taurinos con los oficios de hojalatero y albañil respectivamente. También militaban en la CNT-FAI. La madrugada del 19 de agosto de 1936 los banderilleros fueron ajusticiados en Víznar (Granada) junto al maestro Dióscoro Galindo y el poeta Federico García Lorca.

Ambos toreros, personas muy conocidas en Granada, fueron acusados de promover una columna miliciana para defender Córdoba en los primeros días de la asonada militar. Hombres de acción, Francisco y Joaquín se habían significado reiteradamente en la defensa de los intereses proletarios, así como en la organización de piquetes huelguistas que desafiaban a la patronal granadina, despótica y prepotente, que saldaba las reivindicaciones laborales con el despido de los trabajadores. A Galadí y Arcollas también se les achacaba el seguimiento de algunas ilustres personalidades de la burguesía local.

Tras la pérdida el 14 de agosto de 1936 del arrabal del Albaicín, que habían defendido con denuedo, ambos coletudos fueron localizados en una cueva gracias a los ladridos de un perro que acompañaba al grupo de falangistas que los buscaba. A pesar de que estaban pertrechados con una pistola no la llegaron a usar. No habían abandonado la ciudad por culpa de Galadí, que pretendía despedirse de su hijo de diez años.

Durante varios meses, las trincheras defensivas de la capital de la República tuvieron como escenario la Casa de Campo, los alrededores del puente de los Franceses, la Ciudad Universitaria y el paseo de Extremadura. En estas zonas se desarrollaron innumerables escaramuzas bélicas, algunas de las cuales dejaron maltrechos los circos taurinos de Tetuán de las Victorias y Carabanchel. Precisamente en las cercanías de la Casa de Campo perdieron la vida los subalternos republicanos Pedro Gómez, *Quirín,* y Francisco Ardura, *Paquillo,* los días 14 y 18 de julio de 1937.

El inventario de víctimas mortales del mundillo taurino relacionadas con el conflicto se incrementó el 23 de marzo de 1937 con la desaparición del novillero Cayetano de la Torre Bermejo, *Morateño*[109] (Morata de Tajuña, 1911 - Madrid, 1937), motorista de enlace de la Brigada Motorizada del Ejército del Centro, quien sufrió un accidente mortal en la carretera de Alcalá de Henares. De acuerdo con otras versiones, la desgracia tuvo lugar en la Cuesta de las Perdices de Madrid, tras ser arrollado por un camión.

A su sepelio acudieron a rendirle honores militares la 1.ª Compañía de la División Líster con la banda de cornetas de la Motorizada; una sección

---

[109] Morateño toreó en Madrid a finales de octubre de 1934. En septiembre de 1935 lo hizo en el ruedo de Valencia y en otras dieciséis ocasiones más.

del batallón motorizado y una representación de la Asociación de Matadores de Toros y Novillos y del Montepío de Toreros. Entre las coronas de flores, destacaban las del Estado Mayor de la 11.ª División, la de la Brigada Motorizada, la de la División Líster y la de la 1.ª Brigada Mixta[110].

Por otra parte, el 26 de agosto del año anterior, el varilarguero almeriense Juan Colomina Pérez (Almería, 1896-1936) fue ajusticiado en su ciudad natal acusado de fascista. Tenía cuarenta años y había pertenecido a las cuadrillas de Nacional II, Antonio Márquez y Noain. En el lado franquista, los banderilleros zaragozanos Fernando y José Gracia Navarro perecieron en el frente aragonés en fecha desconocida.

En esta misma línea de represión sin fin, el 2 de julio de 1938 se verificó en Madrid un juicio sumarísimo contra ciento noventa y cinco personas a las que se acusaba de alta traición. Entre ellas se encontraban el banderillero Mauricio de la Rubia —miembro de la cuadrilla de Miguel Palomino—, y el matador de toros Luis Ruiz Miguel. También en Madrid, según el *Cossío*, fue ejecutado en diciembre del mismo año el banderillero Cipriano del Castillo Fernández, acusado de espiar a favor de las tropas franquistas, en aplicación de una sentencia emitida por un tribunal popular.

La lista de servidores taurinos de ideología popular desaparecidos en esos meses se incrementó con el nombre de Luis del Egido, *Marinero Chico*, varilarguero de reserva de Las Ventas, a quien atropelló un camión en algún lugar cerca del frente. También del lado republicano falleció el subalterno andaluz José Duarte Acuña, hermano de Antonio Duarte, *Pota*, miembro de una añeja familia de lidiadores algecireños y excelente peón de brega. Pota fue uno de los escasos profesionales que se pasó del bando nacional al republicano. Con anterioridad había toreado a las órdenes del Niño de la Palma, Valencia II, Cagancho, Villalta, Fernando Domínguez y Manolo Bienvenida. Después de la contienda armada estuvo dos años encarcelado en aplicación de la Ley de Responsabilidades Políticas, tras ser denunciado por un «torero en candelero, arruinado y amargado por el conflicto», según relata Emilio López Díaz. No pudo volver a vestir de seda y plata hasta la temporada de 1941[111].

---

[110] *La Libertad*, 8 de abril de 1937.
[111] Emilio López Díaz, «Los grandes banderilleros del toreo», en www.museocruzherrera.com.

A principios de marzo de 1936, dos militantes socialistas que trabajaban en el derribo de la vieja plaza de toros de la carretera de Aragón fueron asesinados por un numeroso grupo de falangistas. En esas mismas fechas se acusó a Victoriano Roger Serrano, *Valencia II* (Madrid, 1898-1936), de «torero señorito y fascista», después de que protagonizase un grave altercado con un taxista al que acabó propinando una formidable paliza. En respuesta, los compañeros del conductor acordaron en asamblea boicotear el transporte de aficionados a los toros a Las Ventas las tardes que anunciasen al espada madrileño.

Valencia II llevaba varias temporadas retirado cuando se anunció su reaparición en Las Ventas en uno de los primeros festejos de la campaña de 1936. Aquella tarde congregó en los tendidos a una nutrida cuadrilla de compañeros del conductor agredido dispuestos a boicotear su actuación. Desde el comienzo del espectáculo, Victoriano Roger tuvo que soportar repetidos gritos e insultos. La actitud temeraria de Victoriano frente a su lote de bureles hizo que se ganase el favor de la mayoría de los espectadores, lo que no impidió que los vociferantes taxistas siguiesen insultándole mientras daba la vuelta al redondel. Su respuesta no pudo ser más elocuente: se llevó las manos a los genitales.

En los primeros meses de guerra civil, el maestro madrileño participó en algunos festejos en favor de la causa republicana, la última ocasión, en Alicante, unas semanas antes de que le asesinasen. Su cooperación con la causa legal no fue aval suficiente para garantizarle la vida.

Militante falangista, cuando comprobó que los acontecimientos bélicos se agravaban en el centro de Madrid y vio la manera de actuar que tenían los milicianos populares se ocultó en el domicilio de unos amigos a la espera de que las amenazas de muerte que pesaban sobre él cayeran en el olvido. Hombre vehemente, un día decidió que estaba cansado de esconderse y reapareció en la vía pública, donde fue detenido y asesinado el 18 de diciembre de 1936 por la Brigada del Amanecer, justo el día en que cumplía treinta y ocho años. Cuando recuperaron su cuerpo, tirado en una cuneta del alto de Maudes, cerca del hipódromo y de la carretera que conducía al municipio de Hortaleza, tenía más balazos que las catorce cicatrices que los toros habían cosido sobre su cuerpo.

Al parecer, entre sus pertenencias se encontró el carné de la Falange. En esos momentos se ocupaba de los intereses profesionales del Chato el exmatador Antonio Lozano Gea.

Rafael el Gallo, ¡er fin der mundo! y otros toreros retirados

Gradualmente, cuando las principales figuras del escalafón taurino comprobaron que la disputa bélica se prolongaba en el tiempo más allá de lo esperado y que se programaban más corridas de toros en las plazas nacionales que en las republicanas, se fueron cambiando de bando. Pronto aparecerían pisando las arenas de las plazas franquistas con el brazo en alto. Los primeros, Manolo Bienvenida y Marcial Lalanda. Solo unos cuantos estoqueadores de segunda fila, casi un millar de subalternos y numerosos novilleros tomaron la decisión de empuñar las armas en defensa de la República. Los estoqueadores residentes en Sevilla optaron sin dudarlo un segundo por situarse del lado de Queipo de Llano.

Rafael Gómez Ortega, *el Gallo,* nació en 1882 en la calle de Greda de Madrid (actualmente conocida como calle de los Madrazo) y murió en Sevilla en 1960. Cuando estalló la guerra ya no tenía edad para vestir el mono miliciano, pero de manera voluntaria permaneció en Madrid los casi tres años de hostilidades armadas, donde, de acuerdo con la opinión de Néstor Lujan, «pasó continuas penurias». Se cuenta que el 18 de julio sorprendió al hijo de la señora Gabriela alojado en una pensión de la carrera de San Jerónimo, en la que permaneció varios días sin levantarse de la cama a la espera de que finalizasen los enfrentamientos. Lo cierto es que el torero contaba con domicilio fijo —seguramente la casa donde nació— y con un próspero negocio de hostelería en la capital, frecuentado durante la guerra por la gente de los mundillos teatral y taurino. Fernando Collado refiere en su libro *El teatro bajo las bombas* el clima lúdico que se respiraba en este local, con un interiorismo inspirado en la arquitectura andaluza tradicional: «El bar Hércules, instalado en la carrera de San Jerónimo, es el punto de cita de actores, músicos, *vedettes* bailarinas que actúan en los teatros Alcázar, Joaquín Dicenta, Comedia y Español. Allí concurren flamencos y otros toreros: Caracol (ex mozo de espadas de Joselito), primo hermano del Gallo y Gitanillo de Triana»[112].

En el Hércules reinaba un ambiente muy desenfadado e informal. Así lo afirmaba el diplomático chileno Carlos Morla, cliente habitual del local, al que acudía con cierta frecuencia a degustar unas copas de vino fino en

---

[112] Fernando Collado: *El teatro bajo las bombas en la Guerra Civil.* Madrid: Kaydeda, 1989.

compañía del legendario artista taurómaco y otros singulares parroquianos, como «... el marqués de Hoyos y Vinent, escritor, sordomudo. Está vestido de miliciano de la CNT y habla con otro sordomudo por medio de los signos de las manos»[113]. Antonio de Hoyos y Vinent (Madrid, 1885-1940), marqués de Vinent, fue militante de la FAI a pesar de ser hijo de un diplomático y grande de España. Durante la Guerra Civil escribió en *El Sindicalista*. Murió en una cárcel franquista.

El Gallo a pie de barra en su bar de Madrid[114]

En julio de 1936, Rafael el Gallo manifestó su negativa rotunda a abandonar la ciudad en la que había nacido. El hermano de Joselito recordaba en unas declaraciones a *Mundo Gráfico* el 12 de agosto de 1936 que en varias ocasiones había sido testigo de acontecimientos similares en América. Le habían cosas tan raras como llegar a un país determinado y que «se declaraba la revolución». Por ejemplo, nada más arribar a Lima había estallado una revolución, lo que le llevó a desplazarse a Cuzco, donde tuvo que vérselas con un comité revolucionario. De esta ciudad partió en dirección a Bolivia y, posteriormente, a Argentina. Allí «se armó la gorda en dos ocasiones». No contento con las anteriores experiencias, decidió viajar a Brasil, donde nada más bajarse del barco se encontró con un conflicto de

---

[113] Carlos Morla Lynch: *España sufre. Diarios de guerra en el Madrid republicano.* Sevilla: Renacimiento, 2008. Biblioteca de la Memoria.
[114] *Mundo Gráfico*, 16 de junio de 1937.

características parecidas: «Será mi sino. Estoy curado de espanto. Ahora, compadre, esto de ahora es lo más serio que había visto: er fin der mundo».

La última reaparición del Gallo en los redondeles republicanos estaba prevista para el 24 de agosto de 1936, con motivo de un festival taurino en Las Ventas promovido por el comité provincial del Partido Comunista de España y Radio Sur, a favor de la Junta Central de Socorros y los hospitales de sangre[115]. Del 24 se pospuso al 30 de agosto, pero finalmente fue cancelado ante la crudeza de los enfrentamientos armados. El hermano de Joselito toreó al menos en una ocasión a favor de la causa popular en Barcelona (con Fuentes Bejarano y Fernando Domínguez), el 4 de octubre de 1936.

En 1937, Rafael Gómez era uno los visitantes asiduos del improvisado hospital de sangre abierto en el hotel Palace, donde le atendían de las secuelas que le habían dejado las cornadas.

Cuando finalizó la Guerra Civil, Rafael el Gallo retornó a Sevilla, donde ocasionalmente continuó exhibiendo su exquisito muestrario del arte del toreo en festivales benéficos, muchos de ellos promovidos por Juan Belmonte, que pretendía ayudarle a recaudar algún dinero. Oficialmente había cerrado su carrera taurina tras finalizar la campaña de 1935.

Una muestra de la personalidad única del Divino Calvo quedó reflejada una tarde en la que ofreció una de las faenas más celebradas de su carrera en el ruedo de San Sebastián. En aquella ocasión se pasó reiteradamente por la faja las finas defensas de un enorme morlaco a la vez que, como si de un desplante se tratase, miraba a los distinguidos ocupantes del palco real, a quienes dedicaba una ceremoniosa reverencia con la cabeza cada vez que se fajaba la res.

Alrededor de 1907, otro espada de la generación de Rafael Gómez, Joaquín Villalta, un banderillero aragonés de segunda fila, no encontró mejor solución a su precaria situación económica que emigrar a tierras americanas. Allí, en noviembre de 1916, le sorprendió la Revolución mexicana; entre otras medidas, el presidente Venustiano Carranza prohibió transito-

---

[115] En el cartel previsto figuraban Rafael el Gallo, Fuentes Bejarano, Manuel Jiménez, *Chicuelo,* Luis Gómez, *el Estudiante,* Jaime Noain, Luis Morales, Fernando Domínguez, Ricardo González Soria, *Campitos,* Isidro Otero y Fauro, con un encierro de Juan Manuel Puente.

riamente mediante decreto la celebración de corridas de toros bravos. Esto obligó a Villalta a clausurar la escuela de tauromaquia y el restaurante La Española que regentaba en el Distrito Federal, y ante la imposibilidad de seguir adelante con su proyecto taurino-gastronómico la familia Villalta se trasladó a Cuba. En la isla caribeña trabajaron en la zafra del azúcar. Cuando se calmaron las aguas revolucionarias, volvieron a México, en donde ya habían levantado la prohibición de correr toros. Entonces fue cuando Nicanor empezó a tomarse más en serio la posibilidad de ser torero e intervino en algunos festejos.

Su hijo Nicanor Villalta y Serres (Cretas, 1897 - Madrid, 1980) se enfundó el terno de luces por primera vez en la plaza de Querétaro en la temporada de 1918. En 1919 viajó a España, y en el mes de julio se presentó en Zaragoza, en la parte seria de un espectáculo cómico-taurino protagonizado por Charlot y Llapisera. En estos primeros compases de su carrera contaba con la protección de su paisano, padrino y amigo de la familia el exmatador y empresario Nicanor Villa, *Villita,* quien le ofreció la oportunidad de torear en las plazas peninsulares.

En la plaza de toros de Madrid, coincidiendo con la Corrida de la Prensa de 1923, Villalta se hizo mecedor de una oreja de oro, la cual depositó a los pies de la Virgen del Pilar. Posteriormente la reconvirtió en medallas y las puso a la venta para ayudar a reformar la basílica zaragozana.

Nicanor, según descripción de Camilo José Cela, «era alto como un pino». De figura desgarbada, cuello sin fin, cara, brazos y piernas agalgados, fue un estoqueador fulminante que cayó en desgracia entre los taurófilos madrileños progresistas la tarde en que tuvo la ocurrencia de brindar un toro en exclusiva a los espectadores de sombra.

El 1 de enero de 1936, Villalta comunicó por primera vez su retirada del toreo. Sumando su reaparición tras la Guerra Civil, el larguirucho estoqueador aragonés estuvo diecinueve campañas en activo, en las que pasaportó mil quinientos veinte toros en seiscientas veintiséis corridas. Cuando estalló el levantamiento armado, el diestro aragonés fue acusado de fascista por el portero del edificio en el que residía, en la madrileña glorieta del General Álvarez de Castro. Inicialmente esto le obligó a permanecer escondido en condiciones miserables, hasta que encontró refugio en la embajada de Rumanía; allí contrajo matrimonio y nació su único hijo.

Mientras duró el encierro forzoso utilizaba sus capotes de brega como ocasionales mantas, y sus capotes de paseo para realizar el altar mayor de la improvisada capilla en la que a diario ofrecía misa el fraile agustino José López Ortiz, recluido allí junto a un numeroso grupo de personas. Parece, de acuerdo con el testimonio de un familiar del religioso, que pasaban más hambre que Carpanta.

La embajada centroeuropea compartía edificio con la legación de Chile, a la que regularmente acudían Nicanor Villalta y otros asilados a jugar al póquer alumbrados por la mortecina luz de unos candelabros, según el relato del cónsul Carlos Morla. Este diplomático opinaba que Nicanor era «muy baturro».

Otras fuentes aseguran que en noviembre de 1937 el nombre de Nicanor Villalta se encontraba en la larga lista de personas encarceladas en el presidio de Alcalá de Henares, a las que salvó la vida el director general de Prisiones anarquista Melchor Rodríguez. Tras la guerra, el 24 de septiembre de 1939, con su fortuna muy diezmada, no tuvo más remedio que reaparecer en el coso de Barcelona. Cuatro años después se cortó la coleta definitivamente, coincidiendo con la feria del Pilar. Unos días antes se había despedido de la afición madrileña. Durante muchos años después, y hasta 1979, ejerció de asesor presidencial de la plaza de toros de Las Ventas.

Entre los matadores de toros retirados y residentes en la capital madrileña en esos días de graves penurias se encontraba el veterano Vicente Pastor y Durán, *el Chico de la Blusa* (Madrid, 1879-1966). Retirado desde hacía muchos años de la profesión de estoqueador, decidió permanecer en su ciudad natal el tiempo que duró la confrontación armada. Su supuesta neutralidad ante el conflicto le hizo tener que soportar numerosos inconvenientes. Solo por precaución, optó por cambiar su domicilio habitual en la calle Embajadores por un refugio más seguro en el barrio de Salamanca. Los días soleados acostumbraba a pasear por las ruinas del coso de la carretera de Aragón en el que tantos triunfos había cosechado. Cuando sus amigos de la quinta columna le sugerían que se marchase, siempre respondía lo mismo: «Nací en Madrid y a Madrid le debo cuanto he sido en la vida. Y sea cual sea, yo quiero correr la misma suerte que mi desventurado pueblo»[116].

---

[116] José María Carretero: *El libro de los toreros. De Joselito a Manolete.* Madrid: Biblioteca Nueva, 1998.

Pastor, anciano y con escasos recursos económicos, falleció solo y soltero en su domicilio de Embajadores. En la temporada de 1959 se promovió a su favor una corrida de homenaje. En su larga carrera de primer espada (1902-1918) solo sufrió cinco cornadas de consideración, una de ellas de pronóstico muy grave al clavarse en Santander una banderilla en el cuello. En la plaza de Madrid cortó la primera oreja que se concedió en el siglo XX.

En el ciclo de 1918 se despidió de la afición madrileña tras brindar un burel a Alfonso XIII. En sus últimos años de vida, el Chico de la Blusa fue contertulio habitual del Círculo de Bellas Artes.

Félix Colomo Díaz (Navalcarnero, 1913 - Madrid, 2001) comenzó su vida laboral ejerciendo de botones en el Juzgado de Primera Instancia de su pueblo. Cuando cumplió doce años se marchó a Madrid. El destino le llevó a trabajar como dependiente de una carnicería de la calle de Alcalá, frente a la conocida popularmente como avenida de la Plaza de Toros. En aquel establecimiento se guardaban los timbales, que Félix tenía que llevar al coso antes de que comenzasen los festejos, lo que le permitía presenciar las corridas gratuitamente.

Los gravísimos enfrentamientos de julio de 1936 sorprendieron a Félix Colomo en la capital de España, desde donde se dispuso a trasladarse a su pueblo natal para estar con su familia. A mitad del trayecto un pelotón de milicianos interceptó el vehículo en el que viajaba, le requisaron el automóvil y lo encarcelaron en una checa cenetista hasta que se aclaró el malentendido y pudo recobrar la libertad.

El maestro navalcarnereño toreó en diversos tauródromos republicanos durante el resto de la temporada; la última ocasión, en Valencia, el 4 de octubre (con el Niño de la Palma y Enrique Torres, y reses probablemente de Pablo Romero, pues la mayoría de los festejos se anunciaban a nombre de las distintas agrupaciones populares). Con la llegada de los meses invernales viajó a Venezuela, donde esperó a que las aguas retornasen a su cauce. No volvió a los ruedos patrios hasta tres años después, y fue encarcelado de nuevo, en esta ocasión por simpatizantes franquistas, que lo acusaron de prestar su vehículo para dar «paseos nocturnos». Unos meses más tarde, un consejo de guerra sumarísimo le condenó a doce años y un día de reclusión mayor tras declararle culpable del delito de «auxilio a la rebelión». Tras demostrar que era ajeno a los hechos que se le imputaban consiguió que le conmutaran la pena por dos años de presidio.

No acabaron aquí las dificultades para Colomo. Tras recuperar la libertad no volvieron a contratarle en ninguna plaza de toros hasta la campaña de 1942; a partir de entonces consiguió torear alguna corrida esporádica. La última, el 14 de septiembre de 1947, en la plaza de Carabanchel, fue a beneficio de Parrao, en reconocimiento al rasgo que tuvo al donar sangre a Manolete. Para entonces, las empresas, con la anuencia del sindicato vertical, habían borrado el nombre de Colomo de las agendas.

La guerra le dio más cornadas que los toros. Durante varios años, Colomo se vio forzado a ganarse la vida ejerciendo los oficios más variopintos, incluido el estraperlo de café y tabaco en la frontera luso-española. También probó con la adquisición de dos camiones y unas canteras, hasta que comprobó que aquellos trabajos no eran los más apropiados para sus cualidades. Más tarde se hizo cargo de dos exitosos establecimientos de hostelería en Madrid que había encontrado en estado ruinoso: La Cueva de Luis Candelas y La Posada de la Villa. En ellos promovía los productos originarios de su pueblo natal, sin utilizar una sola referencia a su pasado taurino. Muchos años después, su trayectoria en el mundo de los toros fue premiada por el Ayuntamiento de Navalcarnero con una estatua conmemorativa, obra de Luis Sanguino, que se alza junto a una plaza pública que lleva su nombre.

Sidney Franklin, matador de toros y corresponsal de guerra

Sidney Franklin (Nueva York, 1903-1976) fue el primer ciudadano estadounidense que recibió la alternativa de matador de toros. De origen judío, su verdadero apellido era Frumpkin. En sus años juveniles fue alumno del Commercial High School de Brooklyn, donde participaba en todo tipo de competiciones deportivas mientras estudiaba una carrera relacionada con la dirección de arte dramático y la industria teatral. Al finalizar el tercer curso se manifestó en él el irresistible deseo de practicar una modalidad atlética hasta entonces desconocida para él: la lidia de ganado fiero. Así, abandonó la carrera y alrededor de 1923 se instaló en México D. F. con el objetivo de adentrarse en el aprendizaje de las técnicas de burla de reses bravas. Convirtió su sueño en realidad en el coliseo de Chapultepec, y a partir de entonces no cejó hasta que hizo el paseíllo en la principal plaza de toros de México.

En la temporada de 1929, con unos conocimientos taurinos aún muy rudimentarios, Franklin llegó a la península ibérica de la mano de una productora cinematográfica estadounidense que pretendía realizar una película sobre su carrera taurina. El guión incluía la ceremonia de alternativa y la producción se exhibiría en miles de cines de Estados Unidos.

No le faltaban recomendaciones al aspirante yanqui, y con rapidez le anunciaron en cosos tan señeros como los de Sevilla y Madrid —ambos controlados por Pagés— sin tener que demostrar su pericia en otros circos menores.

La presentación de Sidney en la Real Maestranza tuvo lugar el 9 de junio de 1929 (con Cámara y Echevarría y novillos de Moreno Santamaría). En esa misma temporada actuó en Sevilla en dos ocasiones más. El 21 de julio intervino en una corrida hispano-americana a beneficio de la Asociación de la Prensa en San Sebastián, y brindó uno de sus enemigos a Ramón Franco Bahamonde. El día de Santiago se estrenó en la plaza de la Carretera de Aragón (con Maera y Manolo Agüero y novillos de Pagés), y coincidiendo con la festividad de la Virgen de agosto colocó en ese recinto el cartel de «no hay billetes» (con Joselito Romero y Alberto Balderas y reses de Coquilla). En septiembre actuó allí por tercera vez (con Pérez Soto y Rodríguez Rufo y reses de Bernaldo de Quirós).

En todas estas apariciones, el norteamericano mostró pocos conocimientos sobre la lidia elemental, pero los sustituía en parte con sus facultades físicas y su valor inconsciente, que le permitían usar el estoque con efectividad. En marzo de 1930 resultó cogido de gravedad en Las Ventas y necesitó dos meses de convalecencia para reaparecer en Jerez. Esa tarde brindó un novillo a Juan Belmonte. En agosto reapareció en la capital madrileña.

En uno de sus viajes a Estados Unidos, Franklin pudo comprobar cómo sus aventuras en los ruedos españoles le habían convertido en un personaje muy popular, al que requerían en los foros más heterogéneos: para pronunciar una conferencia en el colegio femenino de la Universidad de Columbia, como atracción en las funciones de rodeo que acogía el Madison Square Garden o bien para promover corridas de toros en Nueva Jersey, donde se topó con la oposición de la Sociedad Protectora de Animales.

En enero de 1931, el torero de Brooklyn retornó a México con la intención de tomar la alternativa, pero recibió una cornada grave en Nuevo Laredo. Mientras se recuperaba en su ciudad natal afirmó que iba a ayudar a Ernest Hemingway a escribir un libro de tema taurino.

En la primavera de 1932 probó fortuna en el mundo del espectáculo como protagonista de un sainete musical dirigido por Eddie Cantor, *Torero a la fuerza (The Kid from Spain)*. Más tarde promovió diversas iniciativas empresariales en Estados Unidos sin demasiado éxito.

Durante los casi tres años que duró la guerra civil española, la capital republicana se convirtió en el principal punto de encuentro de numerosos corresponsales periodísticos internacionales, entre los que destacaba Ernest Hemingway. Hemingway permaneció en Madrid entre los meses de marzo y abril de 1937, y al año siguiente volvió a la capital en dos ocasiones más. Sidney Franklin asumió el papel de su «mozo de estoques». Según el escritor estadounidense, el entonces ocasional estoqueador ejercía de «ayudante de corresponsal de guerra», y su salario salía del propio bolsillo de Hemingway, pues la agencia NANA (North American News Alliance) para la que prestaba sus servicios no consideraba necesaria la ayuda de su paisano. El propio estoqueador se manifestó en sentido opuesto, y en su autobiografía aseguraba que su nombre formaba parte del acuerdo suscrito entre el escritor y la oficina de noticias. Con regularidad, el torero norteamericano acudía a visitar las dependencias estatales para obtener los salvoconductos y los vales de gasolina que el escritor necesitaba para llevar a cabo su labor profesional, y, mientras, charlaba incansablemente con todo aquel que se cruzaba en su camino.

Lo cierto es que el 15 de marzo de 1937 el Departamento de Estado norteamericano «negó a Sidney Franklin la autorización para quedarse en España y ganarse la vida como corresponsal de guerra, temiendo que se quedase a torear»[117]. Inasequible al desaliento, y siguiendo las recomendaciones del futuro premio nobel, el diestro de Brooklyn llegó a la península ibérica vía París después de sortear numerosas vicisitudes. En su periplo contó con la ayuda del embajador republicano Luis Araquistáin, amigo personal de Hemingway, quien le consiguió el visado para traspasar la frontera pirenaica por Perpiñán[118]. En *Despachos de la guerra civil española*,

---

[117] Ernest Hemingway: *Despachos de la guerra civil española (1937-1938)*. Barcelona: Planeta, 1989.
[118] Sidney Franklin: *Bullfighter from Brooklyn*. Nueva York: Prentice-Hall, 1952.

Ernest Hemingway relaciona las tareas específicas de las que se ocupaba su compatriota: «Sid Franklin, que nos compraba todos los víveres, hacía los desayunos, escribía artículos a máquina, conseguía gasolina, conseguía coches, conseguía chóferes…»[119].

Franklin fue a buscar a la reportera estadounidense Martha Gellhorn, tercera esposa de Hemingway, a Valencia, ciudad en la que aprovechó para adquirir vituallas antes de retornar a Madrid el 27 de marzo de 1937.

En 1943, el torero, conocido como el Yanqui, seguía intentando hacer fortuna en su país natal como asesor de varios cineastas paisanos suyos. En aquellos años se planteó la posibilidad de ingresar en el Ejército estadounidense, pero le rechazaron debido a las secuelas que le habían dejado las nueve heridas por asta de toro, especialmente la sufrida en Madrid en 1930, de la que le tuvieron que volver a operar en Estados Unidos.

En la temporada de 1945, el «torero rubio» regresó a España para confirmar la alternativa en Las Ventas, mientras algún empresario estadounidense relacionado con el mundo del espectáculo seguía especulando sobre la posibilidad de promover medio centenar de festejos taurinos en el Madison Square Garden de Nueva York. No era un objetivo fácil, puesto que las leyes de protección de animales norteamericanas impedían expresamente este tipo de eventos.

En los años cincuenta se asentó en Sevilla, donde dirigía una escuela de tauromaquia y regentaba una típica taberna andaluza de mala muerte. A consecuencia de un grave accidente de circulación en el que se vio envuelto permaneció encarcelado nueve meses. A principios de 1958 retornó a Estados Unidos. Al año siguiente sufrió una peligrosa cogida en Ciudad Juárez (México) que le apartó definitivamente de la profesión taurina.

Más tarde se afincó en el estado de Texas, y pasó sus últimos siete años de vida en la residencia de ancianos Village Nursing Home de Manhattan, propiedad de la comunidad judía. Allí falleció. En opinión de Bart Paul, su biógrafo, el torero era homosexual. Su amistad con Hemingway hizo que este le tratase con excesiva indulgencia en su novela *Muerte en la tarde:* «Franklin es valiente, con inteligencia serena, uno de los mejores toreando de capa despacio y con gracia. Su repertorio con la capa es variado…».

---

[119] *Op. cit.*

Empresarios venteños

Cuando estalló la guerra solo hacía unos meses del relevo de Eduardo Pagés al frente del principal tauródromo del mundo. Los nuevos gestores de Las Ventas —José Alonso Orduña, Guillermo y Joaquín Gómez de Velasco y Rafael Linage— representaban a la sociedad Nueva Plaza de Toros de Madrid, propiedad de la Diputación Provincial, que había invertido una considerable suma de dinero en la construcción del novísimo circo taurino. Esta sociedad había propuesto a la Diputación Provincial que les adjudicara la concesión a cambio de adquirir el suelo y levantar una plaza que pasaría a ser de propiedad pública. Se calculó una inversión de siete millones y medio que finalmente alcanzó la suma de doce millones. Aún no habían conseguido inaugurarlo oficialmente, entre otras cosas por la carencia de la preceptiva licencia urbanística para los accesos al recinto.

José Alonso Orduña, abogado de profesión y vicepresidente de la Diputación Provincial de Madrid durante la dictadura del general Primo de Rivera, ocupó la presidencia del consejo de administración de la plaza de Las Ventas desde 1934 hasta su fallecimiento en 1965.

Por su parte, Carlos Gómez de Velasco era gerente del coliseo de Las Ventas del Espíritu Santo desde 1932. Cuñado de Domingo Dominguín, en la temporada de 1925 presidió la Asociación de Empresarios Taurinos y el consejo de administración de la sociedad Nueva Plaza de Toros de Madrid (calle de la Victoria, 9). Con anterioridad había ocupado el cargo de responsable ejecutivo de la plaza de la carretera de Aragón. En los primeros años del franquismo ejerció de consejero áulico de la empresa venteña, empleo que compatibilizaba con el apoderamiento de algunos toreros.

El 18 de julio, ante la desaparición de los empresarios del coso venteño a consecuencia de la incertidumbre política generada en esos días, el redondel fue colectivizado por un comité de la Unión de Picadores y Banderilleros de la UGT y la CNT. Estos impusieron la autogestión del recinto taurino y organizaron los escasos festejos que se corrieron en las primeras semanas de agosto. Los comités obreros de control estaban constituidos en su mayor parte por los delegados sindicales elegidos por los afiliados a los sindicatos de clase. Solo se celebraron tres festejos mas de tema patriótico, el primero el 16 de agosto y el segundo, el 27 del mismo mes. Así, las actividades taurinas no se reanudaron hasta el 24 de mayo de 1939. Entre tanto, el ruedo venteño se reconvirtió en una huerta que servía para alimentar a varias personas refugiadas en sus instalaciones.

Históricamente, el abono de Las Ventas se inauguraba el primer domingo de marzo y concluía a finales de octubre, con la programación de dos abonos, correspondientes a la temporada de primavera y a la de otoño. Madrid, plaza de temporada completa, siempre ha homenajeado con fastuosidad a su patrón, San Isidro. En la temporada de 1947, el empresario Livinio Stuyck decidió aprovechar esta efeméride religiosa para concentrar en varios días consecutivos del mes de mayo todas las corridas que hasta entonces se repartían en los dos abonos anteriores.

En los años cuarenta, el también empresario valenciano Arturo Barrera, con domicilio en la madrileña calle de Preciados, ejercía de responsable del recinto madrileño de Vista Alegre. En su condición de apoderado representaba a su sobrino Vicente Barrera, a Maravilla, Noain, Ballesteros y Lorenzo Garza.

Primera Corrida de la Victoria

A principios de 1939, la mayoría de los estoqueadores españoles ya se encontraba haciendo las Américas. El general Miaja consumía las últimas fuerzas que le quedaban en Madrid en una tensa espera mientras a escasa distancia de las trincheras madrileñas se podía escuchar la propaganda que emitían las emisoras de radio franquistas, en la que se incluía la lectura de las reseñas taurinas.

Por su parte, el responsable del Estado Mayor republicano tenía de asistente al exnovillero vizcaíno Fernando Ugarte, *el Chico del Imparcial*, reconvertido en chófer. Amigo personal de Indalecio Prieto, a quien diariamente se quejaba de las continuas penurias que padecía, acabó exiliándose primero a París y después a México[120].

El 28 de marzo, las tropas nacionales entraron victoriosas en la capital de España sin encontrar la mínima resistencia. Los días posteriores cayeron el resto de las ciudades republicanas. El día 29 lo hicieron Ciudad Real, Jaén, Cuenca, Albacete y Almería. El 30 fue barrida la resistencia de Ali-

---

[120] Indalecio Prieto: *De mi vida*. México: Oasis, 1961.

cante y Valencia. Las últimas ciudades que entregaron las armas a las tropas del general Solchaga fueron Murcia y Cartagena, el día 31.

Entre los matadores de toros simpatizantes de la causa franquista que con mayor celeridad regresaron a Madrid se encontraba Marcial Lalanda, quien abandonó San Sebastián acompañado de los directores de los periódicos *Informaciones* y *ABC,* Manuel Halcón y Victoriano de la Serna. También se apelotonaron en el vehículo del torero su hermano Eduardo y su apoderado Cristóbal Becerra. El 14 de febrero de 1939, sin que la Guerra Civil hubiera terminado, Suiza fue el primer país democrático que reconoció oficialmente la legalidad del régimen franquista.

No habían transcurrido ni dos meses desde la entrada de las tropas sublevadas en Madrid cuando el presidente de la Diputación Provincial madrileña, el marqués de Aza, promovió la Gran Corrida de la Victoria el miércoles 24 de mayo. A este festejo, que sirvió para reabrir las puertas de la principal plaza de toros, acudió el propio general Franco.

Los integrantes del cartel (Pepe Amorós, Marcial Lalanda, Vicente Barrera, Domingo Ortega, Luis Gómez, *el Estudiante,* Pepe Bienvenida y Antonio Cañero) quedaron retratados al final del paseíllo saludando a la romana frente a los espectadores de sombra, entre los que destacaban numerosas personas ataviadas con uniformes militares. En las muletas de los intervinientes, tal como habían consensuado Lalanda, Ortega y Bienvenida, aparecía impreso el lema «Viva España». Como recoge el profesor Adrian Shubert:

> Había un inmenso escudo de armas con el yugo y las flechas y la consigna del nuevo régimen «Arriba España» pintada en las barreras. Al empezar la corrida, los toreros y el público saludaron brazo en alto a la manera fascista. Una novedad llamativa fue que la recaudación de las entradas se le entregó en persona al general Franco, jefe del Estado[121].

En un gesto de generosidad con la causa totalitaria, Lalanda no solo toreó gratis, sino que sufragó de su propio bolsillo los emolumentos de su cuadrilla de subalternos, que sumaban la cifra de dos mil pesetas. Así lo

---

[121] Shubert, Adrian: *A las cinco de la tarde. Una historia social del toreo.* Madrid: Turner, 1999.

inmortalizó un filme dirigido por Rafael Gil, *La Corrida de la Victoria,* que fue la primera película de tema taurino rodada tras el final de la Guerra Civil.

Esa soleada tarde primaveral se convirtió en norma tácita que la música no acompañase las faenas en Las Ventas. Y es que en el turno de Marcial el público solicitó que se amenizase su actuación con el pasodoble dedicado al propio espada. En cambio, la magnífica labor que Ortega hizo con el cuarto bovino del encierro no mereció acompañamiento musical, y sus partidarios protestaron con vehemencia. Así, para que no se repitiesen este tipo de conflictos, se acordó que nunca más se interpretarían acompañamientos musicales en este escenario. Hubo que esperar veintisiete años para volver a escuchar los sones filarmónicos en Las Ventas del Espíritu Santo. El 16 de octubre de 1966, Antonio Bienvenida se despedía de los ruedos enfrentándose en solitario a seis bureles. Tras banderillear el sexto ejemplar del concierto, que había brindado a su hermano Pepe y al que colocó tres soberbios pares de rehiletes en el hondón de las agujas, la banda de música, con el preceptivo permiso presidencial, le dedicó un emocionante pasodoble.

Barcelona y ¡viva la guerra contra el fascismo!

La plaza Monumental de Barcelona fue testigo el 28 de junio de 1936 de un insólito suceso nunca antes visto: el indulto de un toro manso de solemnidad de la ganadería de Juan Cobaleda. El cuatreño, de nombre Civilón, se hacía amigo de todas las personas que acudían a visitarlo a los corrales gracias a su extrema docilidad. Despertó especial simpatía en el género femenino, que puso en marcha una cruzada para preservar la vida del morlaco. Este gesto se vio reforzado con el envío de un torrente de cartas y telegramas procedentes de todas las ciudades del planeta suplicando que se indultase al sumiso bovino, que permitía le acariciasen hasta los pitones, especialmente por parte del mayoral del cortijo, Isidoro Álvarez, y de las hijas del criador salmantino. La historia se había iniciado unos meses antes en la dehesa salmantina, antes de que el burel partiese camino de la plaza de Barcelona. La niña de siete años Carmelita Cobaleda, hija del ganadero, acariciaba de manera habitual el testuz del animal mientras le curaban una herida, y este atendía cuando lo llamaban por su nombre. Así, la niña y sus hermanos jugaban con el toro regularmente sin sufrir el menor rasguño, y la prensa acabó divulgando este suceso. El problema surgió cuando el ganadero vendió a Civilón para su lidia en la Monumental barcelonesa; así, mucho antes de llegar al coso, ya se pedía su indulto. Gracias a la picardía del empresario Pedro Balañá, miles de barceloneses acudieron a visitar y a acariciar al toro en los corrales los días anteriores a la corrida[122].

Todas estas circunstancias lograron que la tarde en que estaba anunciada la lidia de Civilón se llenasen las veinticinco mil localidades del circo taurino, la mayoría con espectadoras ataviadas con sus mejores galas e incontables pamelas de paja. En los tendidos de la plaza aparecieron numerosas pancartas que solicitaban el indulto, como una en la que ponía «Estudiante, tú eres bueno. No mates a Civilón».

En este mismo coso, el domingo 12 de julio, Sánchez Mejías y Belmonte Campoy pasaportaron seis novillos de Antillón mano a mano. La jornada del 18 de julio se prolongó en la ciudad barcelonesa con los preparativos de la Olimpiada Popular que iba a celebrarse entre el 19 y el 26 de ese mes, en la que iban a participar numerosos atletas extranjeros. Por su parte, los frontones de pelota vasca —Principal Palace, Novedades y Txiki-Alai— ofrecían los habituales partidos con sus correspondientes apuestas dinerarias. Tampoco mostraba el más mínimo retraimiento la asistencia a las carreras de galgos. A las cinco de la tarde estaba anunciada la actuación de la orquesta La Calderona en las Arenas; y al día siguiente, una novillada con picadores en la Monumental (con Faraón, Víctor Bonora y Juan Frías, *Dorao,* y utreros de Albayda).

En los primeros días de la refriega cainita, ante la imposibilidad de alimentarlas, se impuso el sacrificio obligatorio de la mayoría de las reses bravas que pastaban en los prados próximos a la capital catalana.

Tras el enorme desconcierto inicial, el Gobierno republicano y el de la Generalitat consideraron que debía restablecerse con celeridad la vida cotidiana en todas las ciudades bajo su control. Entre las medidas que adoptaron se encontraba la reanudación de todo tipo de espectáculos públicos, incluidos los taurinos.

---

[122] *Estampa,* 27 de junio de 1936.

Al primer festejo anunciado en la Monumental barcelonesa, el 16 de agosto, acudió el *president* de la Generalitat Lluís Companys, quien recibió el brindis de los principales actores del festival patriótico (Curro Caro, Pedrucho de Éibar, Juan Luis de la Rosa y los novilleros Aurelio Puchol, *Morenito de Valencia,* Suárez Merino y Antonio Jiménez, *Faraón).* Pedro Basauri se vio obligado a estoquear tres bureles por una cogida de Curro Caro y la incapacidad de Juan Luis de la Rosa para deshacerse del oponente que le tocó en suerte. Esta primera celebración patriótica, promovida por la Asociación de Picadores y Banderilleros de Cataluña y las Milicias Antifascistas, pretendía recaudar fondos para ayudar al sostenimiento de los hospitales de sangre, y generó un superávit de veintinueve mil pesetas. Los aficionados ocuparon casi todas las localidades de sol y solo parte de las sombreadas.

Antes del inicio del espectáculo, la banda de música municipal interpretó los compases de *Las golondrinas, La Santa Espina* y la jota de *La Dolores,* además del himno de Riego, *Els segadors* y la *Internacional.* Los cánticos de tema político fueron escuchados por los espectadores puestos en pie y con el puño en alto. Una vez finiquitado el concierto, desfilaron en torno al redondel la banda de la Cruz Roja secundada por un escuadrón de caballería y una banda de trompetas, a las que seguían dos compañías de milicianos y, cerrando el desfile, las cuadrillas de toreros.

Companys saluda a los miles de aficionados que llenan la plaza de toros de Barcelona en la tarde de su reapertura[123]

---

[123] *Estampa,* 22 de agosto de 1936.

La aparición de Companys en el palco presidencial fue saludada con los compases del himno nacional catalán. Las plateas cercanas estaban ocupadas por los jefes de la Guardia Civil y del Ejército leal. Tras el arrastre del cuarto burel, las tropas milicianas comparecieron de nuevo sobre el redondel y se detuvieron justo debajo del palco rector, momento que aprovechó el *president* para arengar a los asistentes al festejo con el grito de «¡Viva la guerra contra el fascismo! ¡Luchad por la libertad!». Como clausura de la celebración patriótica, Ricardo Sanz, dirigente de la CNT, que ocupaba un balcón contiguo al presidencial, se dirigió al auditorio con gran entusiasmo[124].

Este festejo mereció un fino análisis de Indalecio Prieto que se publicó en el diario *Informaciones* («Profunda significación de lo pintoresco»). El político resaltó la importancia que tenían este tipo de celebraciones; a la vez, recordó cómo las organizaciones proletarias, años atrás, se habían enrolado en campañas antitaurinas, y destacó un hecho ocurrido en un festival celebrado en Barcelona, en el que «hermanados catalanistas, personificados por Lluís Companys, sindicalistas, socialistas y la llamada afición, es decir, el pueblo, con todas sus virtudes y todos sus defectos, contribuyeron al fin que se perseguía».

A estas alturas del mes de agosto, muchos miembros del colectivo taurino catalán ya se encontraban en el frente aragonés.

Una semana más tarde, el domingo 23, a las cuatro y media de la tarde, se celebró otro festival taurino de características similares (con Gabriel Carmona, Aurelio Puchol, *Morenito de Valencia,* Mario Cabré, Juan Frías, *Dorao,* y Ángel Maicas *Niño de Oro).* En esta ocasión, lo promovía la Asociación de Subalternos de Cataluña. Como ya era consigna no escrita, un grupo de tropas milicianas desfiló alrededor del ruedo a los acordes que marcaban las bandas de música de la Cruz Roja y del cuerpo de infantería y unos trompetistas del regimiento de caballería.

---

[124] Ricardo Sanz (Valencia, 1901 - Toulouse, 1986) fue un conocido dirigente anarcosindicalista. En 1917 se afilió al sindicato de la construcción de la CNT. Posteriormente formó parte de su dirección federal en unión con Durruti y García Oliver, con quienes intervino en la toma del Cuartel de las Atarazanas. Tras la desaparición de Buenaventura Durruti le sustituyó al mando de la 26.ª División. Cuando finalizó la Guerra Civil continuó su actividad revolucionaria en Francia.

La información previa sobre el festival que aparecía en *La Vanguardia* rememoraba los exitosos resultados económicos y políticos cosechados la semana anterior, a la vez que emplazaba a los ciudadanos a seguir colaborando con estas celebraciones taurino-patrióticas:

> Recordar la grandeza de los momentos que estos bravos nos proporcionaron a los que asistimos a la fiesta del último domingo es gozar del más hermoso de los espectáculos, es compenetrarse en el ardor que anima al pueblo en su lucha contra el enemigo común, es sentir sus latidos y comprender que la victoria de la causa se acerca a pasos de gigante. ¿Cómo olvidar el espectáculo que presenciamos? Tal fue su fuerza, de tal manera impresionó a todos y en particular a los toreros, que estos, como los valientes que luchan en los frentes de batalla, jugaron con la muerte. Tal fue la heroicidad de los toreros, tal su fiereza, que a la enfermería pasaron tres de ellos, el varilarguero Pescadero, Juan Luis de la Rosa y Curro Caro, este último con una herida de carácter grave. El domingo, todos cuantos a la corrida asistimos volveremos gustosos, y los que por ignorancia o creyendo que el cartel no ofrecía serias garantías no acudieron, al enterarse de cuanto en la Monumental aconteció, no perderán la nueva ocasión que se les presenta para ver lo que con palabras no se explica y presenciar la manifestación más grande de entusiasmo que puede registrarse y recibir la mayor emoción de la vida. ¡Ciudadanos, la organización espera que el domingo os deis cita en la Monumental![125].

En el intermedio del festejo, el dirigente de la CNT Juan García Oliver pronunció un encendido discurso en el que exhortó a continuar luchando por la libertad.

A finales de agosto, la normalidad parecía reinar en la vida cotidiana de los ciudadanos. En el frontón Novedades se anunciaba la actuación de uno de los principales ases de la pelota vasca, Chiquito de Gallarta.

El penúltimo día del mes se programó una novillada con tres espadas de exiguo prestigio (Niño de la Estrella, Morenito de Valencia y Suárez Meri-

---

[125] *La Vanguardia*, 20 de agosto de 1936.

no, con morlacos de Conradi). La tarifa única del boleto era de una peseta y media. Como empezaba a ser habitual, en primer término recorrió las arenas un grupo de milicianos entre las aclamaciones de los espectadores, a quienes arengó el cenetista Ricardo Sanz. En la lidia corriente, Niño de la Estrella resultó cogido de gravedad y premiado con dos apéndices y un rabo; Morenito recibió un trofeo y Suárez Merino, nada más abrir la capichuela, resultó arrollado por su burel.

El 6 de septiembre se celebró otra función taurina en la principal plaza catalana con la lidia de seis reses bravas de Contreras (el cartel lo componían Pedrucho, Juan Luis de la Rosa y Curro Caro) y la participación del novillero y miliciano de aviación Morenito de Zaragoza. En el ecuador del festejo dio la vuelta a la circunferencia un destacamento del Ejército Popular, entre las estruendosas aclamaciones y encendidos vivas en favor de la República.

Una semana después, el 13 de septiembre de 1936, las fuerzas milicianas tomaron posesión del elitista Gran Teatro del Liceo, al que rebautizaron como Teatro Nacional de Cataluña. Allí actuó Pablo Casals a favor de «los caídos por la libertad y para ayudar a los que luchan».

Esa misma jornada se anunció una nueva corrida de toros en la Monumental (con Cagancho, Silvino Zafón, *Niño de la Estrella,* Pepe Chalmeta y Morenito de Valencia, y reses de Conradi y de la viuda de Soler).

Unos días más tarde atracó en el puerto de Barcelona el buque ruso Zyrianin, cargado con tres mil toneladas de víveres enviados ex profeso a los ciudadanos barceloneses por los trabajadores soviéticos. Este acontecimiento propició un homenaje a los marineros moscovitas el 4 de octubre (Rafael el Gallo, Fernando Domínguez y Fuentes Bejarano, con reses de Muriel y Albaserrada). Gracias a su actuación, Fuentes, que obtuvo dos orejas, consiguió el salvoconducto necesario para viajar a las arenas francesas.

Hubo que esperar al 18 de octubre para presenciar una nueva celebración taurina en la Ciudad Condal (Fortuna, Niño de la Palma, Jaime Noain y el Estudiante con ganado de Sotomayor). En esta ocasión, el objetivo era recaudar fondos a beneficio de la Cruz Roja. A este espectáculo también acudieron los tripulantes del Zyrianin, pero no el *president* de la Generalitat, a pesar de que se había prometido su asistencia.

En noviembre resultó muerto en las cercanías de la Ciudad Universitaria madrileña el dirigente anarquista Buenaventura Durruti. En la sede catalana de la CNT, donde se veló su cadáver, se recibieron centenares de condolencias, telegramas y coronas de flores, entre las que destacaba la remitida por la Unión de Picadores y Banderilleros de Cataluña.

El 20 de diciembre, la Monumental barcelonesa acogió el último festejo de aquella atípica temporada. Se corrieron seis bureles, probablemente de la ganadería de Primitivo Valdeolivas, con el objetivo de ayudar a los servicios asistenciales de las tropas populares (Pedrucho, el Niño de la Estrella, Pepe Chalmeta, Martín Bilbao, Pedro Gutiérrez, *Tate,* y Gitanillo de Huesca).

La campaña de 1937 se abrió el 10 de enero en Barcelona con un festival patriótico en el que se corrieron de nuevo bureles de Valdeolivas, que permanecían encorralados desde el año anterior, y que despachó una terna de espadas comandada por Pedrucho de Éibar.

El 14 de marzo, Companys participó en un gigantesco mitin en la plaza de toros barcelonesa en solidaridad con los defensores de Madrid. En la presidencia, un lloroso niño madrileño. Fue entonces cuando el *president* lanzó la arenga «¡Madrileños, Cataluña os ama!».

En los primeros días de abril, la Monumental acogió un nuevo festival taurino en solidaridad con los defensores de Madrid.

El 30 de mayo se promovió otro espectáculo en favor del pueblo de Euskadi en el ruedo de las Arenas (Jaime Noain y el Niño de la Estrella con astados de procedencia desconocida). Ese mismo escenario acogió los dos últimos festejos celebrados en los cosos republicanos, los días 10 de junio y 16 de septiembre de 1937 (Pedrucho de Éibar, el Niño de la Estrella, Chalmeta, Manolo Martínez y el novillero Juanito Martín).

Muertos en reyertas y combates

Durante los primeros meses de guerra, los milicianos asesinaron al criador de reses bravas tarraconense Pedro Fumadó Amenós, *el Charnego,* junto a uno de sus hijos. Su viuda, Enriqueta Plá, solo consiguió recuperar con vida veintiocho vacas de cría. También el empresario de la plaza de toros gerundense Ramón Puig resultó asesinado por un grupo libertario.

La relación de víctimas del planeta taurino se incrementó el día 28 de febrero con la desaparición del exnovillero catalán, ingeniero y aviador Ramón Torres —el primer aeronauta que cruzó el desierto del Sahara, en

1934—, que perdió la vida en un accidente de aviación mientras realizaba tareas de reconocimiento para la Generalitat en La Armentera (Gerona), a la altura del golfo de Rosas. En la temporada de 1931 había toreado con cierto éxito en Barcelona.

Juan Luis de la Rosa de la Garquen (Jerez, 1901 - Barcelona, 1938) era un estoqueador a quien se conocía con el apodo del Llorón. En la campaña de 1925, actuó en los principales ruedos peninsulares antes de viajar a Latinoamérica. Permaneció allí hasta principios de 1936, cuando regresó a la Ciudad Condal. En su novela *Por quién doblan las campanas,* Ernest Hemingway atribuye al diestro gaditano y al rehiletero Blanquet la capacidad de oler la muerte, superstición típica del mundillo taurino. Al parecer, el propio escritor, sentado en un tendido acompañado de los dos toreros, pudo verificar esta cualidad la tarde en la que Manolo Granero perdió la vida en la plaza de Madrid, suceso que alguno de ellos pareció intuir. El nobel retrata la personalidad del espada jerezano y tal vez apunta uno de los motivos que se barajaron para explicar su asesinato durante la Guerra Civil: «Desde luego, Juan Luis no era muy decente, pero tenía mucha habilidad en su trabajo y tumbaba a las mujeres mejor que nadie».

De cualquier manera, no están confirmadas la fecha ni las circunstancias exactas en las que perdió la vida Juan Luis de la Rosa. Lo más probable es que muriese el 10 de septiembre de 1938, al día siguiente de estoquear su segundo festejo a favor de las instituciones democráticas catalanas, a manos de un grupo de militantes libertarios. Por entonces ya se rumoreaba que estaba acusado de traición a la causa republicana. También es probable que su asesinato se produjese a consecuencia de algún lío de faldas. Una versión menos creíble apunta a que fue pasado por las armas por un grupo falangista cuando entraron en Barcelona en febrero de 1939.

Estoqueadores en Cataluña

Pedro Basauri Paguaga, *Pedrucho de Éibar* (Éibar, 1893 - Barcelona, 1973), residió en Barcelona desde niño junto a su padre, Emeterio. Maestro armero de profesión, este era encargado de fabricación en la sociedad Schilling

& Paguaga, de la que era socio industrial un tío del estoqueador. En esta empresa tuvo su primer trabajo Pedrucho.

Fue en la Ciudad Condal donde transcurrió la mayor parte de la carrera del diestro guipuzcoano, así como su corta trayectoria como actor de cine mudo. La primera aparición de Pedro Basauri en un redondel tuvo lugar en la Barceloneta, en un espectáculo cómico en el que apareció disfrazado de indio. Tuvo que esperar al mes de septiembre de 1911 para lucir su primer traje de luces en Éibar —de sobresaliente— (con Armerito e Iluminado Sáez, *Iluminadito*). En 1914 se presentó en las Arenas (compartiendo cartel con Cereceda y Pacheco), donde el 1 de octubre de 1916 pasaportó otros dos festejos picados (con Rafael Toboso). Ambas tardes cosechó los máximos laureles y las correspondientes salidas a hombros. El 15 de septiembre de 1918 debutó en el Chofre y la temporada siguiente en Bilbao. En julio de 1920 le anunciaron en Madrid, a donde llegó avalado por un triunfo previo en la Maestranza frente a una novillada de Miura. En noviembre de 1922 firmó una actuación sobresaliente en la Monumental barcelonesa. Al fin, el 2 de septiembre de 1923 recibió el título de matador de toros en San Sebastián, de manos de Saleri II.

Imponente aspecto de la plaza de toros de Barcelona[126]

Por aquel entonces, Pedrucho comenzaba a mostrar sus cualidades como actor de cine, hasta tal punto que su fama traspasó la frontera francesa. Llegó a protagonizar varias películas dirigidas por Henry Vorins: *Pobres*

---

[126] *Mundo Gráfico,* 4 de noviembre de 1936.

niños (1921), *Militona o la tragedia de un torero* (1922) y la obra biográfica *Pedrucho* (1923). Algunas de estas cintas fueron las primeras de tema taurino rodadas en España, con un estoqueador en el papel de primer actor. *Militona o la tragedia de un torero* tenía un argumento muy cursi, inspirado en la visión simplista que algunos escritores franceses tenían de las corridas de toros, tomando como única referencia una obra de Teófilo Gautier sobre España. Protagonizada por Pedrucho, completaban el reparto Paulette Landais, Jaime Devesa, y José Bruguera. Las principales escenas taurinas fueron rodadas en la plaza de toros de las Arenas de Barcelona, y su estreno tuvo lugar en el Real Cinema de Madrid.

En 1924, el diestro guipuzcoano hizo varias excursiones a las exóticas plazas del norte de África, El Cairo, Roma, Cagliari y Budapest. Como no conseguía ver su nombre impreso en los carteles de las principales ferias, en el invierno de 1925 viajó a las plazas de ultramar. En septiembre de 1927 confirmó la alternativa en Madrid. En 1929 sufrió una gravísima cornada en un festival a favor de la familia de su hermano Martín, *Pedrucho II,* muerto en Marsella un año antes cuando intentaba colocar un par de banderillas. El 25 de mayo de 1930 se enfrentó en solitario a seis toros de Nadín. Cuentan las crónicas que esa tarde había más espectadores en el anfiteatro barcelonés que en la final de la Copa del Rey de fútbol, que se disputaban Barça y Athletic en el estadio de Les Corts.

Durante la Guerra Civil, Pedro Basauri actuó en los principales cosos mediterráneos, incluido el multitudinario festival patriótico que reabrió el principal coliseo barcelonés el 16 de agosto de 1936. En el verano de 1937 acudió a los redondeles de Gerona y Castellón. En septiembre de 1939 se cortó la coleta (completaban la terna Jaime Noain y Julio Mendoza). Posteriormente, regentó una pastelería y promovió una escuela de tauromaquia en la capital catalana de la que surgió un sobresaliente torero, Joaquín Bernadó.

A la muerte de Pedrucho, su familia donó parte de sus pertenencias al asilo San Andrés de Éibar. Entre sus objetos personales se encontraba su escopeta de caza, que actualmente se exhibe en el Museo de la Industria Armera.

Gil Tovar Bonafont (Barcelona, 1907 - Vilanova i la Geltrú, 1990) fue un espada de escaso predicamento entre la afición. Recibió la alternativa en Barcelona en la campaña de 1930 de manos de Antonio Márquez. Renunció a aquella ceremonia en los primeros días de 1936, para convertirse en banderillero de su padrino tras varias excursiones sin éxito a las plazas americanas. Cuando finalizó la Guerra Civil reapareció en el escalafón novilleril, y se presentó de nuevo en Madrid. En 1941 se cortó la coleta.

Por su parte, Mario Cabré Esteve (Barcelona, 1916-1990), torero, actor y poeta, debutó de primer espada en el curso de 1935. Salvo una actuación el 23 de agosto de 1936 en la Monumental barcelonesa, desapareció de los escenarios taurinos durante los casi tres años de guerra civil, ya que combatió en el frente de Brihuega (Guadalajara) en las filas del Ejército republicano. Esta experiencia le inspiró numerosos poemas que fueron publicados en una revista que se editaba en el frente. A consecuencia de su pasado democrático, tuvo que esperar hasta la temporada de 1941 para reaparecer en Madrid. Dos años más tarde recibió la alternativa en Sevilla de manos de Domingo Ortega.

Al igual que Pedrucho de Éibar, compaginó los oficios de estoqueador y actor cinematográfico. Su momento de mayor protagonismo lo tuvo gracias a una relación amorosa ocasional con la actriz Ava Gardner, que explotó publicitariamente.

Pedro Balañá, de concejal federalista a promotor de corridas nacionales

Cuando el 18 de julio de 1936 se consumó la rebelión de los militares africanistas, el Sindicato de Picadores y Banderilleros de Cataluña se apropió de los principales recintos taurinos barceloneses. El coliseo de las Arenas (inaugurado en 1900) sirvió de cuartel general a las tropas leales. Nada más finalizar la contienda, el 2 de abril de 1939 acogió la primera Corrida de la Victoria en Barcelona (con Lalanda, Victoriano de la Serna y Pepe Bienvenida y reses de Coquilla). Durante la guerra, las instalaciones de la Monumental se reconvirtieron en cementerio de automóviles, centro de desguace, reparación y obtención de piezas de recambio de cientos de coches inservibles que quedaron en las calles —controladas por la CNT— a consecuencia del caos desatado en los primeros días del levantamiento. Entre las escasas dependencias de la Monumental barcelonesa que se salvaron del saqueo se encontraba la capilla. El coso taurino que sufrió la mayor devastación fue el de Manresa, bombardeado reiteradamente por las tropas franquistas.

Pedro Juan Antonio Balañá Espinós (Barcelona, 1883-1965) fue un *self-made-man* nacido en la calle Galileo del barrio de Sans, en las cercanías de la plaza de las Arenas. Entre las heterogéneas ocupaciones que las circunstancias le obligaron a desempeñar entre los doce y los dieciocho años se encontraban las de repartidor de leche, vendedor de periódicos y tonelero —que era el oficio paterno—. Una de sus primeras iniciativas empresariales fue la promoción de una vaquería de ganado manso, que importaba de Suiza y Holanda y que luego vendía a las granjas locales. Unos años más tarde comercializaba pavos de Salamanca, que paseaba por las calles de las principales ciudades catalanas y del norte peninsular en las semanas previas a las fiestas navideñas.

Según el libro *Cien empresarios catalanes* (coordinado por Francesc Cabana), Pedro Balañá militó en Unión Federal Nacionalista Republicana, agrupación electoral por la que resultó elegido concejal en las elecciones de 1915, en coalición con el Partido Radical de Lerroux. En paralelo, y para apoyar su proyecto político, fundó el diario *El Poble Català,* del cual se deshizo en 1922, cuando abandonó la corporación municipal para volver a los negocios.

En los primeros años veinte consiguió la contrata para comercializar la carne de las reses de lidia que se estoqueaban en las plazas de toros barcelonesas. En 1926 se hizo con el control de la plaza de toros de las Arenas, donde programó su primer festejo taurino en el mes de febrero; el cartel lo componían Vicente Barrera, Enrique Torres y el peruano Carlos Sussoni. Un año después extendió su actividad a la plaza Monumental —en sustitución de la empresa de Madrid, que solo cosechaba pérdidas—. En 1947 acabaría adquiriendo este recinto a su propietaria, Roser Segimon, viuda de Milà i Camps, por un millón y medio de pesetas. Pere Milà i Camps (Barcelona, 1874-1940), un *bon vivant,* miembro de la burguesía catalana, abogado, político y fundador de diversos periódicos monárquicos, fue empresario de la plaza de toros Monumental de Barcelona. Milà huyó de la ciudad pocos días después del alzamiento armado. Su piso de la Pedrera, de más de mil trescientos metros cuadrados, fue ocupado por la Generalitat. Tras la Guerra Civil recuperó todas sus posesiones. Su esposa, Roser Segimon i Artells (Reus, 1870-1964), «doña Rosario», le sobrevivió veintitrés años. Para evitar el abandono de la plaza Monumental y poder costear las obras de reparación, en 1939, la señora de Milà vendió varias esmeraldas, pues su fortuna personal en aquellos momentos se encontraba muy diezmada. Roser Segimon era aún muy joven cuando se casó con un hombre mucho mayor que ella, Josep Guardiola i Grau, un indiano catalán que había acumulado una inmensa fortuna en Guatemala. Cuando falleció en 1901, su patrimonio pasó a manos de la viuda, quien contrajo segundas nupcias con Pere Milà. Ella misma, heredera universal de la fortuna de su primer marido, firmó el expediente para que Gaudí pudiera construir la Pedrera en unos terrenos de su propiedad. Se cree que también fue quien contrató al arquitecto, y financió la obra de Gaudí con el dinero que había heredado. A su muerte fue enterrada en Aleixar junto a su primer marido.

Tras la guerra, Balañá se convirtió en el primer empresario taurino de España, pues además de los dos circos citados controlaba los anfiteatros de la Barceloneta, Mallorca, Guadalajara, Jerez de la Frontera, Calatayud, Albacete, Zaragoza y Linares.

El antiguo pavero amplió sus actividades corporativas al mundo del espectáculo, con la adquisición de varios teatros y salas cinematográficas de la Ciudad Condal: Olimpia, Avenida, Sanz —ulteriormente bautizado como Palacio Balañá—, hasta que consiguió controlar directa o indirectamente más de treinta salas de espectáculos.

Balañá dirigía sus empresas en persona, con mano de hierro, diplomacia y habilidad. Hombre pragmático, acostumbraba a resolver las dificultades con trabajo, perseverancia, astucia y contactos. Era un gran psicólogo, que dormía muy pocas horas y conocía con exactitud todas las singularidades del tinglado tauromáquico.

No se sabe con exactitud cómo sorteó Pedro Balañá los años de la Guerra Civil, época en la que la sección catalana de la Unión de Picadores y Banderilleros —integrada en el Sindicato del Espectáculo— asumió el control de las plazas de toros. Existe la certeza de que programó algunos espectáculos en Marsella, ruedo por el que desfilaron algunos de los espadas más afines a la República: Manolo Martínez, Lagartito, Morenito de Valencia…, y, posteriormente, otros partidarios de la causa franquista: Cagancho, Ortega, Barrera, Gallardo y Márquez, en la mayoría de las ocasiones para medirse con las reses de Yonnet y Pouly. Según aseguró Balañá años después, en esta época, por primera y última vez, un espada osó exigirle el cobro anticipado de sus emolumentos[127].

---

[127] *El Ruedo,* 7 de febrero de 1952.

El 26 de enero de 1939, Barcelona cayó en poder de las fuerzas nacionales. Bastó con esperar al primer domingo de abril para que Pedro Balañá recuperase el timón de las Arenas. Y lo hizo con un cartel formado por Lalanda, Curro Caro, Rafaelillo y Gil Tovar, que por orden gubernativa sustituyó al rejoneador luso Francisco Mascareñas.

El 27 de agosto, tras reparar los daños del recinto y eliminar las rampas de cemento que los milicianos habían colocado para facilitar el acceso de vehículos, el empresario reabrió las puertas de la Monumental (con Barrera, Ortega, el Estudiante y Pepe Bienvenida). El festejo fue presidido por el general Orgaz, a quien acompañaba una delegación de la Diputación de Álava. Como en el resto del país, los vencedores impusieron la obligación de escuchar el himno nacional y saludar con el brazo extendido antes de todo tipo de espectáculos públicos.

Por otra parte, eran notorias las excelentes relaciones que el empresario taurino mantenía con las principales autoridades franquistas. Su cooperación con los ganadores de la Guerra Civil le llevó a formar parte de la comisión promotora de la tradicional Corrida de la Victoria barcelonesa, cuyos beneficios se destinaban a los huérfanos de la Legión.

Coincidiendo con la primera corrida de la temporada, el 2 de abril de 1939, Pedro Balañá entregó un cheque de quince mil pesetas al capitán general de la IV Región Militar, como liquidación a cuenta de los beneficios que había generado dicho festejo (promovido anualmente a favor de los militares).

En algunas corridas de toros se recolectaban los cigarrillos que el público arrojaba desde los tendidos para su envió a los soldados nacionales destacados en el frente[128]

---

[128] Fotografía de Serrano. Fototeca del Ayuntamiento de Sevilla.

En el mes de octubre de 1945 promovió una corrida en honor del Cuerpo de Intendencia y del Soldado Español. En 1951, tras veinticinco años de imparable actividad empresarial, Balañá recibió un multitudinario homenaje en su ciudad natal. En 1960 recibió la Cruz de Beneficencia, lo que motivó que realizase unas declaraciones a *ABC* en las que explicaba por qué le honraban con esa distinción: «Por mi colaboración directa en la organización de festejos benéficos en mis plazas, tales como las corridas de la Legión, de los excombatientes y, desde que fue capitán general Orgaz, la que se dedicaba a las viudas y huérfanos de los Ejércitos de Tierra, Mar y Aire».

En 1963, Balañá volvió a ser concejal del Ayuntamiento de Barcelona, en representación del tercio sindical franquista. El empresario mantuvo unas relaciones excelentes con Juan March, el financiador del golpe de Estado, quien, a cambio de una deuda impagada, controlaba el redondel de Mallorca. Posteriormente se lo vendió por un millón de pesetas a don Pedro, con quien acabó compartiendo negocios cinematográficos. Su hijo Pedrito Balañá fue nombrado consejero del banco propiedad del contrabandista y espía mallorquín. En los cosos barceloneses, el fundador de la saga de empresarios taurinos promovió 1.085 corridas de toros y 913 de novillos.

Valencia era una fiesta…

El 18 de julio de 1936, festividad de San Camilo, la capital del Turia ofrecía un amplio abanico de actividades lúdicas, entre las que sobresalían los espectáculos programados en sus siete teatros, treinta y cinco salas de cine, numerosos cabarés y varios frontones. Solo unos meses más tarde, en plena contienda armada, Ernest Hemingway describiría así este ambiente festivo: «Nunca he visto tanta gente. Nunca he visto unos cafés tan llenos. Había que aguardar horas antes de encontrar asiento, y los tranvías iban atestados hasta los topes. En Valencia había ajetreo todo el día y toda la noche»[129]. El escritor republicano Arturo Barea refrendaba esta opinión y reiteraba la idea del «Levante feliz» mientras la guerra causaba estragos en Madrid, Aragón y Andalucía: «Las calles estaban abarrotadas de gentes y de

---

[129] Ernest Hemingway: *Por quién doblan las campanas*. Barcelona: Debolsillo, 2004.

automóviles, las gentes, bien vestidas, orgullosas y chillonas, con tiempo y dinero a su disposición»[130].

Valencia era una fiesta... hasta que a mediados de 1937 comenzaron a llover las bombas franquistas. Entre el 7 de noviembre de 1936 y el 31 de octubre del año siguiente, la ciudad levantina fue capital provisional de la República, y la programación taurómaca se mantuvo activa con cierta regularidad.

El 29 de agosto de 1936 se celebró en Valencia una corrida en la que se vistieron de luces Manolo Martínez, Rafael Ponce, *Rafaelillo,* y Amador Ruiz Toledo, además de Domingo Ortega, que abandonó el ruedo a hombros. Al finalizar, Llapisera —seguramente el promotor del festejo—, vestido de paisano, se dejó fotografiar en medio de todos ellos.

Una vez que Domingo Ortega ha salido de la plaza a hombros de milicianos, los toreros Manolo Martínez, Rafaelillo y Amador Ruiz Toledo se despiden del respetable antes de abandonar el ruedo. En medio de ellos se encuentra Llapisera[131]

En octubre de 1936, el anfiteatro de la avenida de Játiva se convirtió en cuartel de enganche de los servicios militares del Centro de Reclutamiento, Instrucción y Movilización n.º 11; allí se impartían las instrucciones básicas antes de partir camino de las trincheras. Fue la asociación sindical de rehileteros y varilargueros valencianos, miembros de la UGT y la CNT, la que se encargó de la programación taurina. El 23 de agosto de 1936, la

---

[130] Arturo Barea: *La forja de un rebelde*. Barcelona: Debolsillo, 2006.
[131] Foto de Luis Vidal Corella.

plaza recobró su uso originario con un festejo en beneficio de la Asistencia Pública (con Antonio Noguera, *Yerberito,* el Niño del Barrio, Pedro Barrera, Rubito de la Mancha, Práxedes Monjero, Vicente Molina y Fernando Labar); Barrera y Rubito de la Mancha resultaron heridos. Entre ese día y el 13 de junio del año siguiente se celebraron cuatro corridas de toros y nueve de novillos. La mayoría contaron con las reses que no se habían podido lidiar en la veraniega feria de San Jaime; el resto, con los desechos de tienta que algunos tratantes morucheros localizaban en cercados próximos a la capital mediterránea, y posteriormente se anunciaban con el nombre de los ganaderías de las que supuestamente procedían (Cobaleda, Antonio Pablo Romero, Atanasio Fernández, Miura…).

Todos los festejos que se jugaron en esta plaza fueron a favor de las distintas organizaciones antifascistas. La gestión del recinto taurino recayó en el Comité de Control de Espectáculos Taurinos, dependiente de los sindicatos UGT y CNT[132]. En el comienzo e intermedio de las fiestas tenían lugar las clásicas paradas castrenses, que se animaban con la interpretación de los principales himnos revolucionarios.

Cuando finalizó el enfrentamiento armado sirvió de presidio provisional a varios miles de partidarios del Frente Popular.

En los primeros meses de guerra, el director general de Seguridad, el coronel republicano, de obediencia comunista, Antonio Ortega Gutiérrez, responsable gubernamental en materia de juegos y espectáculos, promovió un proyecto de ley que abogaba por la suspensión de todas las celebraciones festivas, incluidas las taurinos, en las que se cruzasen apuestas dinerarias (carreras de galgos, partidos de pelota…). Detrás de esta iniciativa subyacía una parte del proyecto de reforma agraria largamente esperado por las diversas organizaciones populares, y que afectaba directamente a las propiedades de los principales latifundistas peninsulares y sobre todo a los criadores de reses bravas, tal como recordó Rafael Abella: «La fiesta de los toros no era un asunto bien visto por socialistas y libertarios, pues aparte de las características crueles, estimaban era vestigio de una España de señoritos, ricachos y chulos que era preciso desterrar»[133]. Los campesinos

---

[132] El Comité de Incautación de la Plaza de Toros dependía del Comité Ejecutivo de Espectáculos Públicos, controlado por CNT y UGT.
[133] Rafael Abella: *La vida cotidiana durante la guerra civil. La España republicana.* Barcelona: Planeta, 2004.

consideraban que la caza y la cría de toros solo les garantizaba el desempleo. Ortega tuvo que esperar al mes de abril de 1938 para conseguir que el Gobierno de Negrín aprobase la abolición de las celebraciones taurinas, aunque para entonces ya no quedaban toros en los cercados ni toreros en las ciudades republicanas.

En los años treinta, la gestión de la plaza de toros valenciana recaía en la sociedad Escriche & Gimeno y Cía., a la que sustituyó Cristóbal Peris en las temporadas de 1935 y 1936[134]. En la feria de julio de 1935, el empresario sufrió un grave quebranto económico, de manera que para garantizarse un incremento del número de espectadores y de los ingresos antes de arrancar la temporada de 1936 ya tenía apalabradas las novedades más sobresalientes del escalafón: estaba de acuerdo con Miguel Torres, apoderado del Soldado, y se había asegurado la alternativa de Rafaelillo y la presentación de los novilleros locales Venturita y Arturo Álvarez.

El empresario del coso no pudo programar funciones hasta los meses estivales de 1939. En la temporada de 1944 le sustituyó al frente de la plaza la sociedad Alegre & Puchades.

Al final, el 20 de abril de 1939 se reabrió el coliseo valenciano con una gran corrida de toros en homenaje al Batallón Galicia, el contingente de tropas nacionales que había «liberado» la capital provisional de la República. El cartel lo componían Lalanda, Pepe Bienvenida y Juanito Belmonte. En el mes de julio se recuperó la feria de San Jaime con seis corridas de toros (Miura, Cobaleda, Atanasio Fernández, Alipio y Antonio Pérez-Tabernero y Marqués de Villamarta, con los que se midieron Barrera, Rafaelillo, Lalanda, Ortega, Bienvenida y Pericás).

Domingo López Ortega (Borox, 1906 - Madrid, 1988) trabajó de labrador en las tierras de su pueblo desde edad muy temprana. No tuvo la más mínima relación con el planeta taurino, pero a los veintidós años cumplidos irrumpió en el selecto club de las figuras del toreo. Siete triunfales actuaciones novilleriles consecutivas en la plaza de Tetuán de las Victorias

---

[134] Cristóbal Peris extendió su actividad empresarial a la plaza de toros de Albacete entre 1945 y 1947. En el coso de Valencia promocionaba también veladas boxísticas. En una de ellas, el valenciano Baltasar Belenguer, *Sangchili*, se proclamó campeón del mundo.

le marcaron el camino más corto hacia el doctorado taurino. Otros cuatro memorables festejos en el circo de Barcelona, en las postrimerías del curso de 1930, le abrieron de par en par las puertas del escalafón superior en el mes de marzo de 1931. Y en ese ciclo mostró el ímpetu necesario para liderar la clasificación sin discusión durante la siguiente década.

Domingo Ortega a hombros de un grupo de milicianos[135]

Ya la tarde de su alternativa, los versados veredictos de Don Ventura y de Uno al Sesgo le colocaron la etiqueta de lidiador excepcional. La cátedra madrileña, ante quien aún no había comparecido, tuvo que esperar a la confirmación del doctorado para refrendar su categoría indiscutible. En su primera temporada de matador de toros, Ortega derrotó sobre la arena, uno a uno, a todos los contrincantes con los que compartió paseíllo (Lalanda, Bienvenida, Cagancho, Barrera, Gitanillo…) en las noventa y tres corridas que pasaportó.

Las devociones políticas de Domingo Ortega eran, más o menos, de dominio público, especialmente después de que el diario *El Socialista,* unos días antes de las elecciones legislativas del mes de febrero de 1936, revelase que el espada toledano había donado cinco mil pesetas a la CEDA (Confederación Española de Derechas Autónomas) por la circunscripción de Toledo. El miércoles 5 de febrero, el propio lidiador desmintió la noticia en una carta remitida al periódico:

---

[135] Foto de Luis Vidal Corella.

Señor director de *El Socialista:*

Mi distinguido amigo: ha rodado por la prensa de provincias, y al fin en el periódico de su dirección, un rumor según el cual «el torero Domingo Ortega había facilitado a determinado partido de derechas diez mil pesetas para el fondo electoral».

Falso, de toda falsedad.

Ni como particular ni como torero me asomé nunca a la política.

Esta maniobra cobarde, que envuelve, sin duda, un propósito de injuria y de mala fe por parte del cerebro que la ideara, cae por su base con la negativa rotunda que públicamente hago en estas líneas:

Le suplico diga en su diario:

Que Domingo Ortega no es más que un torero.

Y por halago para mi modesta persona, torero popular.

Y viniendo del pueblo, y debiéndole al pueblo todo lo que soy, sin distinción de jerarquías, ni de castas, ni de clases, mal podía yo olvidar nunca a los que, en ocasiones para mí inolvidables, me elevaron sobre sus hombros, para terciar parcialmente en cuestiones que desconozco, como es la política.

Y con mi gratitud de la rectificación plena, que espero de su bondad.

Le saluda atentamente,

Domingo Ortega

Uno de sus biógrafos más notables, Antonio Santainés, dio a conocer la copla que por aquellos días se canturreaba en las tabernas de su pueblo natal, la cual solo servía para enmarañar aún más el ambiente ya caldeado de por sí: «En Borox hay un patrono / que en tiempos ha sido pobre / y anda recogiendo votos / para que gane Gil Robles. / Y nosotros le decimos, / con mucha serenidad, / queremos que gane Azaña / para poder trabajar»[136].

Este aparente malentendido hizo que el diestro de Borox se granjease la animadversión de las fuerzas políticas de izquierdas. A pesar del anterior desmentido, un domingo de mayo de 1936, el rotativo socialista insistió

---

[136] Antonio Santainés: *Domingo Ortega, 80 años de vida y toros.* Madrid: Espasa-Calpe, 1986.

en recordar la dádiva que el maestro había entregado a Gil Robles, a quien habría visitado en su domicilio. Esa misma tarde, cuando Ortega pisó el albero venteño, los aficionados que ocupaban las gradas soleadas le dedicaron un sonoro concierto de pitos y gritos de protesta; los espectadores que se sentaban a la sombra le aplaudieron con más fuerza que nunca antes, sin conseguir silenciar a sus oponentes. Al final, la actuación de Ortega, premiado con una oreja de un toro de Carmen de Federico, acabó satisfaciendo a todos los asistentes.

Respecto al conflicto hispano-mexicano, Ortega se mostró contrario al boicot y a las medidas coercitivas que la mayoría de sus compañeros habían acordado en asamblea. Unos años antes también se había negado a firmar el escrito reivindicativo y solidario en el que los representantes de Juanita Cruz reclamaban el derecho de las mujeres a torear en público, y se negó a compartir cartel con la madrileña en alguna plaza americana.

De acuerdo con unas declaraciones realizadas por Luis Ortega, hermano del torero, a Antonio Santainés, el 18 de julio de 1936 Domingo estaba camino de Algeciras, viajando en el coche cama de un tren nocturno que había salido de la madrileña estación de Atocha; tuvo que apearse imperativamente en Córdoba, ciudad en la que abordó un automóvil para retornar a su pueblo natal. La indiscreción de alguna emisora de radio que informó de que «Ortega estaba de corazón con los nacionales» estuvo a punto de costarle la vida.

Para aclarar todos los malentendidos, Domingo Ortega se prestó a participar en un festejo a favor de la República el sábado 29 de agosto de 1936 en Valencia (con Manolo Martínez, Rafaelillo y Amador Ruiz Toledo), con reses de Atanasio Fernández y Juan Cobaleda que aún permanecían en los corrales desde la fallida feria del mes de julio. Ese festejo mixto, promovido a beneficio de la Junta Central de Socorro Rojo Internacional, buscaba el reconocimiento popular a la labor que realizaban las Milicias voluntarias valencianas, a las que cada uno de los espadas brindó un enemigo. Esta dedicatoria la extendieron al sargento Carlos Fabra Marín, quien un mes antes había abortado una sublevación facciosa encabezando un grupo de cabos y soldados leales. Los estoqueadores fueron recompensados con ocho trofeos y dos patas. Una hermosa labradora a lomos de un lustroso jamelgo abrió el espectáculo y recogió la llave de los chiqueros, portando la señera y la bandera republicana, en compañía de un amplio séquito de féminas locales.

Un día después del festival patriótico en el que Domingo brindó una res al Comité Ejecutivo Popular de Valencia[137], representante de las Milicias Populares —en una faena premiada con las dos orejas y la salida a hombros de un grupo de milicianos—, le concedieron la autorización para viajar a Dax, donde estaba anunciado para torear la siguiente jornada (con Lalanda y Bienvenida y reses de Arturo Cobaleda). El torero castellano llegó a la ciudad francesa tremendamente cansado y con el tiempo justo para embutirse en el vestido de luces. Esa tarde pudo corroborar en persona la división que existía entre los aficionados galos partidarios de la República y los que aprobaban el levantamiento castrense, entre los que se incluía el alcalde de la ciudad, el hispanista y senador por las Landas M. Jacques Milliès-Lacroix, quien ordenó que las cuadrillas desfilasen a los compases de la *Marsellesa*. El maestro toledano permaneció toreando en las plazas del Mediodía francés (Bayona, Vic-Fezensac, Marsella, Nimes, Burdeos...) hasta que reapareció en la Maestranza el 18 de octubre de aquel año.

El matador de toros de Borox era propietario de una ganadería de reses bravas —de origen Parladé— que pastaba entre las provincias de Madrid y Toledo, y por aquellos días resultó exterminada por los partidarios de las tropas populares.

La huida vía Francia de los estoqueadores más famosos hizo que el diario *Solidaridad Obrera* los etiquetara de «señoritos, bonitos, chulillos y amariconados, que torean cabras en lugar de toros [...] y no pueden adoptar otra actitud que la fascista». Ortega estableció su residencia provisional en Biarritz hasta que pudo trasladarse a San Sebastián, donde esperó el final de la Guerra Civil.

En 1937, la opción más aconsejable era seguir toreando en los ruedos galos y nacionales, y en los americanos en los meses invernales. El 9 de mayo, en Béziers, un centenar de izquierdistas franceses se manifestó por las principales calles con carteles «contra los toreros fascistas» (Ortega, Bienvenida y Lalanda), en protesta porque los organizadores seguían comprando toros bravos en la región salmantina, controlada por Franco. Al término del festejo taurino, los manifestantes se concentraron en la ca-

---

[137] El Comité Ejecutivo Popular de Valencia fue una entidad revolucionaria creada el 22 de julio de 1936 para hacer frente al golpe de Estado que dio inicio a la Guerra Civil española. Estaba integrado por el Frente Popular, la CNT y la UGT.

lle Riquet, en los aledaños de la plaza, cantando la *Internacional*; en una cafetería cercana se produjo un enfrentamiento entre los manifestantes y los clientes, supuestamente favorables al espectáculo. En esa refriega resultaron heridas varias personas a consecuencia de los golpes propinados con sillas, vasos y cubiteras de hielo, que se utilizaron como proyectiles; por fin apareció la policía y dispersó a los manifestantes.

Al finalizar la temporada, Ortega encabezaba el escalafón con treinta y cinco actuaciones. En el invierno de 1937 contrajo matrimonio con la hija de los marqueses de Amboage, María del Carmen Plá Ruiz, en el monasterio de Loyola (Guipúzcoa), antes de viajar a las plazas de Lima, Caracas, Bogotá y Cartagena de Indias. Allí pasaportó diecisiete festejos más. En abril de 1944 falleció su joven esposa, a pesar de la atención que le prestaron doctores tan versados como Marañón y Jiménez Díaz.

La actividad taurina continuaba en el ruedo valenciano. La jornada del 30 de agosto de 1936 se corrieron ocho novillos, probablemente de la ganadería de la viuda de Soler, en el recinto de la avenida de Játiva, que registró un lleno absoluto. El cartel lo componían Enrique Torres, Enrique Berenguer, *Chatet*, Vicente Fernández y Arturo Marzal, *Cerrajillas*. El festejo estuvo presidido por un hijo del capitán Navacerrada, a quien tres días antes habían asesinado las tropas franquistas en Larache. Como parte de la puesta en escena, cuando las Milicias Populares comparecieron sobre el redondel fueron recibidas con prolongadas ovaciones y los acordes de la *Internacional*, la *Marsellesa*, el himno de Riego y el de Valencia, que el público escuchó de pie y con el puño en alto.

En los primeros días de septiembre se promovió en la capital mediterránea un variado catálogo de actividades lúdicas, entre las que sobresalían partidos de fútbol y de pelota y un festejo taurino (con Pericás y Rafaelillo). La CNT y la UGT promovieron otra becerrada que incluía la consabida parafernalia política; las espadas femeninas las Niñas Toreras remataron la serie de actuaciones protagonizadas por El Empastre, El Bombero Torero, Charlot y Laurel y Lardo. La parte seria del espectáculo corrió a cargo del rejoneador Paquito Royo.

El 27 de septiembre fueron el Niño de la Estrella y Morenito de Valencia quienes demostraron sus cualidades en el coso levantino.

En las corridas falleras de 1936, José Jaime Pericás Ripoll (Palma de Mallorca, 1916-1989) recibió el doctorado taurino de manos del catedrático Domingo Ortega, en una tarde en la que fue premiado con dos apéndices y un rabo. A principios de mayo se presentó en la Monumental barcelonesa, y el 2 de julio confirmó la alternativa en Las Ventas. Unos días más tarde participó en la feria de San Fermín. Con la Guerra Civil ya desatada, colaboró en varios festivales patrióticos en distintos ruedos levantinos. En agosto de ese año sufrió un gravísimo accidente de circulación cuando se dirigía a la capital del Turia, donde debía torear al día siguiente; su automóvil colisionó con un autobús, y en el percance falleció un miembro de su cuadrilla, Mona, y resultaron heridos de gravedad el novillero Cerrajillas, el banderillero Carranza y el propio diestro, que sufrió la fractura de la base del cráneo.

Por aquel entonces, Pericás residía en Valencia, y su aparente afinidad con la causa republicana le permitió obtener un salvoconducto para desplazarse a Marsella, donde estaba anunciado para torear el 15 de abril de 1937 (con Pinturas y Morenito de Valencia). El 8 de mayo reapareció en la plaza franquista de Burgos (con De la Serna y Domínguez).

En el invierno de 1940 era uno de los espadas de moda en Caracas, plaza que controlaba Andrés Gago. Pericás, torero fino y elegante, mostraba un amplio repertorio de suertes taurinas, aunque su falta de constancia hizo que desapareciese con rapidez de los carteles en los años cuarenta.

Vicente Barrera Cambra (Valencia, 1908-1956) se encontraba en los puestos más altos de la jerarquía taurina cuando decidió cortarse la coleta al finalizar la temporada de 1935, tras participar en las fiestas de San Mateo en La Rioja. Sin embargo, no llevó adelante su idea inicial, y en la siguiente campaña firmó un número de ajustes restringido debido al estallido de la guerra.

Residente en su ciudad natal, las primeras semanas de guerra se vio forzado a participar en varios festejos a favor de los organismos populares. El primero de ellos tuvo lugar el 16 de septiembre, y se trataba de una función promovida por la CNT y la UGT a favor de las Milicias Populares. El cartel lo componían Pepe Cerdá —posteriormente reconvertido en un notable fotógrafo—, Chatet, Vicente Fernández y Martincho, con bureles probablemente de Moreno de Ardanuy. Barrera apareció ataviado con el mono azul proletario, y aquella tarde seccionó las orejas a sus enemigos. Al finalizar el espectáculo, al que acudieron varios miles de espectadores, la banda municipal interpretó la *Internacional,* la *Marsellesa,* el himno regional valenciano y el himno nacional.

Vicente Barrera, con un brazalete de la UGT y la CNT, se dirige a la presidencia vestido de miliciano[138]

En el mes de octubre, Barrera viajó a Marsella para otorgar la alternativa a Morenito de Valencia. En febrero de 1937, el diestro valenciano fue de nuevo requerido para torear en su ciudad natal. El 14 de julio, coincidiendo con la fiesta nacional francesa, se le presentó la oportunidad de cumplir una contrata en Burdeos, ocasión que aprovechó para congraciarse con la causa franquista. Así, el coso de San Sebastián, ciudad que servía de residencia provisional a numerosos miembros del planeta taurino, fue testigo de su reaparición en el mes de marzo de 1938 frente a un encierro de Graciliano Pérez-Tabernero.

El 18 de julio de 1939, Barrera completó la terna que despachó en Valencia el primer festejo conmemorativo del levantamiento en armas del general Franco. En las fallas de 1944 sufrió una gravísima cornada, y fue en 1945, tras actuar tres tardes en Barcelona (la última el 3 de mayo, con

---

[138] Foto de Luis Vidal Corella.

Silverio Pérez y Luis Miguel Dominguín), cuando abandonó la profesión de lidiador.

Los últimos meses de 1936 seguían promoviéndose celebraciones taurinas en la capital del Turia bajo el patrocinio del Comité Central de Espectáculos Públicos. El día 4 de octubre, el Niño de la Palma, Colomo y Enrique Torres pasaportaron un encierro de Pablo Romero («¡muy gordo!», a decir de la prensa) que congregó a una extraordinaria multitud de espectadores. En esta miniferia, el 12 de octubre tomaron parte Vicente Barrera, Manuel Martínez, Rafael Ponce, *Rafaelillo,* Enrique Torres y Jaime Pericás.

Pepe Cerdá, Chatet, Vicente Fernández, Martincho y Vicente Barrera posan con el puño en alto antes del paseíllo en un festival celebrado el 6 de septiembre de 1936[139]

Las reses corridas el día 11 del mismo mes pertenecían supuestamente al hierro de Miura. El sexto burel cogió de gravedad al peón Rafael Ortega, *Cuco de Cádiz*[140]. Al día siguiente, el cartel de Barrera, Rafaelillo, José Cerdá y Manolo Martínez logró que los tendidos volvieron a estar atestados. En esa ocasión, los espadas comparecieron ataviados con el mono miliciano, sobre el que resplandecía la estrella roja de cinco puntas. A finales de mes, el Sindicato de Carteros y Socorro Rojo Internacional promovieron otra función taurómaca a favor de las guarderías infantiles y de los hijos de los carteros madrileños (con Rafaelillo, Pericás y Torres).

---

[139] Foto de Luis Vidal Corella.
[140] Cuco de Cádiz, tío del gaditano Rafael Ortega, fue un banderillero de postín que perteneció a las cuadrillas de Juan, Pepe y Manolo Belmonte, entre otras.

Rafael Ponce Navarro, *Rafaelillo* (Utiel, 1912 - Lima, 1972), se mostró inicialmente afín a los principios republicanos, especialmente en el verano de 1936, en el que exhibió su arte en la mayoría de los cosos mediterráneos. El 2 de julio completó la terna de la última corrida de toros celebrada en Madrid antes del inicio de la guerra. Más tarde estoqueó seis festejos en Valencia, y fue allí donde, el primer día de noviembre, resultó cogido de gravedad por un burel de Sotomayor en un festejo en el que compartía cartel con Amador Ruiz Toledo y Pericás. La enorme pérdida de plasma sufrida durante la operación a la que le sometieron los cirujanos Serra y López Trigo hizo necesaria una transfusión de sangre, que se prestaron a donar un miliciano de la Guardia de Asalto y dos paisanos. Ese verano había exhibido su pericia con el capote y la muleta en las arenas de Albacete, Valdepeñas, Tarragona[141], Castellón… En esa época le representaba Rafael Dutrús, *Llapisera*.

Los profesionales taurinos residentes en San Sebastián influyeron para que contratasen a Rafaelillo en las plazas francesas, de manera que los méritos contraídos en las diversas corridas patrióticas permitieron al diestro valenciano conseguir un salvoconducto para viajar a Bayona. El 15 de agosto de 1937 reapareció en la plaza francesa (con Domingo Ortega, el Estudiante y Juan Belmonte). Una semana después actuó en el Chofre donostiarra.

En la primera de las Corridas Generales de Bilbao de 1938, Rafaelillo ofreció un memorable recital de interpretaciones taurinas que le hicieron acreedor de los máximos galardones, los cuales le permitieron abandonar el circo de Vista Alegre a hombros de un numeroso grupo de heridos de guerra. Así lo recogió Jesús de la Maza, *Currito*, en *El Correo Español:* «Y hubo también unos legionarios heridos que se tiraron al ruedo y abrazaron y baquetearon a Rafael Ponce, *Rafaelillo*, hasta ponerle como una breva. Más tarde lo sacaron a hombros, después de oír, brazo y pensamiento en alto, el himno nacional que interpretó la banda de la Misericordia como remate de la corrida»[142].

Unos años más tarde, Rafaelillo se instaló en Lima, donde falleció. Medio siglo después, uno de sus descendientes, Enrique Ponce, ha superado con creces todos los éxitos que cosechó su antepasado.

---

[141] La plaza de toros de Tarragona sirvió de improvisado cuartel a las tropas moras, quienes quemaron las puertas, barreras y chiqueros para calentarse durante los meses invernales.

[142] *El Correo Español-El Pueblo Vasco*, 23 de agosto de 1938.

Falleras y milicianas rodean a Rafael Ponce, *Rafaelillo,* tío abuelo de Enrique Ponce[143]

La plaza de Valencia fue escenario el 21 de febrero de 1937 de un festejo de limpieza de corrales protagonizado por tres diestros afincados en territorio republicano: Chicuelo, Barrera y Pericás. Un laureado héroe del Ejército Popular, el capitán Fabra, promovió el 23 de mayo una nueva becerrada a beneficio del Hospital Provincial valenciano. El espectáculo contó con el concurso de los espadas combatientes Pedro Martínez y el sargento Luis Marco, *el Dependiente,* quienes despacharon cuatro becerros de la ganadería del Consejo Obrero de Alcaraz que en realidad lucían el hierro de Samuel Hermanos. El 13 de junio, de acuerdo con el relato del diplomático Carlos Morla, se promovió otro espectáculo taurino: «Se celebra una corrida [...] El ambiente de la plaza me hace sentir gran emoción. Se inicia la corrida con verdadera alegría de mi parte, a pesar de que los matadores son malísimos y los novillos, unas cabras. Pero el ambiente existe: es una corrida en plena guerra, con el peligro de que vengan aviones»[144].

En el mes de febrero de 1938, la Asociación de Picadores y Banderilleros de la región valenciana tuvo la osadía, dadas las alturas a las que se encontraba la Guerra Civil y la carencia tanto de toreros como de ganado, de impulsar una encerrona tauromáquica en la plaza de la capital mediterránea a la que asistió la periodista de *The New York Times* Virginia Cowles.

---

[143] Foto de Luis Vidal Corella.
[144] *Op. cit.*

La estadounidense describió la sorpresa que le produjo la afición de los españoles a los festejos taurinos a pesar de encontrarse inmersos en una cruenta guerra. También ratificó que la lidia de reses bravas continuaba siendo el espectáculo favorito de los dos bandos enfrentados en armas, y describió el ambiente que ofrecía la plaza un día después de soportar un bombardeo aéreo:

> Sin embargo, al día siguiente, el sol brillaba y veinte mil personas asistieron a una corrida de toros. Una muchedumbre acudió a la plaza ataviada con sus mejores galas. Todos parecían alegres, excepto un hombre que estaba sentado junto a mí y que se quejaba constantemente porque los toros eran demasiado pequeños. Me contó que los toros grandes se criaban en el sur y el sur pertenecía a Franco [...] A pesar de todo, el público gritaba y aplaudía con gusto. Pero de repente se oye el zumbido de un avión. Todas las miradas abandonaron la arena para mirar al cielo.

Cuando se comprobó que el aeroplano pertenecía al ejército propio, la liturgia festiva continuó con normalidad. La periodista se sorprendió de la indestructible afición de los españoles a la lidia: «Desde luego, haría falta una catástrofe más grande que una guerra civil para estropear la afición de los españoles por las corridas de toros»[145].

Manuel Martínez Solaz (Valencia, 1897-1966) nació en el popular barrio de Ruzafa, del que tomó prestado su apodo. El Tigre de Ruzafa toreó en los principales recintos peninsulares a partir de la temporada de 1924, año en que aprobó el doctorado taurino. Alrededor de 1931, Hemingway definió las características profesionales y la personalidad de Manolo Martínez en el libro *Muerte en la tarde:*

> ... tiene los ojos redondos, la cara torcida, la sonrisa tímida y el aire de uno de esos de los que frecuentan las carreras o de uno

---

[145] VV. AA.: *Corresponsales en la guerra de España.* Madrid: Fundación Pablo Iglesias / Instituto Cervantes, 2007.

de esos tipos duros que conocías en las salas de billar cuando erais niños. Muchos críticos niegan que sea un gran matador, porque nunca ha tenido suerte en Madrid, y los redactores del periódico taurino francés *Le Toril*, un periódico muy bueno, le niegan todo mérito porque tiene el suficiente buen sentido de no arriesgar su vida cuando torea en el Mediodía de Francia, donde todo estoque que desaparece en el cuerpo del toro, esté colocado donde sea, y cualquiera que sea el truco con que se coloque, resulta universalmente aplaudido[146].

El Tigre de Ruzafa fue uno de los matadores de toros que se mantuvieron leales a la Segunda República. En los casi mil días de conflagración armada lidió en la mayoría de los redondeles que quedaban bajo la jurisdicción democrática. En Valencia lo hizo en cuatro ocasiones. A finales del mes de octubre de 1936 abordó un transatlántico en Barcelona rumbo a Lima. Los meses invernales de los años siguientes, al igual que otros espadas de escaso cartel, permaneció en las distintas repúblicas americanas, donde, tras sortear numerosas dificultades, actuó en las plazas de Venezuela, Perú y Colombia. En ocasiones, para vestirse de luces, no tenía más remedio que ejercer de empresario y estoqueador al mismo tiempo, casi siempre con ganado autóctono y compartiendo cartel con el veterano Diego Mazquiarán, *Fortuna*. Participó en las principales ferias peruanas entre los meses de mayo y julio de 1938, casi en exclusiva con el espada local Alejandro Montani[147].

En 1948 retornó de Buenos Aires, donde había residido en años anteriores. El 25 de abril de ese mismo año volvió por última vez al ruedo de su ciudad natal; aquella tarde resultó cogido de gravedad y se cortó definitivamente la coleta. En Argentina gozó de la protección del presidente Perón y de su esposa Evita; en opinión del Tigre de Ruzafa, la celebración de festejos taurinos no fructificó en aquel país a consecuencia de la radical oposición que ejercía la influyente colonia italiana.

---

[146] Ernest Hemingway: *Muerte en la tarde*. Barcelona: Círculo de Lectores, 1968.
[147] Montani debutó en España el 12 de julio de 1936. Cuando estalló la guerra no tuvo otro remedio que retornar a su patria. En marzo de 1939 recibió la alternativa en Lima, y posteriormente renunció a esta ceremonia para volver a tomarla en Barcelona en la temporada de 1944.

Otro estoqueador levantino, Aurelio Puchol Aldás, *Morenito de Valencia* (Valencia, 1914 - Guayaquil, 1953), de variado repertorio, estilo elegante y suerte desigual, recibió la alternativa en la plaza de Marsella en octubre de 1936. Con anterioridad había actuado en numerosos redondeles mediterráneos —la última ocasión, en julio de 1937—, españoles (Valencia, Castellón…) y franceses (Arlés, Marsella…).

En la temporada de 1941, las autoridades franquistas no reconocieron su ceremonia de alternativa (como ya había ocurrido con otras alternativas otorgadas en territorio republicano), de manera que no le quedó más remedio que retornar al escalafón novilleril para pasar un nuevo examen en la plaza de su ciudad natal. Por desgracia, nunca consiguió ratificar el doctorado en Las Ventas. Una persona que le conocía bien alegó «que le faltó saber torear fuera del ruedo».

Al final, su pasado republicano le acabó cerrando las puertas de los cosos nacionales, de manera que en 1949 retornó a las plazas americanas, en las que ya había actuado durante la Guerra Civil. La tarde del 11 de octubre de 1953, un toro de Lorenzo Tous le causó una gravísima cornada mientras toreaba de rodillas en Guayaquil (Ecuador). Tres días después fallecía a consecuencia de la herida. En Ecuador había coincidido con Pepe Dominguín, quien aseguró que en esos momentos el espada levantino «apuraba los últimos cartuchos en busca de algún dinero que le permitiese poner un negocio y retirarse».

Unos días después de su fallecimiento, el cadáver de Morenito de Valencia llegó a Barcelona, ciudad en la que residía su familia. Las autoridades franquistas arrimaron el ascua a su sardina cuando aseguraron que el infortunio había acontecido en la Corrida de la Hispanidad. En la Ciudad Condal, sus restos mortales fueron conducidos al oratorio de la Monumental, desde donde un día después partió un amplio cortejo fúnebre en dirección a la iglesia de Nuestra Señora del Rosario. El cortejo recorrió la avenida de José Antonio y el paseo de Gracia, donde finalmente se despidió el duelo. Entre las personalidades que cargaron con el ataúd se encontraban su apoderado Leopoldo Lozano, Pedro Balañá (hijo) y el secretario del Sindicato del Espectáculo, Pascual de las Navas. Antonio Chenel, *Antoñete,* Mario Cabré, Luis Miguel Dominguín, José María Martorell y Enrique Vera enviaron coronas de flores.

Al final, el 20 de abril de 1939 se reabrió el coliseo taurino valenciano con una gran corrida de toros en homenaje al Batallón Galicia, el contingente de tropas nacionales que había «liberado» la capital provisional de la República. El cartel lo componían Lalanda, Pepe Bienvenida y Juanito Belmonte. En el mes de julio se recuperó la feria de San Jaime con seis corridas de toros (Miura, Cobaleda, Atanasio Fernández, Alipio y Antonio Pérez-Tabernero y Marqués de Villamarta, a los que se midieron Barrera, Rafaelillo, Lalanda, Ortega, Bienvenida y Pericás).

Alicante y la Junta de Defensa Pasiva Pro-Refugios

El 20 de septiembre de 1936 se programó en la plaza de toros alicantina una corrida de homenaje a la Segunda República. Rafael el Gallo, Valencia II, Luis Fuentes Bejarano y el Niño de la Palma torearon reses de Coquilla, ganadería que en esos momentos se publicitaba bajo el nombre del Frente Popular. Unos días más tarde, las autoridades locales invitaron a los marineros del barco ruso Neva a presenciar una función de características similares en su honor[148].

En los primeros meses de 1937, las Milicias Populares continuaban organizando funciones de lidia. Ese mismo año, la Junta Local de Defensa Pasiva Pro Refugiados promovía todos los domingos espectáculos populares con el objeto de recaudar fondos para ayudar a los cientos de refugiados que había en Alicante. El 22 de mayo celebraron una novillada en la que participaron el Exquisito, Florentino Ballesteros y el Niño del Barrio, con novillos de Samuel Flores Hermanos; la «gloriosa» banda del Batallón de Retaguardia n.º 6 y la banda municipal de Alicante amenizaron el festejo.

Tras el final de la contienda armada, el añejo anfiteatro alicantino se convirtió en un campo de concentración provisional. Allí encerraron a algunos de los varios miles de partidarios de la República que no pudieron subir al Stanbrook, el último barco carbonero que partió de Alicante a finales de marzo de 1939. Max Aub recogería su estancia en la plaza de toros alicantina en *Campo de los Almendros,* uno de sus libros sobre la contienda armada española: «Formaron grupos en el ruedo de la plaza. Siete mil hombres. En los tendidos, a media altura, frente a las puertas, ametralladoras y sus servidores. Todos —con los ojos— recuerdan la plaza de Badajoz».

---

[148] Adrian Shubert: *op. cit.*

Castellón y Socorro Rojo Internacional

Castellón fue otra de las ciudades mediterráneas donde reinó mayor tranquilidad ciudadana y más tardaron en hacerse perceptibles las consecuencias del levantamiento armado. En el verano de 1936, el circo taurino castellonense acogió dos festejos promovidos por Socorro Rojo Internacional a favor de las Milicias Populares. La banda de música municipal y la de Burriana amenizaron las fiestas, y acometieron en varias ocasiones el himno de Riego y la *Internacional*. Al finalizar el paseíllo, los lidiadores escucharon esta última con el puño en alto.

El 27 de agosto se promovió un nuevo festejo taurómaco (con Chaves, Perona, Cruz y Arturo Marzal, *Cerrajillas*). Un mes más tarde, Manolo Martínez y Rafaelillo despacharon otro festival con objetivos similares, y la presidenta de la encerrona y los lidiadores, tras el paseíllo, saludaron al respetable con la simbología habitual.

El 16 de febrero de 1937 se dispuso un nuevo festival patriótico en Castellón (con Pedrucho de Éibar, el Niño de la Estrella, Pepe Chalmeta y Amador Ruiz Toledo). Los días 9 y 13 de marzo, coincidiendo con la tradicional feria castellonense, se celebraron otras dos funciones taurófilas. En la primera tarde participaron Chicuelo, el Niño de la Estrella y Moya; y Pedrucho, Ruiz Toledo, el Niño de la Estrella, Chalmeta, Moya y Perona, en la segunda.

Unas semanas después de la llegada de las tropas franquistas a Castellón, en julio de 1938, se programó una celebración taurófila con la colaboración de varios toreros afines a los principios del Movimiento Nacional (Lalanda, Cagancho, De la Serna, Pericás, Madrileñito y Pepe Bienvenida). A principios del mes de marzo del año siguiente se celebró la feria de la Magdalena con normalidad.

Ferias y fiestas de Albacete en 1936

Como en la mayoría de las ciudades republicanas, en la provincia de Albacete se intentó restablecer la normalidad ciudadana en la segunda quincena de agosto de 1936. Así, se organizó una novillada a beneficio de la Asistencia Pública; participaron Yerberito, el Niño del Barrio, Pedro Barrera

—que resultó cogido—, Rubito de la Mancha, Práxedes Montero, Vicente Molina, Fernando Tebar y el rejoneador Currito, y torearon seis reses de Samuel Hermanos rebautizadas con el nombre del Frente Popular. En el intermedio se hizo una colecta en favor de los ciudadanos más desvalidos de la región, al tiempo que la banda de música municipal amenizaba la función con los sones de la *Internacional*.

El último domingo de agosto, las diversas organizaciones locales que conformaban el Frente Popular promovieron otra novillada (con José María Vizcaíno, Rubito de la Mancha y el Niño de la Viña, de nuevo con reses de Samuel Hermanos), a la que precedió el desfile de las tropas de la Marina, la Guardia de Asalto y miembros de la Cruz Roja.

A principios de agosto, durante las fiestas patronales, la normalidad reinaba en Albacete gracias a la perfecta coordinación entre las fuerzas de orden público y las Milicias Populares. Así lo certificó el corresponsal de *La Vanguardia* en la capital manchega:

> Se trabaja normalmente en toda clase de obras, fábricas, talleres, etcétera. El abastecimiento de la ciudad es normal. La animación es grande y los cafés se ven concurridísimos. De los pueblos de la provincia llegan noticias en análogo sentido. La provincia entera se halla al lado del Gobierno y la normalidad está restablecida en absoluto. Engrosan considerablemente las aportaciones a la suscripción abierta por la delegación de Asistencia Pública en favor de las fuerzas locales. Todos los servicios de asistencia social funcionan normalmente. Con gran concurrencia se celebró una función extraordinaria en la plaza de toros, destinándose la recaudación íntegra a beneficio de la Asistencia Pública[149].

La oferta festiva de los festejos de septiembre se resumía en un amplio abanico de actividades lúdicas, entre las que sobresalían los partidos de balompié. La animación era tan extraordinaria que fue necesario incrementar el

---

[149] *La Vanguardia*, 2 de agosto de 1936.

servicio de ferrocarril para que pudieran acudir los vecinos de los pueblos cercanos.

Entre los días 11 y 15 de septiembre se programó la tradicional feria taurina con dos corridas de toros y otras tantas de novillos, promovidas por la delegación de Asistencia Pública en homenaje al Ejército Popular. A esos eventos asistieron numerosos miembros de las Brigadas Internacionales, estacionados en la ciudad a la espera de la instrucción correspondiente antes de tomar el camino del frente bélico. Las dos primeras tardes se corrieron reses de Samuel Hermanos (el Estudiante, Curro Caro y Rafaelillo; y Noain, Maravilla y Rafaelillo). La segunda tarde, Antonio García, *Maravilla,* llenó el hueco que había dejado en las combinaciones el «desertor» Domingo Ortega, aunque las autoridades alegaron que el diestro de Borox estaba reponiéndose de una cogida. En el ecuador de las celebraciones se realizaron cuestaciones a beneficio de Socorro Rojo Internacional y los hospitales de sangre. Noain, según la agencia de noticias Febus, resultó cogido «en el muslo izquierdo. La herida tiene cuatro centímetros de profundidad y diez centímetros de extensión, interesándole el tejido celular...».

El 20 de septiembre de 1937, la capital castellanomanchega fue bombardeada por primera vez, lo que significó que se acabaron los festejos taurinos hasta después del enfrentamiento armado.

Ciudad Libre de la Mancha

En los primeros meses de guerra civil, el tradicional nombre de Ciudad Real fue sustituido por el de Ciudad Libre de la Mancha. El 29 de marzo de 1939, las autoridades franquistas restituirían el nombre original.

Como en las demás ciudades leales, la actividad taurómaca regresó a Ciudad Real el domingo 16 de agosto con la intervención de siete espadas lugareños: Michelín, Plaza, Romero, Ureña, Lizcano, el Niño de la Viña y la aprendiza Purita Muñoz. Estos estoquearon otras tantas reses de los ganaderos de la tierra Demetrio y Ricardo Ayala[150] y Eloy y Víctor Martín,

---

[150] Los hermanos Ayala López adquirieron su ganadería de reses bravas en 1932. Ese mismo año lidiaron un encierro en la plaza vieja de Madrid. El toro más famoso de

a beneficio de los hospitales de sangre. Como empezaba a ser norma, antes del arranque de la encerrona se puso en escena la preceptiva parafernalia pro gubernamental, que incluía la interpretación del himno de Riego y de la *Internacional* y vítores a la República; estas manifestaciones se repitieron tras el arrastre del tercer burel, y la mayoría de los espectadores las coreó en pie y con el puño en alto.

En la corta temporada de 1936, la celebración de festejos taurinos en la provincia manchega se concentró en el ruedo capitalino, en Puertollano y en Almagro. En estas localidades se corrieron siete festejos, la mayoría protagonizados por los novilleros locales: Segundo Ureña, *Grano de Oro*, Michelín[151] y José Romero, *Joselillo,* el ídolo de Puertollano, quien acabaría fundando una escuela de tauromaquia en su localidad natal. Además, se corrieron dos funciones de toros (con Rafael el Gallo, Fuentes Bejarano, Fortuna y el Niño de la Palma) los días 6 y 27 de septiembre, con bureles supuestamente donados por los hermanos Ayala López. Estas celebraciones las promovió la Sociedad de Oficios Varios a beneficio de las Milicias Populares, y congregaron a multitud de espectadores.

Los beneficios de estas veladas, instituidas por las diversas agrupaciones gremiales de carniceros y ferroviarios, la Sociedad de Oficios Varios, Izquierda Republicana y ocasionalmente por algunos osados empresarios locales —García Barba y Julio Morales—, se destinaban al sostenimiento de la asistencia social, las Milicias Populares y los hospitales de sangre. En el ecuador de los festejos, grupos de milicianos realizaban cuestaciones; daban la vuelta al redondel con los capotes de torear y militares convenientemente desplegados, y los espectadores arrojaban sobre ellos su contribución monetaria.

---

esta casa, Granadino, lidiado en Manzanares (Ciudad Real), corneó a Ignacio Sánchez Mejías, quien dos días después falleció en una clínica madrileña a consecuencia de esa herida. El toro asesino fue estoqueado por Armillita.

[151] Agustín Díaz, *Michelín* (Ciudad Real, 1917 - Fuengirola, 1996), inició su carrera con actuaciones en diversas plazas de su región natal. Durante los meses invernales, frecuentaba el matadero municipal para practicar el descabello. Con anterioridad había trabajado en un taller de reparación de automóviles en el que se encargaba de arreglar los pinchazos e hinchar los neumáticos, y donde le bautizaron con su alias artístico. Agustín Díaz comenzó de becerrista en la temporada de 1929. Tres años más tarde debutó en Almadén y tuvo que esperar un año, hasta que alcanzó la edad reglamentaria, para presentarse en Ciudad Real. En la temporada de 1934, a punto de recibir la alternativa, le anunciaron en Córdoba junto a Manolete. El director de cine Agustín Díaz Yanes es hijo de aquel rehiletero.

En la mayoría de las ocasiones, el ganado de lidia pertenecía a los criadores Eloy Víctor Marín (Congosto, Fernán Caballero), Hermanos Nicanor González (cortijo Bujalista) y Demetrio y Ricardo Ayala López, quienes supuestamente regalaban los bureles. Demetrio y Ricardo Ayala fueron asesinados sin compasión la madrugada del 17 de diciembre en Carrión de Calatrava (Guadalajara), tras sacarlos del presidio en el que estaban recluidos junto a un hijo del segundo de ellos, Ricardo Ayala Cuevas. El ganado de ese rebaño resultó prácticamente exterminado en las semanas siguientes. Restó una corta reata que los herederos recuperaron en 1940, y que vendieron a Manuel Martín Alonso junto con los derechos de hierro y divisa.

De la ganadería de toros de lidia de Manuela Agustina López Flores (Albacete) solo quedaron con vida tres sementales, seis cuatreños y un reducido número de vacas de vientre.

El 30 de agosto de 1936, Puertollano acogió un festival en favor de los hospitales de sangre. Las actuaciones de la Espontánea, Guerrillero, Rayito, Rayito II, Michelín, Ángel Soria, José Lleó y Escolástico Sánchez (con reses de Ayala) entusiasmaron a la concurrencia que abarrotaba los tendidos, de acuerdo con la reseña de *ABC*. En esta ocasión se realizó una colecta para auxiliar a los ciudadanos más necesitados. Las banderillas, de gran lujo, fueron regaladas por el semanario *Vida Nueva*.

Un tremendo temporal de lluvia y viento había derribado parte del teatro taurino de Alcázar de San Juan a finales de febrero de 1936, pero el 6 de septiembre se promovió un festival taurino a favor de los milicianos populares en el que seis aspirantes de la región estoquearon otros tantos utreros.

Capítulo VI

Francia, Portugal y América: la alternativa

Carteles de Mont-de-Marsan de 1936 y 1937, con la participación de los mismos espadas, aunque el primer año Domingo Ortega no pudo cumplir el contrato

Toros en Francia

Cuando estalló la Guerra Civil, a la espera de que comenzase la temporada invernal en las plazas americanas, los cosos taurinos del sur de Francia se convirtieron para muchos toreros en la única oportunidad para vestir de luces y obtener algún beneficio económico. Entre las temporadas de 1931 y 1934 se había experimentado en Francia un notable incremento de la actividad taurófila, lo que se concretó en la inauguración de las arenas taurinas de Casteljaloux, Vic-Fezensac, Toulouse y Orán (Argelia)[152]. En 1935, por razones de tipo impositivo, en todas las plazas galas el número de funciones se redujo a trece (el año anterior se habían celebrado treinta y cinco en total). Ese mismo año se clausuraría para siempre el coliseo taurino de Perpiñán.

La geografía francesa se divide en dos grandes áreas taurinas: el suroeste y el sureste. En estas zonas, las corridas de reses bravas son un espectáculo muy popular desde, al menos, la segunda mitad del siglo XIX. Una ley promulgada entre guerras y aún vigente en nuestros días prohíbe la muerte de ganado bravo a estoque en aquellas ciudades francesas en las que se haya perdido la tradición durante varios años consecutivos, tal como sucede en las villas de París, Burdeos, Toulouse, Montpellier, Vichy, Perpiñán y Marsella. Tras la Segunda Guerra Mundial, las plazas de Burdeos-Le Bouscat, Toulouse y Vichy nunca volvieron a abrir sus puertas. El día 20 de junio de 1936, Marcial Lalanda y Luis Gómez, *el Estudiante*, estoquearon reses de Cobaleda en Le Bouscat, plaza localizada en las afueras de Burdeos. Esa tarde, una parte de los asistentes acusó a los toreros españoles de fascistas. El 15 de julio de 1937 hicieron el paseíllo en el mismo ruedo Domingo Ortega, Vicente Barrera y Jaime Noain.

En el verano de 1936, uno de los espadas que más se prodigó en los anfiteatros franceses de Langogne, Marsella, Colliure y Arlés[153] fue Francisco

---

[152] Mazzantini inauguró la plaza de Orán (Argelia) el 25 de mayo de 1890. Actualmente es la única que permanece en pie en un país árabe, aunque los franceses la reconvirtieron en campo de futbito.

[153] La tradición taurina de la villa de Arlés se remonta a 1830, año en que se corrió por primera vez un encierro de reses bravas para conmemorar la toma de Argel. Su plaza de toros es un anfiteatro romano declarado patrimonio mundial por la Unesco.

Royo Turón, *Lagartito* (Belchite, 1902 - Zaragoza, 1966). Francisco Royo había recibido la alternativa en Barcelona el 19 de septiembre de 1926, con Valencia II de padrino y Nicanor Villalta de testigo, frente a toros de Terrones; confirmó la ceremonia ese mismo año en Madrid. Entre sus hazañas más relevantes se encuentra su comparecencia en el Palais des Sports de París los días 16 y 21 de abril de 1936, donde protagonizó sendos simulacros de lidia de ganado. Los días 12, 13 y 14 de julio de 1936 toreó en Lille; le otorgaron los máximos galardones y fue paseado a hombros.

Aquel año, las autoridades francesas habían concedido un permiso especial para programar quince funciones en el parisino Vélodrome d'Hiver, para las que ajustaron a Maravilla y Francisco Royo. Ante los estupefactos aficionados galos, Lagartito ofreció una completa exhibición de las distintas suertes de la tauromaquia frente a un novillo embolado al que no se podía herir. Esa misma temporada, el diestro aragonés recibió en el ruedo de Ceret la cornada más grave de su carrera.

Al igual que la mayoría de sus colegas de oficio, Lagartito, con la llegada de los meses invernales, se trasladó a las plazas de Venezuela y Colombia, países en los que acabó fijando su residencia tras la finalización de la contienda bélica, lo que significa que no participaba de los principios franquistas. Esto no impidió que en junio de 1939 le anunciaron en la Misericordia zaragozana. Torero valeroso, el compositor Juan Navarro Pérez, paisano suyo, le dedicó un pasodoble. Por su parte, De Cossío le definió como «impetuoso, descomedido y rudo como aragonés». Ya retirado se convirtió en banderillero y criador de reses bravas.

Como ya hemos indicado, durante la Guerra Civil, los cosos galos proporcionaron a los espadas españoles la oportunidad de vestir de luces, lo que unido a las excursiones invernales a las plazas americanas les permitía subsistir. Por un lado, las arenas francesas se convirtieron en tierra de promisión para un amplio grupo de estoqueadores españoles, la mayoría de simpatías republicanas, que habían encontrado refugio temporal en las regiones de la Camarga y Provenza (Morenito de Valencia, Manuel

---

De forma ovalada, tiene un aforo de veinticinco mil espectadores. Habitualmente se programan funciones taurinas los días 4 y 6 de julio, y un festejo extraordinario en septiembre.

Martínez, Félix Almagro, Florentino Ballesteros, Lagartito...). Por otro, las principales figuras del escalafón, solidarias con el régimen franquista —especialmente Marcial Lalanda, Domingo Ortega y Manolo Bienvenida—, también acudían con cierta regularidad a muchos de los redondeles del otro lado de los Pirineos; este agosto lo compartían con los criadores de ganado salmantinos (Antonio Pérez-Tabernero, Lamamié de Clairac, Cobaleda, María Montalvo...).

En el mes de mayo de 1936 se abrió la temporada francesa en Burdeos, y a este festejo le siguieron veintiséis más, en Vic-Fezensac[154], Ceret, Allauch, Casteljaloux, Orán, Toulouse, Lille, Langogne, Marsella, Mont-de-Marsan, Colliure, Dax, Bayona, Arlés, Béziers[155], Palavas, Carcassonne, Floirac —cuya plaza se clausuró en 2006—, Orthez, Cabannes, Grasse, Saint-Vincent-de-Tyrosse, Istres, Fréjus, Salin-de-Giraud y Nimes. La clausura de la campaña tuvo lugar el 10 de octubre en Toulouse.

En muchos de estos festejos participaron los espadas franceses Pierre Bresillon Boudin Martín, *Pouly III*[156] (Tarascon, 1899 - Arlés, 1988) y Pierre Saurel. El primero de ellos siguió pisando los ruedos hasta que fue llamado a filas durante la Segunda Guerra Mundial.

El 6 de septiembre de 1936 actuaron en Marsella los republicanos Manolo Martínez y Lagartito. El último repitió paseíllo una semana más tarde junto a Florentino Ballesteros, para estoquear cuatro novillos de Yonet. El 27 de septiembre anunciaron a Antonio Márquez, Cagancho y Domingo Ortega, con un encierro de Lamamié. En 1937 se inauguró la temporada en la plaza marsellesa, en la que Pedro Balañá promovió algunos festejos.

Por su parte, la plaza de toros de Bayona, inaugurada en 1893 y con capacidad para diez mil espectadores, es uno de los principales escenarios taurinos de la República francesa. Su cita más notable tiene lugar el octa-

---

[154] Podemos afirmar que en las arenas de Vic-Fezensac se rinde culto al toro-toro, mientras que en Arlés prima la lidia con criterios más cercanos al ballet taurino. En Vic-Fezensac, el 20 de septiembre de 1936, Lalanda, Ortega y Bienvenida sacaron partido a la mina francesa con reses de Antonio Pérez.

[155] La tradición taurina de Béziers, plaza conocida como la Sevilla francesa, se remonta al mes de julio de 1897, año en que estrenaron el coso Reverte y Algabeño.

[156] Pouly es el alias con el que se anunciaron tres generaciones de toreros franceses. Uno de ellos, Pouly III, se presentó en Madrid en julio de 1920, y confirmó la alternativa en esta plaza dos años después, tras viajar a los ruedos americanos. Posteriormente ejerció de empresario taurino.

vo mes del año. En los primeros días de agosto de 1936 estaba prevista la actuación de Marcial Lalanda, contrata que no pudo cumplir porque no consiguió el visado para traspasar la cordillera pirenaica.

Nimes también tiene una arraigada tradición taurina, y cuenta con el anfiteatro más antiguo de Francia. Las raíces de la lidia en esta ciudad se remontan a 1853, año en que se corrieron reses de la Camarga. Su calendario taurófilo se abre con la feria de Pascua y termina con las corridas septembrinas de la Vendimia. En el verano de 1936, su programación se prolongó hasta el 25 de octubre, día en que intervinieron Barrera y Gallardo, que otorgaron la alternativa a Morenito de Valencia, con toros de la Palissade.

En el verano de 1937, la Guerra Civil se encontraba en su apogeo. Los aficionados a los toros franceses, al tanto de las simpatías políticas de los principales matadores españoles, se dividían entre partidarios de la República y partidarios del general Franco. En aquellos meses acudieron a torear a las plazas francesas Domingo Ortega, Lalanda y el Estudiante, que ocupó el hueco que había dejado en los carteles Manolo Bienvenida. A las arenas galas también acudieron algunos diestros menores afines al Gobierno legalmente constituido: Morenito de Valencia y Lagartito. En ocasiones cerraban las combinaciones la rejoneadora Madame Calais y Pierre Pouly.

Las reses de lidia de las ganaderías españolas que se corrían por aquellos días en los ruedos galos (básicamente salmantinas y andaluzas, que eran las que pastaban en territorio nacional) estaban, en general, mejor presentadas que nunca antes, gracias a que la mayoría de los cosos ibéricos se encontraban clausurados. La única salida que tenían era su exportación al país vecino.

Entre los criadores de ganado bravo autóctono destacaban las ganaderías de Bonnaud y Jalabert (Saint-Martin-de-Crau), Pouly (Arlés), Lescot (la Camarga) y Sol (Tarascon). El primero de estos hierros se corría principalmente en funciones landesas, mientras que las reses de Pouly —de procedencia navarra— y de Lescot se anunciaban en festejos sin picadores. Por su parte, las reses de Sol —de origen camargués y cruzadas con sementales de casta navarra— y de Yonnet se corrían en espectáculos menores.

En el verano de 1938, el número de festejos programados en los anfiteatros franceses descendió a veintidós, mientras que los celebrados en territorio español alcanzaron la cifra de ochenta y dos. El Estudiante y Rafaelillo encabezaron la relación de estoqueadores que más torearon. Los espadas inicialmente afines a la República ya habían desaparecido de los escenarios. Por su parte, la aportación al espectáculo de sus colegas franceses se limitaba a los rejoneadores sureños y a las reses de Bonnaud y Jalabert.

En la temporada de 1939, la actividad taurófila en los ruedos franceses se redujo a once corridas de toros —de las cuales, seis las protagonizó Luis Gómez—. Estas celebraciones se vieron interrumpidas por el estallido de la Segunda Guerra Mundial. Hasta 1945 no hubo más festejos que los que se programaron los días 17 y 18 de mayo de 1941 en las arenas de Lachepaillet para homenajear a las tropas nazis. El recinto taurino lucía innumerables banderas con la cruz gamada de la Feldkommandantur[157], y las dos novilladas se reforzaron con la actuación del rejoneador Juan Belmonte.

En 1946, una vez finalizada la Segunda Guerra Mundial, las autoridades franquistas volvieron a consentir la exportación de ganado de lidia a las plazas francesas, aunque el número de festejos se limitó a nueve en todos los cosos. En el ciclo de 1947 también importaron ganado bravo de origen portugués, lo que posibilitó aumentar a veinte el número de festejos corridos; también contribuyó a esto el hecho de que los empresarios galos podían contar con el concurso de los principales matadores españoles a cachés aceptables.

En las siguientes temporadas, algunas plazas de toros francesas sirvieron para recuperar la dignidad perdida de algunos modestos espadas españoles, entre los que se encontraba el novillero Vicente Jordá Blanco (Madrid, ? - Burdeos, 1958), refugiado en Burdeos. Posteriormente se convirtió en empresario de varios cosos del Mediodía galo, como el de Ceret, Marsella, Burdeos, Orán y Vic-Fezensac, donde todavía se otorga el trofeo Vicente Jordá, Vicefensa, instituido en su honor.

Lisboa, refugio de toreros en invierno

En el verano de 1936, un ferrocarril con servicio de vagón restaurante incluido recorría dos veces a la semana el trayecto que une las ciudades de Sevilla y Huelva con Lisboa. En él viajaron numerosos simpatizantes de los militares españoles golpistas. Al principio de la Guerra Civil, la capital portuguesa sirvió de refugio a un amplio elenco de hacendados españoles,

---

[157] Mando de campaña equivalente a un regimiento y encargado de labores de seguridad en los territorios ocupados.

entre los que estaban las familias de varios «toreros de invierno» y políticos, como Juan Belmonte y Alejandro Lerroux.

Los cafés Abadía y Suizo (el primero, ubicado en la plaza de los Restauradores, frente a la estación del Rossio) eran los lugares más frecuentados por los miembros del mundillo taurino, artistas de habilidades diversas y múltiples prostitutas de origen español. Entre los parroquianos más asiduos destacaban los hermanos Arruza, los hijos de Dominguín y Alejandro Saiz Ortiz, *Ale* (Bilbao, 1891 - Setúbal, 1970), que, casado con una rica mujer lusa, ejercía en Portugal de veedor de toros y estoqueador ocasional. Al matador bilbaíno se le señalaba como uno de los confidentes de las policías portuguesa y franquista en Lisboa, encargadas de coordinar la denuncia y detención de los ciudadanos «rojos» que cruzaran la frontera a partir de octubre de 1936. En esta fecha se rompieron las relaciones diplomáticas entre los Gobiernos de España y Portugal.

En la lisboeta plaza de Campo Pequeno, cuna del toreo a caballo y de los *forcados,* se presentaron los hermanos Dominguín un domingo del verano de 1936. El 12 de abril ya lo habían hecho los retoños de Ignacio Sánchez Mejías y Juan Belmonte. En esa temporada solo se programaron ocho espectáculos taurinos en Portugal, número que aumentó a diez en el ciclo de 1937; la mayoría de ellos se celebraron en la plaza de Lisboa, por la que desfilaron algunos espadas españoles, Ale incluido, que estoqueó dos festejos. Entre los espadas autóctonos que actuaban con mayor regularidad se encontraban los *cavaleiros* Simão da Veiga y João Núncio.

A principios de agosto, João Branco Núncio (Alcácer do Sal, 1901 - Golegã, 1976), Juan Belmonte —que se vio obligado a torear a pie porque su cuadra de jacos no llegó a tiempo— y Ale protagonizaron un festival a beneficio de la Casa de Caridad de Lisboa. Esa tarde resultaron cogidos el espada trianero al instrumentar el tercer pase y Alejandro Saiz cuando intentaba banderillear al quiebro.

Entre los meses de abril y octubre de 1938 se jugaron once funciones de toros en el principal recinto lisboeta y dos más en los de Oporto y Torres Novas. En estos festejos se contó con el concurso de varios astros españoles (Amorós, Barrera, el Estudiante, Manolo Bienvenida...), rejoneadores lusos (Núncio, Simão da Veiga y José Casimiro), el espada local João Salgueiro y el mexicano Paco Gorráez.

Los festejos programados en la temporada de 1939 descendieron a seis, a pesar de que el número de recintos se amplió a las ciudades de Vila

Franca de Xira y Santarém. Una vez más intervino Núncio, y también torearon Carnicerito de México, Armillita Chico, Silverio Pérez, Amorós y Domínguez.

Exilio taurino en las plazas americanas

Cuando de manera inesperada en el verano de 1936 se ralentizó la actividad taurómaca en las plazas de toros españolas ya se habían celebrado ciento una corridas de toros y novillos en los cosos ibéricos, la mayoría con la participación de las dos principales figuras del escalafón: Domingo Ortega (cuarenta y cinco festejos) y Bienvenida (veintinueve). Entre el 18 de julio y el mes de octubre solo se programaron otras veinticinco corridas: veinte en las plazas republicanas y cinco en las situadas bajo jurisdicción franquista. En el capítulo de festivales de características patrióticas se promovieron diecisiete funciones en las metrópolis constitucionales y únicamente once en las sublevadas. Al finalizar el primer verano sangriento, la mayoría de los matadores de toros decidieron prolongar el ejercicio de su profesión en los ruedos de Venezuela, Colombia[158], Perú[159], Uruguay[160] y Ecuador.

---

[158] Bogotá, capital colombiana, celebraba su feria grande con cuatro festejos en la plaza de Santa María, de manera que los éxitos que en ella se cosechaban repercutían positivamente para conseguir nuevas contratas en los recintos provinciales de Medellín, Manizales, Palmira, Armenia… Las principales ganaderías de reses bravas autóctonas eran las de Mondoñedo, Venecia, Vistahermosa (Francisco García), Benjamín Rocha y Clara Sierra.

[159] La tradición taurina de Perú suma más de cinco siglos de antigüedad. Su abono principal se celebra en los meses de octubre, noviembre y diciembre. Lima llegó a contar con dos escenarios taurinos. Durante los años de la guerra civil española, las principales ganaderías autóctonas eran las de La Viña, Fernandini y Salamanca.

[160] La plaza de Montevideo fue el primer escenario taurino de este país. Las referencias sobre las corridas de toros en Uruguay se remontan a 1761, año en que se promovieron tres festejos coincidiendo con la proclamación de Carlos III como rey de España. En febrero de 1885 se inauguró la plaza de la Villa de la Unión tras el uso de varios escenarios provisionales, entre los que destacaba uno con capacidad para doce mil espectadores en el que tres años más tarde resultó corneado de muerte Joaquín Sanz, *Punteret*. Tras numerosas controversias, prohibiciones y autorizaciones para practicar la lidia, a principios de 1910 se inauguró un nuevo teatro taurino en la plaza de la Colonia de Sacramento.

En 1937 se programaron funciones taurinas en las plazas ecuatorianas de Quito, Guayaquil, Riobamba, Cuenca, Otavalo, Cayambe, Ibarra, Tulcán, Latacunga, Ambato y Guaranda. y en las bolivianas de La Paz y Oruro (Félix Rodríguez y Corrochano). Las actuaciones de los toreros españoles en Bolivia fueron escasas; solo Manuel Martínez consiguió presentarse en el coso capitalino en el invierno de 1937.

Por lo que respecta a Colombia, en el invierno de 1936-1937, Juanita Cruz, Cagancho y De la Serna fueron escriturados para pasaportar las ferias invernales de Bogotá, Medellín, Manizales, Cali, Cartagena, Palmira, Barranquilla y Armenia. En febrero de 1937 acudieron al redondel de Palmira Chiquito de Begoña, Manolo Martínez y Morenito de Valencia. Con la llegada de los meses veraniegos se amplió la contratación de espadas con Carnicerito de México y el colombiano Rubito de Sevilla. La ganadería colombiana de Vélez Daníes y la peruana de La Viña (que pastaba al norte del país, cerca de Trujillo) eran las que con mayor frecuencia se corrían en Cartagena de Indias.

A finales de 1937 y principios de 1938 se escrituró a Gregorio Corrochano para participar en el festejo conmemorativo del cuarto centenario de la fundación de Cali. Unas semanas después, y con reses ecuatorianas de El Pedregal, compareció Félix Rodríguez en un festejo que presidió el poeta Guillermo Valencia. Tras el estreno de Rafael García, *Caleñito,* una nueva celebración taurófila sirvió para presentar a Manuel Rengifo, *Manolete,* torero caleño, y Miguel López, primer espada colombiano de alternativa. En los primeros meses de 1938 acudieron a las plazas de este país Domingo Ortega, Jaime Noain, Gregorio Corrochano, Morenito de Valencia y Enriqueta Palmeño. También viajó para torear en Colombia Lagartito.

La principal ciudad venezolana, Caracas, contaba con dos escenarios taurinos: el Metropolitano y el Nuevo Circo, cada uno con su correspondiente programación taurófila, a veces coincidente en día y hora. Terminado el periodo invernal de corridas secundarias de 1936, comenzaron las obras de modernización del Nuevo Circo antes de que llegasen las fechas del abono principal. Esta programación la promovía el empresario caraqueño Modesto Ayza —quien contaba con la colaboración del veedor Chicorro, antiguo picador español—; en esta feria se corrió por primera vez en Venezuela ganado de raza española[161]. Con este objeto se dispuso una

---

[161] Conde de la Corte, José María Galache, Manuel Angoso, Manuel Arranz y Bernaldo de Quirós.

nueva reglamentación copiada literalmente de la que regía en las corridas españolas. Y a la ciudad caraqueña llegó un grupo de lidiadores peninsulares (Cagancho, Domínguez, Curro Caro, Pepe Gallardo, Corrochano, Chiquito de la Audiencia, Carnicerito de Málaga y Juanita Cruz) a los que se unieron los locales Julio Mendoza y Sananes.

La temporada principal se abrió el primer domingo de noviembre de 1937. En diciembre se inauguró el curso en Maracay. El empresario criollo aprovechó la tardía llegada de Victoriano de la Serna, a finales de año, para programar dos funciones extraordinarias. También Juanita Cruz obtuvo un gran triunfo la tarde de su presentación. Al Niño de la Palma y a Carnicerito de Málaga los anunciaron en mayo en el Nuevo Circo bajo la responsabilidad de un empresario distinto, Mauricio Capriles Power. En junio llegó Manolo Martínez, que contaba en su cuadrilla con el exestoqueador Joselito Martín. En agosto, la mayoría de los espadas españoles, incluido Chiquito de la Audiencia, continuaba en Caracas participando en festivales a la espera de la nueva campaña taurina.

En los últimos meses de 1938 arrancó la clásica temporada americana bajo los auspicios de Eduardo Pagés, quien había aterrizado en Caracas acompañado de una selecta cuadra de estoqueadores: Jaime Noain, Félix Rodríguez II, Morenito de Valencia y Domingo Ortega. El diestro de Borox, maestro de atracción estelar, actuó en siete festejos consecutivos en el principal coso capitalino. En la mayoría, no tuvo éxito; en la quinta corrida del abono presenció cómo retornaba vivo a los corrales uno de sus oponentes, de la divisa peruana de La Viña (propiedad de Víctor Montero, con quien Pagés se había comprometido a que Ortega estoquease la totalidad de la camada), lo que hizo que los espectadores dejasen de acudir al recinto. También fue escasa la afluencia la séptima tarde, en la que el toledano se encerró con seis reses en solitario y percibió un único apéndice.

Carnicerito de Málaga y el Niño de la Palma, que residían en Venezuela desde un año antes, ensancharon su radio de acción a Maracay, Lima (Cristo de los Milagros), Cali, Bogotá, Cartagena de Indias…

En el curso invernal de 1938-1939, las funciones continuaban en Caracas con la participación de algunos toreros afines a la República: Lagartito, Morenito de Valencia y Enriqueta Palmeño, que inauguró el ciclo. En febrero, Fernando Gago Suárez recibió la alternativa en el Nuevo Circo, aunque unos años después se reconvertiría en banderillero. En marzo reapareció Juanita Cruz y volvieron a anunciar a Enriqueta Palmeño. Esa temporada todavía aparecían en las combinaciones primaverales Lagartito, Morenito de Valencia, Cayetano Palomino y el Niño de la Palma.

En 1940, una vez finalizada la Guerra Civil, Andrés Gago Suárez, exnovillero y exbanderillero reconvertido en empresario, retornó a tierras venezolanas a bordo del vapor italiano Fella, acompañado de treinta toros-toros de las principales ganaderías españolas (Eduardo Miura, Santa Coloma, Marqués de Villamarta, Surga y Felipe Bartolomé) y de varias cuadrillas de estoqueadores (Joselito Sánchez Mejías, Pepe Gallardo, Cagancho, Chicuelo, Maravilla y Pericás), todos ellos contratados para participar en los abonos de Caracas y Valencia. Sánchez Mejías aprovechó la ocasión para recibir la alternativa. Por su parte, Gago recuperó la brillantez perdida en los años anteriores con la promoción de los trofeos la Oreja de Oro y la Medalla de Oro. En marzo, el empresario programó un festival a favor del veteranísimo Chiquito de Begoña, que seguía vistiendo de luces ocasionalmente[162].

En realidad, durante los casi tres años que duró el enfrentamiento armado, la mayoría de los matadores de toros del escalafón, salvo algunas excepciones, no tuvieron más remedio que viajar a las plazas francesas, portuguesas y, sobre todo, de allende los mares para conseguir vestirse de luces. Sus fortunas, en general, estaban muy diezmadas, y era la única forma de conseguir algún dinero.

---

[162] El veterano matador Rufino San Vicente (Bilbao, 1880 - Medellín, 1963) falleció en Medellín (Colombia) el 23 de septiembre de 1963. En el invierno de 1937 aún mostraba sus conocimientos en algunas plazas americanas.

Capítulo VI

Plazas nacionales, espadas falangistas

¡Como para no levantar el brazo…![163]

---
[163] Fotografía de Serrano. Fototeca del Ayuntamiento de Sevilla.

Sevilla, cortijo particular del Algabeño y de Queipo de Llano

José García Carranza, *el Algabeño* (Algaba, 1902 - Córdoba, 1936), es un personaje esencial para comprender el papel que jugaron los profesionales taurinos a quienes el estallido sorprendió en territorio nacional. La mayoría se sumó al pronunciamiento castrense sin fisuras. El Algabeño era hijo de un estoqueador del mismo apodo y sobrino del también espada Pedro Carranza.

El historial de este siniestro estoqueador comienza con su temprana integración en una columna de guardias cívicos andaluces que dirigía el capitán africanista Manuel Díaz Criado. A este militar, entre otras hazañas, se le atribuye el asesinato de cuatro obreros comunistas en el sevillano parque de María Luisa la madrugada del 22 al 23 de julio de 1931, en libre aplicación de la Ley de Fugas; en este atentado también participó el Algabeño. En represalia por ese execrable crimen, las formaciones políticas más radicales juraron vengarse del militar y del torero. Una de las consecuencias se concretó años después en una violenta algarada, aparentemente espontánea, de resultas de la cual fue asaltada la hacienda campestre del matador de toros. En el cortijo El Alamillo, sito en el pueblo de La Algaba, ardieron al mismo tiempo dos almiares de paja que distaban cien metros. «Se ha comprobado que el fuego ha sido intencionado, desconociéndose a los autores, sin que se pudiera identificar a los asaltantes», recogía *La Vanguardia* del 9 de septiembre de 1934.

Personaje de ideas políticas extremas, el Algabeño ya había sido encarcelado el 13 de agosto de 1932 por insultar al alcalde y a varios concejales de izquierdas del Ayuntamiento de Sevilla, coincidiendo con el golpe de estado de Sanjurjo.

Antonio Bahamonde, colaborador de Queipo de Llano durante los primeros días del levantamiento armado y delegado de Propaganda del Ejército sublevado, describió algunos de los episodios de mayor crueldad protagonizados por José García. Al parecer, el diestro de Algaba se encontraba entre los organizadores de la voladura de un grupo de mineros onubenses a los que ataron cartuchos de dinamita alrededor del cuerpo. Según parece, fue el propio estoqueador quien prendió la mecha tras exclamar «con estos no tenemos que gastar municiones». Como la explosión solo acabó con la vida de tres proletarios, volvió a repetir la «faena» hasta acabar con todos ellos[164].

En los primeros momentos de la sedición castrense se le culpó de asesinar a dos personas y de herir de gravedad a varias más tras disparar de manera indiscriminada contra una partida de indefensos presos republicanos a quienes estaban trasladando desde un improvisado barco-prisión, anteriormente sala variedades, anclado en las orillas del Guadalquivir. Según Bahamonde, al torero le encantaba relatar personalmente a Queipo de Llano las hazañas que protagonizaba.

Según parece, en los años anteriores a la Guerra Civil, José García ejercía de confidente policial, lo cual le habría colocado en el punto de mira de los grupos anarquistas, quienes pusieron precio a su vida. Tuvieron que esperar a que le anunciasen en la plaza de Málaga el domingo 11 de marzo de 1934 (con Marcial Lalanda, Victoriano de la Serna y el Estudiante), en una tarde en la que convocó a una escasa media entrada de aficionados un año después de su reaparición, pues sin que nadie lo esperase se había cortado la coleta tras finalizar la campaña de 1929. El entonces rejoneador —en su primera etapa había toreado a pie— llegó a la capital de la Costa del Sol acompañado de su hermano Pedro Luis, su esposa y el mozo de espadas Amalio Cabeza, que encontraron acomodo en el hotel Caleta Palace. Ante el clima de exaltación revolucionaria que se respiraba en la ciudad, y previendo que se pudiera producir algún incidente grave, las calles amanecieron tomadas por los guardias de asalto, los cuales protegieron al Algabeño desde que abandonó la Malagueta a través del paseo de Reding. Cuando la comitiva descendía del coche ya en los jardines del hotel, varios pistoleros libertarios —Antonio Raya Díez, *el Raya*, Manuel García Falco, *el Alemán*, y el chófer Antonio García Álvarez— descargaron a quemarropa sus revólveres contra el torero y sus acompañantes. Los auxiliaron un empleado y varios clientes del establecimiento, y comprobaron que el Algabeño presentaba varios balazos en el hombro y la espalda y que su hermano estaba gravemente herido.

La policía entendió que el atentado estaba relacionado con las querellas que el antiguo matador de toros mantenía con los movimientos de izquier-

---

[164] Antonio Bahamonde: *Un año con Queipo de Llano (Memorias de un nacionalista)*. Sevilla: Renacimiento, 2005. Colección Espuela de Plata.

das desde hacía varios años. Unos días después, el propio rejoneador hizo unas declaraciones al semanario *Fiesta Brava* en las que afirmaba:

> ... que no habiendo hecho mal a nadie, no sé por qué se me tiene este odio. Juro ante Dios, como católico, y ante España, como español, que soy inocente de lo que se me acusa. Jamás me mezclé en política y en asuntos sociales, y en el fondo tanto cuando estuve preso en Sevilla, como hasta ahora, que me hallo atravesado por dos balazos, hay mala fe o un error que me espanta. Díganlo porque es justo. Como buen católico y como buen español, juro que soy inocente[165].

Transcurridos unos días, el partido político Acción Popular (posteriormente integrado en la CEDA) y, sobre todo, el diputado Ángel Fernández Ruano protestaron en el Congreso de los Diputados por el intento de asesinato del torero sevillano a través de una pregunta parlamentaria dirigida al ministro de Gobernación Miguel Maura.

Con estos antecedentes estaba clara la postura que José García adoptaría el 18 de julio. Desde el primer momento se puso al frente de un escuadrón de señoritos caballistas voluntarios, conocidos como la Policía Montada de Andalucía, a las órdenes del general Queipo de Llano con el objetivo de «limpiar de rojos» el campo andaluz. A esta columna cívico-militar, promovida desde el Círculo de Labradores y la Unión Comercial[166], se sumaron los hijos de una parte significativa de la aristocracia ganadera y agrícola andaluza, entre los que se encontraban, siempre según Bahamonde, «uno de los niños de Domecq», los banderilleros y varilargueros del Algabeño, su hermano Álvaro y otros espadas menores. Juan Soto Viñolo identificó las tareas específicas de las que se encargaba este grupo represor: «En seis meses, la Policía Montada del Algabeño se hace acreedora de cacerías humanas a través del campo, a veces a tiros, a veces acosándolos y derribándolos con la garrocha»[167].

---

[165] *Fiesta Brava*, 16 de marzo de 1934.
[166] Bajo los auspicios de esta institución patronal se constituyó uno de los principales grupos paramilitares de Andalucía, también llamado Guardia Cívica, promovido, entre otros, por los ganaderos Javier Parladé, Tomás Murube y el Algabeño.
[167] Juan Soto Viñolo: *Manolete. La vida y los amores de un torero de leyenda.* Madrid: La Esfera de los Libros, 2007.

El propio general castellano Queipo de Llano registró en sus memorias, sin el mínimo rubor, el sistema organizativo que seguían estas columnas asesinas:

> En aquellos primeros días se organizaron dos escuadrones de caballería voluntaria, en los que figuraron hombres de la aristocracia sevillana y cordobesa, muchos de ellos acompañados por un criado montado, como los caballeros de la Edad Media. Aportaban con sus caballos y servidores, equipos, con un entusiasmo extraordinario, buen armamento y buena puntería[168].

Estos grupos cívico-militares, financiados por los latifundistas sureños, vestían el uniforme campero, en el que se incluía el típico sombrero cordobés, una pistola al cinto y la escopeta de caza al hombro. El Algabeño pertenecía a la partida del capitán de corbeta retirado Ramón de Carranza Gómez de Pablo, marqués de Sotohermoso y primer alcalde franquista de Sevilla. Posteriormente se incorporó al escuadrón del comandante Alfredo Erquicia Aranda, que formaba parte del Estado Mayor del general José Enrique Valera, con quien se desplazó al norte de Córdoba, donde ejercía de enlace con el mando castrense del ejército del sur. En la toma de la localidad de Manzanilla (Huelva), el Algabeño apareció acompañado del comandante Castejón, marqués de Nervión.

El escritor Francisco Moreno Gómez, tomando prestado el testimonio oral de un soldado nacional, recordó algunas de las actuaciones del torero más afín a la causa facciosa: «A Algabeño y a Cañero los he visto yo tirotear con fusiles de montería a los presos de la cárcel de Antequera, donde yo estaba de guardia… Cuando íbamos con la columna para Antequera y aparecía la aviación republicana, Algabeño dejaba el caballo solo y corría el primero a la alcantarilla más próxima. Después, salía gritando "¡Viva España!"»[169].

José García se movía como pez en el agua entre las partidas paramilitares encargadas de reprimir a la población civil en los pueblos conquistados

---

[168] Jorge Fernández-Coppel: *Queipo de Llano. Memorias de la Guerra Civil*. Madrid: La Esfera de los Libros, 2008.
[169] Francisco Moreno Gómez: *1936: el genocidio franquista en Córdoba*. Barcelona: Crítica, 2008.

por las tropas nacionales. Su *troupe* de ciudadanos armados no actuaba de manera arbitraria, y contaba con un alto grado de autonomía operativa y la legitimación implícita que le otorgaba la máxima autoridad queipista. El Algabeño, en conjunción con los militantes falangistas, se transformó en el prototipo del «terror blanco».

El 30 de diciembre de 1936, mientras participaba en una escaramuza bélica en el cerro de San Cristóbal de la localidad cordobesa de Lopera, en las cercanías del cortijo Medina y las inmediaciones de la carretera de Madrid, el Algabeño resultó herido. Por fin, tras ser sometido a una operación en el Hospital de la Cruz Roja de Córdoba, falleció a consecuencia de una grave herida en el abdomen. Su cadáver fue objeto de un apoteósico recibimiento en Sevilla. Queipo de Llano le colocó sobre el féretro la medalla al Mérito Militar Individual, que le otorgó el general Franco, quien a su vez le nombró teniente honorario del arma de caballería a título póstumo[170].

La desaparición del torero fue debidamente mitificada por algunos de los principales escribas del régimen, entre los que se encontraba Pedro Laín Entralgo, quien le dedicó una sentida elegía en la que le tildaba de «torero romántico de leyenda». Por su parte, el poeta vallisoletano Nicomedes Sanz Ruiz de la Peña le ofrendó un patriótico romance:

> Al lado del general
> iba Pepe el Algabeño,
> dando a la lucha prestancia
> de valor noble y sereno,
> sin euforia de contornos
> ni aire de jaque flamenco,
> viendo poblarse las calles
> de golpes rudos y secos
> y de metralla que funde
> defensas y parapetos.
> Caminos de reconquista
> para su paso abrieron
> y desde la lucha urbana
> fue al combate en campo abierto,
> donde se ensanchan las voces

---

[170] *BOE*, Burgos, 30 de enero de 1937.

>y no halla topes el eco,
>para que tengan los tiros
>vigor y blanco perfecto.
>Los árboles, como picas,
>quieren salir a su encuentro
>y entregarle en propia mano
>un rejón bordado y nuevo
>para que adorne su punta,
>limpia, con lirios bermejos.

Pepe Algabeño, que dejó un hijo póstumo, fue enterrado con el máximo honor militar en su localidad natal. Néstor Lujan le dedicó un perfil excesivamente compasivo: «En su vida particular fue todo un caballero, de prestancia novelesca y gran éxito social. Murió en un acto de servicio, cuando se incorporó al ejército, durante nuestra Guerra Civil»[171].

Por su parte, José María de Cossío descubrió en su enciclopedia taurina el ángulo más oculto de la peculiar personalidad del Algabeño:

> ... afortunado hasta lo legendario con las mujeres. Gustaba los ambientes más aristocráticos y selectos, y en ello se desenvolvía con desenvoltura. El anecdotario, probablemente apócrifo en Pepe-Hillo, de sus amoríos con grandes damas se reproduce en Pepe Algabeño auténticamente, y él une a su suerte una discreción y caballerosidad que le granjea el afecto de todos.

José García había estudiado en el colegio de los escolapios, y llegó a acceder a la Universidad de Sevilla, donde solo completó los tres primeros cursos de la carrera de Derecho.

Otro peón taurino de gran responsabilidad política en el apoyo a la trama civil sevillana, desde antes de la asonada castrense del 18 de julio, fue el antiguo rehiletero del sevillano barrio de Triana Joaquín Miranda González (1894-1960), responsable de las milicias falangistas andaluzas.

---

[171] Néstor Lujan: *Historia del toreo*. Barcelona: Destino, 1993.

Miranda había bregado a las órdenes de Manuel García, *Maera,* Pepe Algabeño y Marcial Lalanda, entre otros matadores; en la cuadrilla de este último cubrió el puesto que había dejado vacante un banderillero despedido por posicionarse a favor de una reivindicación sindical. En 1924, ya retirado de los ruedos, se hizo cargo de la dirección de una fábrica de materiales de construcción propiedad de la familia de su esposa. En 1931, esta actividad le permitió acceder a la presidencia de la patronal sevillana de la construcción. Ese mismo año se constituyó la Federación Económica de Andalucía, de la que resultó elegido vocal. En ambos puestos soportaba una gran presión debido a la conflictividad social que reinaba en esos días, de manera que sin buscarlo acabó metido en el mundo de la política.

José María de Cossío resumió con precisión la biografía política del exbanderillero en su vasta enciclopedia sobre la historia del toreo:

> Por don Sancho Dávila, representante en Sevilla de José Antonio Primo de Rivera, fue visitado en su domicilio, nombrándole organizador de la «Juventud Obrera Nacional Sindicalista». Y organizada esta, fue nombrado «triunviro» de Andalucía, en unión de don José María Bueno Cañada y don Martín Ruiz Arenedo. Más adelante, instituidos los mandos únicos en la organización de las JONS, fue nombrado jefe provincial del Movimiento en Sevilla. Ocupando ya este importante cargo fue detenido, y en la cárcel estaba cuando el 18 de julio de 1936 se inició el glorioso movimiento nacional, del que era elemento principalísimo. Liberada la ciudad por el general Queipo de Llano, este le ofreció la alcaldía de Sevilla, no aceptando tan halagüeño cargo por creer prestaba mejores servicios siguiendo en el desempeño de la jefatura provincial del Movimiento. Ante estas razones, el general le dio orden de organizar las milicias de Sevilla, ampliando sus atribuciones no solo a la provincia, sino a determinado territorio que comprendía gran parte de Andalucía. Desplegó en estos momentos una gran actividad y una gran capacidad, quedando tan satisfechos de su labor los altos mandos que fue llamado por el generalísimo Franco a Salamanca, en el mes de marzo siguiente, y nombrado vocal del Secretariado

> Político, como organismo preparatorio de la unificación de partidos. Más tarde fue secretario general del Movimiento, cargo en el que sustituyó a Raimundo Fernández Cuesta. Formó y forma parte del primer Consejo Nacional, y del actual. En marzo de 1938 fue nombrado gobernador civil de Huelva, y en octubre del mismo año, jefe provincial del Movimiento en la misma provincia, cargos que, con el de inspector nacional del Movimiento, desempeña cuando se escriben estas líneas.

Miranda es el único profesional del toreo que aparece en las páginas del *Cossío* ataviado con la camisa azul falangista. El exrehiletero estaba encarcelado desde un año antes del levantamiento militar por su implicación en el asesinato de un militante comunista a manos de un grupo de falangistas, organización que Miranda presidía.

Queipo de Llano pensó en nombrarle alcalde de Sevilla a pesar de su evidente tosquedad y nula formación intelectual, tal como reconocía en sus memorias: «Es lástima que las buenas condiciones que le elogiaban no estuvieran avaladas por una cultura un poco superior a la rudimentaria que tenía, que le hacía emplear palabras inadecuadas y plebeyas en las que frecuentemente cambiaba los acentos como suelen hacer los hombres de las más bajas capas sociales».

Otro cómplice en la represión de ciudadanos partidarios de la Segunda República, según recoge Edmundo Barbero en *El infierno azul*, fue el antiguo estoqueador José Carmona García, *Gordito Hijo* (Sevilla, 1883-1951), copartícipe de las correrías criminales de Manuel Díaz Criado.

Por su parte, Emilio Torres Reina, *Bombita* (Sevilla, 1874-1947), también colaboró entusiásticamente con el Estado Mayor de Queipo de Llano a través de Francisco Armero, tercer marqués de Nervión y primer vizconde de Bernuy, a su vez presidente de la Real Maestranza de Caballería. Bombita era propietario de la finca agrícola Tilly, situada en las cercanías de Valencina del Alcor. El 24 de julio de 1936 sirvió de guía a la columna militar del comandante Antonio Castejón Espinosa, a quien condujo hasta el Aljarafe sevillano para que liberara sus posesiones y a quien, según Juan Ortiz Villalba, desvió del trayecto que le había señalado el Estado Mayor, probablemente por intereses personales[172]. Al parecer, con posterioridad colaboró en la represión de los prisioneros republicanos.

Al principio de la guerra, los destructores republicanos mantuvieron alejados de las costas andaluzas a los buques rebeldes que pretendían cruzar el estrecho de Gibraltar en dirección a Sevilla, cargados con tropas africanistas y todo tipo de pertrechos militares. En aquellas jornadas, el exnovillero y marino vasco Zacarías Lecumberri Sagastume (Busturia, 1887 - costas africanas, 1960) se alineó del lado de los militares golpistas radicados en la capital sevillana, donde le había sorprendido el levantamiento. Capitán de la Marina mercante y propietario de un viejo carguero, colaboró activamente con el magnate Juan March, con quien mantenía una excelente relación empresarial y personal gracias a los fletes que le concedía. El contrabandista mallorquín, a quien se acusaba de financiar el golpe militar, le encargó el transporte de material bélico y unidades de combate legionarias y moras desde el norte de África al puerto de Sevilla.

El vapor Teresa, de mil trescientas toneladas de carga, fue el único capaz de burlar el cerco de los navíos republicanos. Enarbolando la bandera roja y gualda en lo más alto de su palo mayor completó la travesía que separaba los puertos de Melilla y Sevilla con cuatro banderas de tropas legionarias y tambores regulares. Ya en septiembre, los cruceros nacionales Canarias y Almirante Cervera desbloquearon el estrecho de Gibraltar tras hundir el destructor republicano Almirante Ferrándiz y provocar la huida a Casablanca del destructor Gravina.

En concordancia con su apoyo al Ejército franquista, los primeros días de noviembre de 1937 Lecumberri promovió un festival patriótico a beneficio de la Cruz Roja en un redondel provisional levantado en los terrenos de la hípica de Melilla. En esa celebración tomaron parte algunos conocidos personajes de la aristocracia andaluza. Carlos Pickman, Julián Cañedo[173], Mariano Mauri, Juan Belmonte y el propio Lecumberri despa-

---

[172] Juan Ortiz Villalba: *Del golpe militar a la Guerra Civil. Sevilla 1936*. Sevilla: RD Editores, 2006.

[173] Julián Cañedo Longoria (Oviedo, 1888 - Gijón, 1966), miembro de la alta sociedad sevillana, ciudad en la que residía, ejerció de estoqueador aficionado en numerosos festejos. Los últimos años, en diversas plazas franquistas, incluida la de El Escorial. Amigo de Juan Belmonte, este le propuso convertirse en torero profesional. También fue escritor —especializado en temática taurina—, pintor y escultor.

charon los novillos que generosamente habían regalado los ganaderos José Anastasio Martín e Idelfonso Marañón.

Como reconocimiento a la cooperación de Zacarías con la causa franquista, Queipo de Llano le concedió en 1939 la Medalla Militar de Servicios a la Patria. En 1955 le reiteraron este agradecimiento con la imposición de la Medalla al Mérito en el Trabajo por parte del teniente general García Valiño, alto comisario de España en Marruecos. La ceremonia tuvo lugar a bordo del vapor del exnovillero, que se encontraba fondeado en el puerto de Ceuta.

En los primeros días de julio de 1936, un grupo de desheredados de la fortuna se internó en un cortijo sevillano, estoquearon un toro de casta y lo convirtieron en filetes que repartieron entre un centenar de vecinos de la vega del Guadalquivir, que pasaban un hambre inhumana agravada por las inundaciones que había sufrido la zona el último invierno. Solo unos cuantos días después, cuando estalló la Guerra Civil, los hambrientos proletarios abrieron la «caza» de criadores de reses bravas en la comarca sevillana del Arahal, localidad en la que el 22 de julio asesinaron a Teresa Zayas —de cincuenta y un años, viuda del ganadero y anterior alcalde del pueblo Romualdo Arias de Reina Jiménez— junto a varios familiares más.

Seis días más tarde fueron fusilados los aviadores Sebastián Recasens y Tomás Murube Turmo (hermano del ganadero Joaquín Murube), socios ambos del aeroclub y del Círculo de Labradores sevillano. Ese día, cuando los dos aristócratas sobrevolaban el nudo de comunicaciones de La Roda de Andalucía (Sevilla) a bordo de una avioneta Havilland DH-60, la puntería de un tirador miliciano los obligó a realizar un aterrizaje forzoso. Tan pronto como descendieron del aeroplano fueron pasados por las armas. Según uno de sus panegiristas, murieron abrazados y gritando ¡viva España! El 29 de julio, sus cadáveres recibieron los máximos honores castrenses y la Medalla Militar Individual, que personalmente les impuso Queipo de Llano.

En similares circunstancias, pero en fecha indeterminada y lugar desconocido, le quitaron la vida al criador de reses bravas de Villanueva del Arzobispo (Jaén) Emilio Bueno Bueno. Su manada quedó tan deteriorada que resultó imposible su posterior recuperación.

A las diez y media de la noche del sábado 18 de julio de 1936 estaba previsto en la plaza de toros de Sevilla, dirigida por Eduardo Pagés, un «monumental espectáculo nocturno» con la participación de la banda de músicos juveniles Los Califas y la actuación del niño Paz Domínguez. Por desgracia, horas antes, Queipo de Llano había convertido la ciudad de Sevilla en su cortijo particular y a sus habitantes en deudores de sus vidas y haciendas. Desde los primeros momentos, el general contó con el apoyo incondicional de José García, *el Algabeño,* quien le prometió la adhesión de alrededor de tres mil quinientos falangistas sevillanos. Paulatinamente, numerosos miembros de la alta sociedad andaluza se fueron sumando a este movimiento faccioso.

Sin los medios económicos necesarios para financiar el golpe castrense, el militar castellano se dedicó a recolectar el dinero que necesitaba entre las clases más pudientes que quedaban bajo su jurisdicción. Entre los donativos que recibió, que a diario aparecían relacionados en las páginas de *ABC,* estaban las joyas entregadas por la viuda del ganadero Félix de Urcola; la señora no deseaba correr la misma suerte que Francisco Javier Sánchez-Dalp y Marañón, a quien habían purgado y afeitado la cabeza por considerar que su colaboración pecuniaria con la causa facciosa era insuficiente —a pesar de que sus hermanos Javier y Manuel pertenecían a la columna cívica que asaltó la localidad de Aracena, entre otras—.

En los primeros meses de guerra, el hotel Majestic —posteriormente rebautizado con el nombre de Colón— acogió en sus habitaciones a numerosos militares españoles, italianos y alemanes, además de a los familiares de un nutrido grupo de criadores de reses bravas. Allí se alojaba la familia del Algabeño, que había huido de la inseguridad que imperaba en los confines de su cortijo, situado en territorio controlado por los milicianos.

Las cancelas de la Real Maestranza de Caballería permanecían clausuradas a cal y canto. Por lo bajini se rumoreaba que una conspiración libertaria intentaba convertir en cenizas el máximo exponente del señoritismo sevillano. Lo único seguro es que en los primeros días de agosto de 1936 sus instalaciones sirvieron de paredón para la ejecución de numerosos partidarios de la República, de acuerdo con el testimonio de Antonio Bahamonde:

> En la plaza de toros se agolpaban en el redondel los detenidos, custodiados por falangistas que se situaban en las barreras. No se les permitía sentarse en los tendidos. En pleno mes de agosto, por ser insuficiente la parte en que daba la sombra, tenían que aguantar los rayos del sol sobre sus cabezas [...]

Un día, enloquecidos, protestaron violentamente por aquel trato inhumano. La protesta fue acallada por el tableteo de las ametralladoras. Cuando cesó, yacían en el suelo más de cincuenta personas. Retiraron a los heridos al patio de caballos, rematándolos. Se dio orden a los heridos de amontonar los cadáveres contra un burladero permaneciendo allí hasta la mañana siguiente, en que los camiones destinados a ese fin fueron a recogerlos. Los detenidos que quedaron, después de ocurrir este hecho, fueron trasladados aquel mismo día a la cárcel de Jesús del Gran Poder[174].

En el cementerio sevillano de San Fernando, a la izquierda del acceso principal (justo al lado del mausoleo que perpetúa la memoria de Joselito, entre la tapia y el paseo central), se encuentra una de las fosas comunes a las que arrojaron los cuerpos de las numerosas personas de izquierdas ajusticiadas en la Maestranza.

Corrida de la Raza

La actividad taurina decaía en los cosos republicanas al mismo ritmo que se incrementaban los festejos programados en la Real Maestranza de Caballería. La primera función nacionalista, prevista para el 12 de octubre con la excusa de conmemorar la Fiesta de la Raza, se pospuso seis días a consecuencia de un temporal de lluvia. Así, el 18 de octubre de 1936, Queipo de Llano promovió la primera corrida de toros con el objetivo de recaudar fondos para la guerra.

El festejo contó con la colaboración de algunos de los representantes del toreo más afines al Movimiento Nacional (Algabeño, Cañero, Manolo Bienvenida, De la Serna…) y otros, como Belmonte y Ortega, que tenían un cierto tirón popular. También participaron los novilleros Reyes y Pascual Márquez. Se pasaportaron reses de Villamarta, Belmonte, Murube, Miura, Carmen de Federico, Concha y Sierra, Pablo Romero y Arias de la Reina, regaladas por sus criadores respectivos.

---

[174] *Op. cit.*

En este festival a beneficio del Ejército golpista obligaron a reaparecer a Juan Belmonte —a pesar de que estaba recuperándose de una caída de un garañón—, de cuya correspondencia política se dudaba. A partir de este festejo (en el que el Pasmo de Triana fue premiado con dos apéndices y un rabo), las relaciones del espada trianero con el nuevo poder emergente se tornaron más cordiales.

Primera corrida en Sevilla tras el estallido de la Guerra Civil. Reapareció a pie Juan Belmonte, que contó con la colaboración de Domingo Ortega, Victoriano de la Serna, Pascual Márquez, Diego de los Reyes, Venturita y Manolo Bienvenida[175]

El precio de los boletos se fijó en siete pesetas los soleados y en quince los de sombra. En todos los casos, el boleto daba derecho a participar en el sorteo de un caballo de raza que el criador jerezano Agustín García-Mier había regalado a Queipo de Llano. La comisión promotora del evento cedió sus propias localidades para la venta, incluidos los pases de favor, con objeto de incrementar la recaudación. El escritor Francisco Narbona detalló los prolegómenos de la efeméride:

> La llamada Policía Montada, mandada por el comandante Esquivias, una estirpe entre rociera y militar, salió al ruedo antes de que se diera suelta al primer toro, y escoltó a los coches enjaezados a la andaluza que desfilaron por el amari-

---
[175] Fotografía de Serrano. Fototeca del Ayuntamiento de Sevilla.

llo albero. En uno de ellos iba la hija del general Queipo de Llano. Del exorno de la plaza se encargó un artista popular y queridísimo de Sevilla, Juan Laffita[176].

El festival, con el imperativo ondeo de innumerables banderas, blasones, pendones, gallardetes y estandartes, cánticos y saludos fascistas, estuvo presidido desde el palco real por el general insurrecto, a quien acompañaba una escogida selección de antiguas figuras del toreo: Guerrita, Antonio Fuentes, Bombita, Parrao, Machaquito y Morenito de Algeciras. La reseña de José María del Rey, *Selipe,* en *El Correo de Andalucía* recordaba que «en las últimas funciones celebradas en este ilustre redondel al comienzo del verano, predominaron los puños en alto y los gritos de ¡UHP! En esta ocasión fue distinto: brazos en alto, himnos, clamores y vítores a España».

Consecuentes con los tiempos que corrían, los espadas brindaron su burel a Queipo de Llano. Belmonte, con un escueto «por el general, Sevilla y España». Según el periodista y escritor García Candau, la dedicatoria de Manolo Bienvenida fue muchísimo más exaltada: «Tengo el gusto de brindar la muerte de este toro al salvador de España, general Queipo de Llano, y para que se mueran de rabia los hijos de la Pasionaria. ¡Viva España!»[177]. La euforia de Bienvenida le llevó a grabar sobre el percal, con letras blancas, la exclamación patriótica «Viva España». Otros escritores de aquella época recordaban que el hijo del Papa Negro llegó a poner en peligro la vida de su madre y sus hermanos, que aún residían en territorio republicano:

> En represalia fueron detenidos y presos en Alicante, por milicianos, su madre y sus hermanos cuando ya se disponían a embarcar a Orán, donde los estaba esperando el Papa Negro junto con su hijo Antonio, que habían huido con anterioridad. Enterado su padre, consiguió llegar a Capitanía General de Sevilla para afrontar el problema, y en presencia del alto mando militar le recriminó a su hijo que como consecuencia de su acto «había puesto en peligro la vida de su madre y hermanos», a lo que Manolo, emocionado, le contestó: «Qué

---

[176] Francisco Narbona: *Frentes del sur.* Madrid: Temas Españoles, 1958.
[177] Julián García Candau: *El deporte en la Guerra Civil.* Madrid: Espasa, 2007.

importa, padre, la vida de nuestra familia cuando está en juego la vida de España»[178].

El festejo registró unos ingresos de 144.633 pesetas, suma de la venta de los boletos y de los donativos entregados por numerosos prebostes locales. De esta cantidad solo hubo que detraer 33.000 pesetas de gastos. Los ingresos en taquilla alcanzaron la cifra de 111.126 pesetas.

La mayoría de las tardes, para llenar los tendidos maestrantes, especialmente los situados en la solana, el Gobierno Civil regalaba los boletos u obligaba a las sociedades mercantiles locales a adquirirlos. Normalmente era la institución del Auxilio Social la promotora de los festivales taurinos de exaltación nacional, y utilizaba las más variadas excusas (como la Navidad del Soldado). La promoción de los espectáculos mostraba un planteamiento muy *sui generis* que garantizaba su éxito económico; así lo pormenorizó Bahamonde: «Cuando organizan espectáculos en su beneficio, corridas de toros, etcétera, para asegurar los ingresos, comisiones de la Sección Femenina, acompañadas de falangistas, visitan al comercio y casas particulares, exigiendo la adquisición de localidades, que siempre venden a precios elevados, sin admitir negativas»[179].

Esos mismos días de 1936, la Hermandad de la Macarena ofreció a Queipo de Llano la corona de oro que adornaba la testa de la Virgen de la Esperanza para que fuera fundida con muchas otras valiosas joyas donadas por los sevillanos.

La familia Bienvenida

La madre y los cuatro hijos menores de Manuel Mejías Rapela, *Bienvenida*, se habían quedado aislados en Madrid los días siguientes a que los conmilitones franquistas se levantaran en armas, aunque como muchos otros ciudadanos consiguieron desplazarse a Alicante, uno de los escasos puntos geográficos a los que se podía viajar sin demasiados problemas ni riesgos.

---

[178] Luis de Armiñán: *Don Manuel Bienvenida. El Papa Negro*. Madrid: Biblioteca Nueva, 1999.
[179] *Op. cit.*

El puerto alicantino se convirtió en uno de los principales puntos de huida de los efectos de la Guerra Civil, especialmente para miles de personas de nacionalidad extranjera. Entre los que intentaban huir se encontraban la madre del clan Bienvenida y sus hijos menores. A mediados de octubre, cuando intentaban abordar un barco que se dirigía al puerto de Orán, donde los esperaba el patriarca, fueron detenidos. La esposa de Bienvenida fue recluida en un penal valenciano y sus hijos —Ángel Luis, Carmen, Pilar y Juan—, repartidos en los domicilios de varios amigos alicantinos. El Papa Negro no encontró mejor solución que comprar la libertad de sus seres queridos, previa colecta de todo el dinero que tenía a su alcance (sin excluir los préstamos que le hicieron algunos amigos). De esta manera, la esposa de Bienvenida y sus hijos se embarcaron rumbo a Argel; en Orán ya los esperaba el Papa Negro, y desde allí se dirigieron a Sevilla. Durante varios meses residieron en el hotel Inglaterra.

Muchos años después, el periodista Antonio Santainés citaba la entrevista que el revistero K-Hito le hizo a Juanito Bienvenida en la temporada de 1946, tras pasaportar este una novillada en Las Ventas. En ella recordaba las privaciones que se habían visto obligados a soportar:

> Estábamos en Alicante. Pero en el momento de embarcar no pudimos, mi madre, Ángel Luis, Carmen Pilar y yo. Nos quedamos en el hotel Samper. Mandaba un camarero, amigo de mi padre. Fue el que nos salvó. Fueron a matar a mi madre, pero se puso este camarero por delante. Eso se me quedó *grabao* para toda la vida. ¿Qué culpa tiene que su hijo haya *brindao* el toro a Queipo de Llano? Y ¿los niños a Rusia? No. Los niños me los llevo a mi casa. Cuando soltaron a mi madre fue a echarle unas flores a José Antonio Primo de Rivera. Cuando llegamos a Orán en el barco, mi padre no conoció a mi madre de lo demacrada que estaba[180].

Manuel Bienvenida Rapela era amigo del alcalde de Madrid Pedro Rico y de Eduardo Ortega y Gasset, quienes le intentaron convencer de que sus hijos toreasen en Madrid a favor de la causa republicana. Muy al contrario, sus vástagos Pepe y Manolo permanecieron escondidos veintiocho días

---

[180] *ABC*, 28 de octubre de 2007.

en un piso de la calle de Echegaray, domicilio del banderillero francés el Africano. Allí estuvieron hasta que consiguieron la autorización pertinente para viajar a Mont-de-Marsan, donde estaban anunciados el 15 de agosto, y a donde llegaron vía Valencia y Barcelona.

Solo unas semanas antes, Manolo Mejías Jiménez, *Bienvenida,* había participado en un festival a beneficio de los obreros en paro en la plaza de Cartagena. Su hermano Pepe, tan pronto como abandonó el territorio republicano, se incorporó voluntariamente al Cuerpo de Sanidad Militar de Burgos a las órdenes del comandante Sotelo. Este le destinó a la sierra madrileña, hasta que los mandos consideraron que su concurso era más valioso ejerciendo el oficio para el que había nacido. Según Luis de Armiñán, biógrafo de la familia Bienvenida: «Toreó gratis cuantas veces se lo pidieron, dejando en cada corrida, con sus compañeros, un líquido de más de ochenta mil pesetas».

Manuel Bienvenida en la Real Maestranza de Sevilla en octubre de 1936[181]

Manolo fue el primer estoqueador que saludó a la romana en un coso taurino. Nacido en Sevilla en 1912, falleció el 31 de agosto de 1938 en el sanatorio de San Ignacio de San Sebastián, ciudad en la que residía en esos momentos, a consecuencia de un cáncer de pulmón, agravado tras su última actuación en Bilbao un año antes. Fue despedido en la capital donostiarra antes de que el furgón mortuorio partiese camino de Sevilla con una imponente manifestación de duelo, a la que se sumaron las perso-

---

[181] Fotografía de Serrano. Fototeca del Ayuntamiento de Sevilla.

nalidades del mundillo taurino y del régimen franquista que residían en la ciudad norteña. Entre estas se encontraban sus compañeros de profesión Domingo Ortega y Marcial Lalanda, el delegado de orden público y el jefe de propaganda del régimen. Se recibieron cientos de telegramas de condolencia, y no faltaron los remitidos por los generales Queipo de Llano, López-Pinto y Aranda. Cuando el féretro llegó a Sevilla tras cruzar Vitoria, Burgos, Valladolid, Salamanca y Extremadura, se formó una inmensa comitiva fúnebre que invadió los cuatro kilómetros que separaban la capilla del Patrocinio del cementerio de San Fernando, trayecto que recorrieron con el féretro a hombros numerosos costaleros, amigos y compañeros del fallecido: Joselito Sánchez Mejías, Cristóbal Becerra, Juan Belmonte, los principales ganaderos andaluces, múltiples revisteros, los representantes de la empresa de la Maestranza…

Manolo fue un torero muy completo, intérprete magistral de los tres tercios de la lidia, que recibió la alternativa en Zaragoza la temporada de 1929 de manos de Antonio Márquez, con solo diecisiete años.

Por su parte, Pepe Bienvenida (Madrid, 1914 - Lima, 1968) intentó a lo largo de varias temporadas ocupar el sitio que había dejado su hermano en los carteles. Junto a Manolo, había estoqueado una de las últimas corridas de la corta temporada de 1936, en Ferrol. El 4 de julio de 1931 había recibido la alternativa en Madrid de manos de Nicanor Villalta, quien le cedió la muerte de un cinqueño de María Montalvo. Destacaba colocando dobles pares de palitroques de poder a poder. Entre 1942 y 1944, su etapa de mayor brillantez, ofreció algunas actuaciones magistrales en Madrid y Barcelona. Se vistió de luces por última vez en la plaza de Úbeda en octubre de 1957. Nunca le había herido un burel. La única y definitiva cornada que sufrió fue un infarto de miocardio en Acho (Perú) el 3 de marzo de 1968, mientras participaba en un festival a beneficio de la Asociación de Artistas Aficionados de Perú. Uno de los componentes de la terna era su hermano Antonio. Sus restos mortales fueron depositados en el panteón familiar del madrileño cementerio de la Sacramental de Santa María, en las inmediaciones del parque de San Isidro, donde ya le esperaban sus hermanos Manolo y Rafael.

Antonio Bienvenida (Caracas, 1922 - Madrid, 1975) era un jovencísimo aspirante a figura del toreo que se vio obligado a mostrar sus conocimientos en los ruedos peninsulares para contribuir al sostenimiento de la economía familiar. Después de la contienda armada lo hizo en las plazas de Córdoba, Sevilla, Salamanca, Burgos…

Tres hermanos Bienvenida en el aliviadero de la Maestranza[182]

El *ABC* de obediencia republicana —no el diario que se publicaba en Sevilla— informaba a finales de octubre de 1936 de la inclusión del nombre del novillero en un escogido sexteto de espadas en un festejo a favor de la adquisición de prendas de abrigo para las tropas franquistas. El diario le etiquetó de «fascista, a pesar de su poca edad, el pobre».

El «niño de Bienvenida» compareció en Cáceres el 30 de mayo de 1937 (con Juanito Belmonte, Antonio Márquez y Maravilla). Dos semanas más tarde se presentó en la Real Maestranza en una función promovida por la Sección Femenina de Falange Española Tradicionalista y de las JONS, festejo que presidió Queipo de Llano. Esa tarde mostró sus conocimientos sobre la lidia una escogida selección de toreros aficionados sevillanos de la máxima alcurnia (Pepe Cova Benjumea, Guillermo Álvarez Pickman, Jaime Sánchez Coquilla y Algabeño). Los soldados Manolo y Pepe Bienvenida incrementaron la brillantez de la tarde tan solo banderilleando a todos los bichos que aparecieron por la puerta de chiqueros. En la parte más formal del espectáculo mostraron su arte los espadas juveniles Paquito Casado (hijo del apodado Fatigón, un popular empresario sevillano que controlaba numerosas plazas andaluzas de segunda categoría) y Antoñito Bienvenida

---

[182] Fotografía de Serrano. Fototeca del Ayuntamiento de Sevilla.

(dos orejas y rabo a un novillo de Miura): «Patriótica función dispuesta por el acendrado españolismo de los Bienvenida», según la apreciación del revistero de *ABC* Juan María Vázquez.

Siete años después del final de la Guerra Civil, el general Franco presidió la tradicional Corrida de Beneficencia, en la que a los espadas no les quedó otro remedio que brindarle sus faenas. Entre las dedicatorias más expresivas que le dirigieron se encontraba la del hijo de Bienvenida, quien con voz grave y ceremoniosa —«parecía militarmente cuadrado»— exclamó según el semanario *El Ruedo:* «Brindo por nuestro caudillo, ¡viva España!, ¡viva Franco!». Por su parte, el licencioso Luis Miguel Dominguín le dedicó un efusivo ditirambo al afirmar: «Excelencia, voy a brindar la muerte de este toro a quien de verdad tiene la mejor muleta de España»[183].

Antonio Bienvenida perdió la vida mientras participaba en un tentadero de vacas bravas; una becerra de Amelia Pérez Tabernero le volteó aparatosamente y le produjo gravísimas lesiones en las vértebras, a consecuencia de las cuales murió tres días después en una clínica de Madrid. El hijo del Papa Negro era miembro supernumerario del Opus Dei, organización en la que había ingresado en 1969. Al menos en dos ocasiones, una de ellas en 1972, se entrevistó con el fundador de la Obra en Madrid.

Juan Belmonte, franquista a la fuerza

En la temporada de 1935, la Unión de Criadores de Toros se reafirmó en el veto a la lidia en Las Ventas de las reses que pastaban en el cortijo de Gómez Cardeña, propiedad de Belmonte. En la plaza ejercía de empresario Eduardo Pagés, a su vez representante del diestro de Triana. El problema radicaba en que unos meses antes Juan Belmonte García (Sevilla, 1892 - Utrera, 1962) había vendido varios sementales a algunos hacendados mexicanos, transacción expresamente prohibida por la Unión de Criadores de Toros, a la que Belmonte pertenecía. Como el matador de Triana no se avino a satisfacer la multa que le impusieron sus socios, fundó una sociedad ganadera alternativa junto a otros gana-

---

[183] *El Ruedo,* 26 de septiembre de 1946.

deros de menor rango y con el apoyo del empresario catalán. Se trataba de la Asociación de Criadores de Reses Bravas, que lidiaba sus reses en los cosos controlados por Pagés, especialmente en la plaza de Madrid. Por fin, tras varias conversaciones entre Belmonte y Domingo Ortega se consiguió solucionar el conflicto.

Belmonte se había ido alejando de los ruedos con parsimonia. En 1926 se retiró durante siete campañas. Coincidiendo con su reaparición el 28 de octubre de 1934 en Madrid, Belmonte cortó un rabo a un toro de Carmen de Federico en una corrida a beneficio de los obreros en paro organizada por el alcalde republicano, Pedro Rico. El 22 de septiembre del año siguiente ofreció otra exitosa actuación en la misma plaza. El 29 de septiembre se despidió de la afición maestrante con una incomparable muestra de su personal manera de entender el arte del toreo frente a un encierro de María Pallarés y junto a Cayetano Ordóñez —al que había otorgado la alternativa unos años antes— y Manolo Bienvenida. Su carrera se resumía en 712 corridas en las que pasaportó 1.463 toros.

La barbarie de julio de 1936 sorprendió al maestro de Triana en Sevilla, aunque su familia había adelantado la salida de vacaciones camino de Portugal. Hay fuentes que aseguran que, en los primeros meses de guerra, Belmonte acostumbraba a pasar largos periodos en Suiza. Más tarde se supo que tras la asonada su ganadería sufrió varios registros policiales y, según el *ABC* republicano, en febrero de 1937, Queipo de Llano le impuso una multa de cincuenta mil pesetas, según algunas versiones por encontrar en su casa un libro de poesía de Luis de Tapia. En cualquier caso, el relato periodístico parece muy exagerado y más basado en rumores que en datos reales:

> Por orden de Queipo de Llano, se registraba, mueble por mueble, la casa del cortijo La Capitana, donde habita Juan con su familia. Solo se encontró una carta, en verso, dirigida por Luis Tapia a Juan Belmonte y, como cuerpo de delito, le fue entregada al ex general rebelde, quien acordó, ante el enorme crimen, el fusilamiento del trianero. Pero alguien advirtió que, dado el renombre del diestro, su asesinato produciría un gran escándalo, y se le conmutó la pena por una multa de 50.000 pesetas, que se notificó a Juan a las tres de la madrugada, con la advertencia de que había de entregarlas

antes de las doce del día siguiente, como lo hizo, con gran regocijo de Queipo de Llano y su tertulia[184].

Las relaciones fraternales que mantenía con sus amigos republicanos, como Chaves Nogales, Ortega y Gasset, Pérez de Ayala, Marañón o Valle Inclán, le habían puesto contra las tablas. Sus amistades más queridas se habían dividido en dos bandos irreconciliables. En los años siguientes solo mantendría la amistad con los intelectuales franquistas, como Ignacio Zuloaga, José María de Cossío, Sebastián Miranda, Cañabate, Selipe, puesto que los demás se encontraban en el exilio. En septiembre de 1936, Queipo de Llano solicitó el concurso del espada trianero en el magno festival del mes de octubre. A partir de esos momentos, sus relaciones con el poder emergente aparentemente se tornaron cordiales, y nunca más volverían a molestarle, aunque intuían que no simpatizaba con sus ideas. En cualquier caso, en la Maestranza se lidiaron gratuitamente numerosos bureles de su dehesa, y se supone que, como otros adinerados personajes andaluces, no tuvo más remedio que financiar en la medida de sus posibilidades el funcionamiento de la asonada militar.

En noviembre de 1936, Juan Belmonte pasaportó un festival en Córdoba a beneficio del Auxilio de Invierno y la Navidad del Soldado. En la Semana Santa de 1938, el torero presidía la Cofradía de Triana (en la que se venera el Cristo de la Expiración, más conocido como el Cachorro), de manera que el Viernes Santo salió en procesión a través de las calles de su barrio natal vestido de nazareno y junto a la duquesa Luisa de Borbón Orleans. En agosto de 1939 pasaportó una corrida en San Sebastián para agasajar al conde Ciano, embajador de Mussolini, quien le felicitó en el intermedio del festejo.

En muchos de estos festivales patrióticos compartió paseíllo con su hijo Juanito. Los ideólogos franquistas utilizaron su popularidad de manera regular entre 1937 y 1939, hasta que irrumpió en escena Manolete. En esos años, el Pasmo de Triana prestaba su voz a algunos anuncios radiofónicos simples y machistas: «las tardes, con sol; los toros, bravos; las mujeres, guapas; y el coñac, Domecq»[185].

Los años en que vivió Belmonte fueron testigos de numerosos infortunios, en los que perecieron sobre la arena Joselito, Granero y Sánchez Me-

---

[184] *ABC*, 4 de marzo de 1937.
[185] Juan Eslava Galán: *Los años del miedo*. Barcelona: Planeta, 2008.

jías. A punto de cumplir los setenta años, las mujeres le seguían llevando de cabeza. Parece que se encaprichó sin correspondencia posible de una jovencísima rejoneadora colombiana, Amina Assís. Según otras fuentes, se trataba de una fulgurante bailarina flamenca. Conocedor de la irreversible enfermedad coronaria que padecía, una tarde, el magistral torero sevillano decidió acosar ganado bravo a campo abierto para comprobar el estado de sus válvulas cardiacas, pero el intento solo le sirvió para ratificar su ocaso físico. Cuando retornó a su finca de Gómez Cardeña —a medio camino entre Sevilla y Jerez—, subió a sus aposentos, sacó una pistola del armario y se descerrajó un tiro en la sien. Era el 8 de abril de 1962.

A partir del mes de junio de 1913, Juan Belmonte había realizado el servicio militar como recluta de cuota en la guarnición de San Fernando, perteneciente al cuerpo de la Marina de Cádiz. En 1917, Belmonte contrajo matrimonio con una bella mujer limeña en Perú, a pesar de que antes de viajar a ultramar había prometido amor eterno a una humilde jovencita sevillana. Por desgracia, una vez en Lima se comprometió con Julia Cossío, de quien se afirmaba que era «caprichosa y soberbia y que gastaba el dinero sin miramiento», y con la que acabó concibiendo dos hijas. El 28 de febrero de 1918 fue padre de su único hijo varón, que había engendrado con una chica que estaba al servicio de su casa familiar, Consuelo Campoy, y al que tardó varios años en reconocer como hijo natural.

Juanito Belmonte Campoy (1918-1975) nació en Madrid, donde su madre se ganaba la vida trabajando de cigarrera para completar la pensión de ciento cincuenta pesetas que el torero le enviaba mensualmente. Julia Cossío, antes de fallecer, muy joven, pidió a Belmonte que reconociese la paternidad de su hijo. Muchos años más tarde, José María Carretero, *el Caballero Audaz*, escribió una novela titulada *Juan de Dios Lucena* en la que recreaba los amores juveniles de Juan Belmonte.

Por su parte, su hijo Juanito fue uno de los numerosos pretendientes de la artista argentina Celia Gámez, partidaria de los militares franquistas, con quien estuvo a punto de contraer nupcias. Entre la extensa colección de amantes de la actriz parece que se encontraban el general Millán-Astray —quien acabó siendo su padrino de boda— y el rey Alfonso XIII.

Juanito nunca perdonó su bastardía. En junio de 1973 aseguró al periodista Vicente Zabala que su niñez no había sido igual que la de los demás niños de su misma condición social. En el colegio de los salesianos de Utrera, al que también acudían sus tíos Rafael y Pepe Belmonte, le conocían como Juan Campoy a pesar de que era de dominio público quién era su padre. Al parecer, se convirtió en matador de toros para redimir a su madre de la pobreza y como desquite de las pesadillas que había sufrido en su niñez a consecuencia de su origen bastardo.

En el verano de 1936, formando pareja con Joselito Sánchez Mejías, intentó ascender al estrellato taurino mediante su valor irrefutable y un variado muestrario de suertes aprendidas de su progenitor. La guerra sorprendió a ambos aspirantes en Mallorca, donde permanecieron aislados y sin recursos económicos hasta que consiguieron retornar a Sevilla en octubre. Allí, las dos promesas del escalafón novilleril se alistaron voluntariamente en el cuerpo de aviación nacional, hasta que movilizaron a su quinta y fueron destinados a una batería de artillería destacada en el frente de Aragón a las órdenes del militar sevillano Enrique de la Vega.

El 29 de junio de 1938, en la plaza de toros Tolosa, Juanito Belmonte fue incapaz de pasaportar uno de los utreros que le tocaron en suerte; como tampoco conseguían que el animal retornase vivo a los chiqueros, el presidente del festejo requirió la presencia de un piquete de requetés sobre la arena, a quien ordenó que fusilasen *in situ* al novillo. El 12 de septiembre de ese mismo año, Belmonte Campoy recibió la alternativa en Salamanca (con Lalanda y Ortega y toros de Antonio Pérez), y ratificó la ceremonia en Las Ventas el 12 de octubre del año siguiente junto a su padrino, Lalanda, con Manolete de testigo y con reses de la misma divisa.

En 1947, cuando Manuel Rodríguez perdió la vida en Linares, el «niño» de Belmonte rescindió todos los contratos que aún tenía pendientes de cumplir y se cortó la coleta. Cinco años después, en una entrevista concedida a *El Ruedo,* afirmaba que la Guerra Civil había acabado con el toro-toro y que la posguerra había traído el afeitado y la asistencia de mujeres a las corridas, hechos que habían acabado con la fiesta. Afirmaba que a partir de esos momentos había nacido el espectáculo y habían muerto las corridas de toros. Unos años después formó parte de la junta directiva del Atlético de Madrid.

Por su parte, otro joven diestro de esta generación, Joselito Sánchez Mejías (Sevilla, 1917-1966) era hijo del mítico Ignacio Sánchez Mejías y sobrino de Joselito y de Rafael el Gallo. Con estos antecedentes, el destino no le reservaba otra posibilidad que convertirse en estoqueador. Formó pareja con Belmonte Campoy y bajo la protección de Pagés ambos aspirantes se convirtieron en el dúo de novilleros imprescindible de las temporadas de 1935 y 1936.

Los herederos de Belmonte y Sánchez Mejías a hombros en Jerez[186]

Durante la campaña de 1937 se corrieron nueve funciones en el arenal sevillano: cuatro festivales patrióticos, una novillada y cuatro festejos mayores. Los novilleros de máxima alcurnia Sánchez Mejías y Belmonte Campoy concentraban una gran parte del interés de la afición. El 14 de febrero, la plaza sevillana acogió un «grandioso» festival en favor de Falange Española, las JONS «en armas» y la Asistencia al Frente y el Auxilio de Invierno, en una combinación que cerraba Rafael Ortega, sobrino de Joselito. El circo estaba atestado de espectadores y adornado con numerosas enseñas falangistas. Formaban el cartel Antonio Márquez, Domingo Ortega, Marcial Lalanda, Fuentes Bejarano, Amorós, Juan Belmonte, Sánchez Mejías y Belmonte Campoy. Los años siguientes al final de la Guerra Civil y la imparable irrupción de Manolete, Pepe Luis Vázquez y Antonio Bienvenida apagaron el interés que habían ofrecido los novilleros dinásticos en temporadas anteriores.

A mediados de junio de 1937, una becerrada nocturna sirvió para presentar a los jovencísimos aspirantes Antonio Bienvenida y Paquito Casado.

---

[186] *Mundo Gráfico*, 6 de mayo de 1936.

A este festejo acudieron los miembros más relevantes de la sociedad sevillana, y se jugaron novillos regalados por Juan Belmonte.

En abril de 1941, Sánchez Mejías recibió la alternativa en la Maestranza (con Pepe Bienvenida y Pascual Márquez), y un mes más tarde, en presencia de Pepe Luis Vázquez, ratificó esta ceremonia en la Monumental madrileña de manos de Lalanda. Dos temporadas después colgó los vestidos de torear para convertirse en apoderado. Un infausto infarto de miocardio le segó la vida en noviembre de 1966, cuando se encontraba en el callejón de la plaza de Lima siguiendo una actuación de su entonces poderdante Antonio Chenel.

La Guardia Mora protege al general Franco hasta en el palco de la Maestranza[187]

El 15 de agosto de 1936, Luis Moragas Fuentes Bejarano (Madrid, 1902 - Sevilla, 1999) toreó la primera corrida celebrada tras el comienzo de la Guerra Civil en la plaza de Tetuán de las Victorias (con Fortuna, Mendoza, Chavito, Moreno de Tetuán, Moreno de San Bernardo y Máximo Berrocal). A principios de septiembre actuó en el coso de Cuenca a beneficio de las Milicias Populares (con Maravilla y Gitanillo de Triana). Más tarde visitó las plazas republicanas de Alicante y Ciudad Real, y el 4 de octubre participó en la Monumental de Barcelona en el homenaje a los marineros del buque ruso Zyrianin, gracias a lo cual consiguió el visado para traspasar la frontera francesa.

Cuando ya se encontraba en Dax, uno de sus hermanos, José, obrero del sector metalúrgico reconvertido en esos momentos en soldado mili-

---

[187] Fotografía de Serrano. Fototeca del Ayuntamiento de Sevilla.

ciano, se personó en la redacción de *ABC* para desmentir las noticias que llegaban procedentes de Burgos que afirmaban que el estoqueador estaba en la capital castellana dispuesto a torear en favor de la causa franquista. En defensa de su hermano, el obrero fabril argumentó «que, consciente [Fuentes Bejarano] de su deber para con el pueblo y la República, ha toreado únicamente, desde que se inició el levantamiento, en cuantas corridas benéficas se ha hecho uso de sus ofrecimientos, corridas de las que en estas columnas hemos dado cuenta oportunamente»[188]. A pesar de las buenas intenciones de su hermano José, Fuentes Bejarano reapareció en noviembre en Burgos con motivo de una corrida goyesca que pretendía recaudar fondos para adquirir prendas de invierno para las tropas franquistas.

El 18 de diciembre toreó en la Maestranza en una actuación promovida por el Ateneo sevillano a favor de los niños pobres y heridos de guerra, la cual sirvió para ratificar la amistad hispano-lusa (torearon Antonio Márquez, Domingo Ortega, Sánchez Mejías, Belmonte Campoy y el *cavaleiro* Casimiro de Almeida). En su turno, Fuentes se mostró sobrio frente a un novillo de Miura al que estoqueó recibiendo. El festejo estuvo presidido por una hija del general Queipo de Llano, las esposas de los cónsules de Alemania, Italia y Portugal, y Algabeño, Fuentes, Bombita, Parrao y Diego Rodas. Antes de comenzar el espectáculo los asistentes entonaron el *Cara al sol*.

Álvaro Domecq, rejoneador, ganadero y político

A mediados de marzo de 1937 falleció en su ciudad natal, Jerez de la Frontera, el criador de caballos de raza y de ganado bravo y propietario de la casa de vinos que llevaba su propio apellido Juan Pedro Domecq y Núñez de Villavicencio Loustau y Olaguer Feliú. Su yeguada había sido fundada por Vicente Romero, impulsor de los afamados garañones zapateros, y la ganadería era originariamente del hierro del Duque de Veragua. Al ilustre prócer se le amortajó con el manto de la Orden de Calatrava y sobre su ataúd se depositaron el casco y el sable correspondientes a la anterior orden junto a la vara de prioste de la Hermandad del Santo Entierro. El

---

[188] *ABC,* 29 de octubre de 1936.

féretro del caballero jerezano fue sacado de la sala mortuoria a hombros de sus hijos Juan Pedro, Álvaro y Salvador, en medio de un impresionante duelo que presidió el comandante militar de la región, un representante de Queipo de Llano, el arcipreste de la Colegial y el capellán de la propia casa Domecq.

Una de las primeras apariciones en los ruedos de Álvaro Domecq Díez (Jerez de la Frontera, 1917 - Cádiz, 2005), hijo menor del patriarca del clan, tuvo como escenario la plaza de Santander; allí compareció en agosto de 1935 con Sánchez Mejías y Belmonte Campoy. Cuentan las crónicas que el retoño de la saga vinatera toreó a su primer enemigo montado a caballo, y lo remató, pie en tierra, de un volapié.

El 20 de diciembre de 1936, la plaza de Jerez acogió un festival taurino promovido por la asamblea local de la Cruz Roja que registró una nueva actuación del «joven aristócrata Alvarito Domecq y Díez», quien, según *ABC,* realizó alardes de destacado caballista. El 3 de enero de 1937 actuó en Sanlúcar de Barrameda en un festejo a favor de Falange Española en el que se homenajeó a un grupo de soldados italianos que se encontraban en los tendidos; *ABC* resumía así su participación: «El aristócrata jerezano don Álvaro Domecq adornó al bicho con rejones que ostentan la divisa nacional, la de la Falange y requetés y las de Alemania e Italia».

El 11 de noviembre de 1945, en la plaza de toros de su ciudad natal, con motivo de otro festival taurino benéfico en el que también comparecía Carlos Arruza, se impuso la Cruz de Beneficencia al «niño» de Domecq. En la temporada de 1948, Álvaro Domecq reapareció en la Monumental barcelonesa. Los emolumentos pactados por su actuación los destinó al mantenimiento del asilo de Jerez y a la construcción de unas escuelas modelo para los hijos de los braceros de su cortijo, Jandilla. El primer par de banderillas del evento se lo dedicó al «cívico» Antonio Cañero.

Cuando se retiró de la profesión taurina, Álvaro Domecq Díez fue alcalde de su ciudad natal (1952-1957) y presidente de la Diputación de Cádiz (1957-1962). En concordancia con su pensamiento político le nombraron a dedo procurador de las Cortes franquistas. Miembro activo del Opus Dei, regaló una de sus fincas a esta organización integrista para que construyese una casa de retiro espiritual a la que bautizó con el nombre de Pozoalbero.

Entre los numerosos miembros que formaron parte de la cuadrilla del rejoneador jerezano a lo largo de tres décadas se encontraba el antiguo miciliano Ricardo Martín, *Trasmonte*. Otro de estos auxiliares fue el gitano Manuel Leyton Peña, *el Coli*, que al principio se anunciaba como Manuel Vargas. Nacido en Jerez en 1918, murió corneado en la plaza de Madrid en agosto de 1964. En los primeros meses de 1936 había actuado en varias plazas manchegas, y cuando estalló el levantamiento militar se incorporó al Batallón de la Milicia Nacional de Cádiz. En la temporada de 1942 sustituyó los vestidos bordados en oro por los de plata. También fue subalterno de Álvaro Domecq Bernardo Muñoz Marín, *Carnicerito de Málaga* (Málaga, 1895 - Jerez, 1969), matador de segundo nivel a quien la Guerra Civil sorprendió a punto de permutar los vestidos bordados en oro por los de plata. En el ciclo de 1936 toreaba a las órdenes de Sánchez Mejías. Hasta la fatídica cornada de Linares perteneció a la cuadrilla de Manolete, y cuando desapareció el diestro cordobés, y hasta su retirada, trabajó de peón de confianza de Álvaro Domecq. Unos años antes se había casado con la bailaora Soledad Miralles (Novelda, 1902 - Sevilla, 1987), quien debutó junto a Miguel de Molina en el Teatro Romea en 1913 y a quien, según Camisero, engañaron para que torease en público a pesar de carecer de experiencia. Esto no obstó para que esa misma temporada de 1935 formase pareja en algunos espectáculos taurinos con Marina Hernández. Muchos años después, una de sus hijas, Marina, se casó con Rafael de Paula. Soledad, morena de grandes ojos negros, pisó los redondeles antes de la Guerra Civil, y alternó este oficio con el de tonadillera y bailaora. En alguna ocasión llegó a torear junto a su sobrina de dieciséis años Marina Heredia.

En sus años juveniles, Antonio Márquez Serrano, *el Belmonte Rubio* (Madrid, 1899-1988), compatibilizó el aprendizaje de la lidia con el oficio de repartidor de carbón en un almacén de la calle Las Velas (actual calle de López Silva), en el madrileño barrio de La Latina, cerca del desaparecido Teatro Novedades. Uno de sus primeros éxitos sobre los ruedos tuvo lugar en el coso de Zaragoza en la temporada de 1917. Cinco años más tarde, aún en el escalafón novilleril, realizó el servicio militar con el rango de soldado raso en Marruecos. En la temporada de 1930 se cortó la coleta, aunque reapareció en el verano de 1933.

El estallido de la Guerra Civil sorprendió a Márquez preparando su adiós definitivo a los redondeles. Todavía el 29 de mayo de 1936 protagonizó un festejo mixto en Cáceres (con Chicuelo, Sánchez Mejías y Belmonte Campoy). El 12 de octubre de 1936 se registró una nueva comparecencia suya en la republicana plaza de Talavera (reses de Galache para Victoriano de la Serna y Cayetano Palomino[189]). Tuvo que esperar unos cuantos meses más para conseguir cambiar de bando. Finalmente, en noviembre reapareció en la plaza franquista de Granada en un festival a favor de diversos organismos totalitarios. Más tarde participó en la Corrida de la Prensa de 1938 en Burgos. Una vez finalizada la contienda ejerció de empresario de la plaza de toros de Mallorca.

En su juventud, el Belmonte Rubio había contraído matrimonio con una rica heredera indiana originaria de Gordejuela (Vizcaya), Ignacia Gloria de Arechavala. Unos años después la sustituyó por la tonadillera Concha Piquer, coincidiendo con el anuncio de su primera retirada. Esa circunstancia llevó a Rafael León a componer una canción que entonces se hizo muy célebre *(Romance de la otra)*, en la que se contaba la historia de una chica soltera enamorada de un pretendiente casado. Finalmente, el espada madrileño se convirtió en representante artístico de su compañera sentimental. Muchos años después, su única hija contraería matrimonio con Curro Romero.

A Manuel Jiménez Moreno, *Chicuelo* (Sevilla, 1902-1967), se le consideraba uno de los principales renovadores de la escuela taurina sevillana. Con el percal lanceaba a pies juntos con una finura incomparable. También incorporó a su exquisito repertorio, posteriormente copiado por la mayoría de sus compañeros, el lance bautizado como chicuelina. En 1927 se casó con una bella bailaora, Dolores Castro Ruiz, *Dora la Cordobesita,* modelo de Julio Romero de Torres, que abandonó los escenarios tras contraer matrimonio con el torero.

La asonada militar sorprendió a Manuel Jiménez en Madrid, de manera que el 20 de septiembre participó en un festival propagandístico en la plaza de toros de Carabanchel a beneficio de la Junta Central de Socorros y los hospitales de sangre. En febrero del año siguiente abrió la temporada en Va-

---

[189] El diestro mexicano Cayetano Palomino Benito se saltó la prohibición de torear en las plazas peninsulares haciéndose pasar por un aspirante español del mismo nombre y apellido. Esa tarde, Márquez le otorgó la alternativa. Pronto se reconvertiría en banderillero.

lencia, donde residía provisionalmente. Después de sortear numerosas vicisitudes consiguió pasarse a la España nacional. Así, el 6 de mayo reapareció en la Pañoleta de Camas (con Antonio Márquez, Domingo Ortega y Manolo Bienvenida frente a un encierro de Carmen de Federico). Más tarde acudió a los ruedos de Salamanca y Córdoba, en los que toreó a favor de la Falange. El 2 de julio de 1939 otorgó el doctorado a Manolete.

Una vez finalizada la contienda toreó poco y sin afición. Tras vadear unos años llenos de dificultades en los que apenas ejerció la profesión de estoqueador, en 1951 se vistió de luces por última vez en Utrera para otorgar la alternativa, al alimón, a Juan Doblado y Juan Pareja Obregón. Ninguno de sus dos hijos consiguió abrirse camino en la profesión paterna.

Solo unos días antes de estallar el levantamiento, Pascual Márquez Díaz (Villamanrique de la Condesa, 1915 - Madrid, 1941) despachó la última novillada programada en la plaza de su ciudad natal con la bandera republicana ondeando en lo más alto del mástil.

Pascual Márquez toreando de muleta en Cádiz[190]

Al comenzar la campaña de 1935, el aún novillero se había presentado en Madrid en una tarde en la que resultó cogido de gravedad. En su despedida del escalafón novilleril, el 25 de abril de 1937, dedicó su cornúpeto a «los gloriosos heridos de guerra». Un mes más tarde, el 27 de mayo, el entonces

---

[190] Fotografía de Serrano. Fototeca del Ayuntamiento de Sevilla.

soldado de aviación Pascual Márquez recibió en Sevilla la única alternativa que se concedió en ese medio ciclo taurino. El cartel lo componían Fuentes Bejarano y Domingo Ortega, con un gigantesco encierro de Pablo Romero que inicialmente iba a haberse corrido en la plaza de Bilbao el mes de agosto del año anterior. Esa tarde, en la que obtuvo la efusiva felicitación de Queipo de Llano, volvió a resultar cogido de gravedad por un burel «falso como un republicano burgués», en opinión del crítico de *ABC*. Aun así, le entregaron dos orejas en la enfermería.

El 18 de mayo de 1941, el espada de Villamanrique de la Condesa recibió un nuevo hachazo, en esta ocasión mortal, de un toro de Concha y Sierra en Las Ventas, a causa del cual falleció unos meses más tarde en el sanatorio del doctor Crespo. Pascual tenía aureola de torero trágico, pues practicaba la lidia con escasos recursos técnicos y excesiva torpeza.

Primer Aniversario Triunfal

El 18 de julio de 1937, primer aniversario del Alzamiento Militar y Segundo Año Triunfal, Pepe Luis Vázquez Garcés (Sevilla, 1921-2013), de tan solo dieciséis años, se presentó con gran boato y mayor expectación en la Real Maestranza de Caballería. Aquella tarde exhibió un amplio catálogo de suertes taurinas interpretadas con las esencias de la más pura escuela sevillana. Cuentan que, en compañía de Antonio Bienvenida, y con solo quince años, debutó en la plaza de Algeciras justo el 18 de julio de 1936. El 13 de julio de dos años más tarde se presentó con picadores en Sevilla.

El 8 enero de 1939 le aplaudieron con fuerza en la Malagueta en una corrida mixta (con Lalanda, Pepe Bienvenida y Sánchez Mejías) que sirvió para conmemorar el segundo aniversario de la conquista de la ciudad de Málaga. En el principal coso del Madrid «liberado», el 13 de julio de 1939, destacó sobre sus compañeros de terna la tarde en que Félix Almagro perdió la vida sobre la arena. El 15 de agosto de un año después, Pepe Luis estaba dispuesto para recibir el doctorado en la Maestranza (con Pepe Bienvenida y Gitanillo de Triana y reses de Braganza) en la tradicional Corrida de la Virgen de agosto.

El 20 de octubre de 1940, cinco días después de que fusilasen a Companys, confirmó la alternativa en Las Ventas (con Lalanda y Rafael Ortega, *Gallito,* frente a reses de Escudero Calvo, parte de cuya ganadería había servido de alimento a las tropas populares en los primeros meses de guerra). El festejo, organizado por el conde Mayalde, alcalde de Madrid, se celebró en honor del jefe supremo de las SS y de la Gestapo, Heinrich Himmler. Esa tarde se engalanó el coso con gran parafernalia y cuantiosos símbolos fascistas, entre los que sobresalían numerosas esvásticas nazis y enseñas falangistas y del Movimiento Nacional impresas en carteles de fondo rojo.

Un gran temporal de agua y viento impidió la lidia de los tres últimos bureles del encierro, lo que no evitó que los espadas acudiesen al palco presidencial a cumplimentar al jefe de la policía hitleriana, quien les impuso sendas medallas germánicas sobre la chaquetilla de torear. Los días previos, ninguno de los espadas anunciados quería participar en el festejo, pues ya hacía unas cuantas semanas que se había cerrado la temporada. Pepe Luis, especialmente, aguardaba un momento más propicio para revalidar el doctorado taurino en la plaza de la capital. El político nazi aún no había abandonado el territorio español cuando comenzó el juicio contra los intelectuales republicanos Julián de Zugazagoitia y Cipriano Rivas Cherif.

Es de Ronda y se llama Cayetano

Cayetano Ordóñez y Aguilera, *el Niño de la Palma* (Ronda, 1904 - Madrid, 1961), fue un torero de personalidad compleja, llena de atractivo, misterio y desgana. Rondeño, orgulloso de su procedencia, había adquirido la casa natal de Pedro Romero. Fue un matador con duende, que «embrujó» a todos los poetas, pintores y escritores de su generación que tuvieron la ocasión de tratarle en la corta distancia. El precursor de la saga Ordóñez fue un estoqueador valeroso, buen conversador, amante del flamenco, que fascinó al mismísimo Ernest Hemingway, a quien conoció en su primer viaje a España y quien le acabaría convirtiendo en uno de los protagonistas de sus novelas *Fiesta* y *Muerte en la tarde.*

En 1926, su mejor temporada en activo, Cayetano Ordóñez comandó el escalafón con sesenta y ocho actuaciones. Cuando se presentó en Madrid, Gregorio Corrochano sentenció: «Es de Ronda y se llama Cayetano». En los primeros años veinte había comparecido como sobresaliente de espada en una corrida promovida en Ceuta a beneficio de las tropas españolas allí destacadas.

Cuando comenzó la Guerra Civil, el Niño de la Palma era un diestro caduco que ya había visto pasar sus mejores momentos profesionales. Gordo y calvo, su carrera se encontraba en su punto más bajo. Solo se vestía de luces ocasionalmente y ya había agotado la «mina» americana. Su personalidad manirrota le obligaba a aceptar cualquier contrata que le permitiera recaudar algo de dinero. En el verano de 1936 toreó en las diversas plazas republicanas con tanta frecuencia como le requirieron: la Monumental, Vista Alegre, Ciudad Real, Alicante, Albacete, Valencia, Barcelona...

El general Queipo de Llano, omnipresente en la Maestranza[191]

El 6 de mayo de 1937, en la primera corrida de la temporada, promovida en la Maestranza sevillana a beneficio de los heridos de guerra, los diestros anunciados (Fuentes Bejarano, el Niño de la Palma y Domingo Ortega) brindaron un burel de Miura a un almirante alemán y a Queipo de Llano, a quienes los espectadores —puestos en pie y saludando a la romana— habían recibido con los sones del himno nacional de ambos países. Completaron la puesta en escena tres escuadrillas de aviones nacionales que realizaron diversas acrobacias aéreas perfectamente visibles desde los asientos del recinto taurino. Para aumentar los ingresos que perseguían los organizadores, los abonados del coso maestrante vendieron sus propias localidades a la Casa de Pedro Domecq, quien, a su vez, se las cedió a un

---

[191] Fotografía de Serrano. Fototeca del Ayuntamiento de Sevilla.

grupo de oficiales lisiados de guerra «a quienes hizo servir, durante toda la corrida, los más famosos vinos de sus bodegas jerezanas, especialmente el rico e incomparable Jandilla. Todo con verdadera prodigalidad digna de la fama de Domecq», de acuerdo con el relato aparecido en las páginas de *ABC*. Por su parte, la fábrica de cerveza La Cruz del Campo adquirió otro número significativo de localidades para que pudieran acudir a la fiesta sus empleados y obreros. Entre otros destacados colaboradores con la causa totalitaria se encontraba el teniente de hermano mayor de la Maestranza de Caballería, quien abonó cinco mil pesetas por el usufructo de su propio palco. Pedro Solís y el marqués de Albudeite, por su parte, pagaron mil pesetas cada uno para poder utilizar sus localidades. Esa tarde reapareció en el coliseo del Baratillo la ganadería de Miura, que no pisaba ese coso desde abril de 1933.

El 27 de junio de 1937, el Niño de la Palma reapareció en la Pañoleta de Camas (mano a mano con Chicuelo con un encierro de Villamarta) en una función Pro Acorazado España, finalidad patriótica que se simbolizó con el dibujo de un salvavidas en el centro del anillo. En el invierno de 1937, siendo ya una caricatura del genial intérprete de la escuela del toreo rondeño al que un día se había catalogado de «torero de época», viajó una vez más a las plazas americanas. El 12 de octubre de 1939, en la plaza de Toledo, el Niño de la Palma sufrió una cornada grave en una pierna. El 10 de septiembre de un año después estoqueó en solitario cuatro toros en Ronda, en una temporada en la que cerró trece actuaciones. En 1942 toreó solo en siete ocasiones. Y a partir de ese momento se vio obligado a contratarse como peón de brega antes de cortarse la coleta.

En los primeros días de noviembre de 1937 se programó en la plaza de toros del arenal sevillano un festival patriótico para festejar el hermanamiento hispano-portugués. Contó con la participación del rejoneador João Branco Núncio, el Niño de la Palma, Manolo Bienvenida y Pepe Amorós, quienes pasaportaron las reses regaladas por el criador portugués Emilio Infante de Cámara.

El homenaje lo presidió Queipo de Llano, acompañado por el gobernador castrense de Lisboa, Domingos Oliveira. Esa tarde tuvo especial relevancia la ofrenda que se rindió a la Segunda Bandera de la Falange de Sevilla, cuyos soldados ocupaban casi al completo el tendido número seis. En la caña de los rejoncillos ondeaban los colores de los estandartes nacionales de ambos países. En opinión del revistero de *ABC*, entre lo más sobresaliente del festejo estuvo «el brindis patriótico, muy bien la palabra y concepto, por Portugal, España y la Reconquista» de Manolo Bienvenida.

La campaña de 1938 en la plaza de toros de la Maestranza sevillana se resumió en la celebración de tres festivales, otras tantas novilladas y cuatro corridas de toros. En uno de los festejos menores del mes de mayo se presentó Manolete. El día 24 se promovió un segundo festejo (con Cagancho, Rafaelillo y Angelillo de Triana). El 16 de junio, el coso maestrante fue testigo de la alternativa de Pedro Ramírez, *Torerito de Triana* (Sevilla, 1912-1985), de manos de Rafaelillo y con Pascual Márquez de testigo. Siete días más tarde, este matador repitió actuación junto a Pepe Luis Vázquez. El 23 de julio tuvo lugar otro festival benéfico (con Fuentes Bejarano, el Niño de la Palma y Domingo Ortega) con seis utreros regalados por otros tantos criadores andaluces.

Incluso los guardias civiles levantan el brazo en la plaza de Sevilla[192]

En los primeros días de febrero de 1939 se organizó un nuevo festival a favor de la Cruz Roja (con Juan Martín-Caro, *Chiquito de la Audiencia*, Ventura Núñez, *Venturita*, Pascual Márquez, Pedro Ramírez, *Torerito de Triana*, y Juan Belmonte).

---

[192] Fotografía de Serrano. Fototeca del Ayuntamiento de Sevilla.

Córdoba y los escuadrones de toreros señoritos

El sábado 18 de julio de 1936, en la ciudad de Córdoba reinaba la más absoluta normalidad. Un equipo de treinta y ocho personas de la productora Cifesa se afanaba en finalizar el rodaje del largometraje *El genio alegre* en los arrabales de la ciudad[193]. La mayoría de sus componentes se acomodaban en el hotel Don Simón, incluidos los protagonistas: Alberto Romea, Antonio Vico —que desde los primeros momentos se sumó entusiastamente al levantamiento militar—, Edmundo Barbero, Fernando Fernández de Córdoba —que se reconvertiría en el portavoz oficial del régimen franquista—, Rosita Díaz Gimeno, Concha Cátala, Lolita Astolfi, Rosario Benito y Anita Sevilla.

Tras la azarosa feria taurina del anterior mes de mayo, esa misma tarde de julio estaba anunciada la cuarta y última becerrada de la oportunidad, en la que estaba previsto que se diesen a conocer cuatro desconocidos principiantes que no llegaron a vestir el traje de luces. Desde los primeros momentos de la sublevación castrense, dos baterías de cañones de los militares rebeldes se apostaron en los alrededores de la plaza de toros de los Tejares, desde donde lanzaron varios proyectiles contra las dependencias del Gobierno Civil. Allí se encontraban concentradas las principales autoridades republicanas. Con la asonada facciosa ya consumada, el recinto taurino acogió a varios cientos de presos demócratas, muchos de los cuales fueron ejecutados allí mismo. Unas semanas más tarde, el coso se convirtió en centro de operaciones de un regimiento de regulares y en el mercado permanente al que acudían numerosos mercenarios moros a vender los productos que antes habían saqueado a los republicanos cordobeses. La explosión de tres bombas de la aviación republicana destrozó parcialmente el edificio tauromáquico, al mismo tiempo que segó la vida del extorero Francisco González, *Serranito,* quien, con una pierna amputada, se ganaba la vida vendiendo lotería por las calles cordobesas.

En los primeros días de la rebelión castrense, el coronel Ciriaco Cascajo Ruiz, comandante militar de la plaza y jefe del Regimiento de Artillería Pesada n.º 1, impuso el terror entre los ciudadanos cordobeses constitu-

---

[193] *El genio alegre* es una obra de teatro escrita en 1906 por los hermanos Álvarez Quintero. En 1936, el director Fernando Delgado comenzó el rodaje de una película basada en ese texto. Interrumpido por la Guerra Civil, terminó de rodar en 1939 utilizando dobles en el lugar de varios de los actores originales, en esos momentos exiliados.

cionalistas para complacencia de numerosas personalidades locales. Entre ellas se encontraban los estoqueadores Rafael Guerra, *Guerrita,* y Machaquito, a quien se acusaba de apoyar a los escuadrones de pistoleros cívicos.

Esos grupos de ciudadanos civiles extremistas, uniformados con trajes cortos y armados con escopetas de caza, estaban formados en su mayoría por jóvenes aristócratas andaluces que se hacían acompañar por sus criados más fieles, todos ellos a lomos de sus respectivos garañones. Participaban en servicios de apoyo logístico y represión a la vez que imponían su ley a sangre y fuego en muchas localidades de la provincia cordobesa.

Otro siniestro personaje faccioso de esos días fue el oscuro banderillero cordobés Manuel Martínez de Dios, *Virutas* o *Conejito,* especialmente gracias a sus correrías en el barrio de Santa Marina.

Ya finalizada la Guerra Civil, y cuando aún no se habían enfriado los cadáveres de los ciudadanos asesinados, los responsables de la Hermandad de las Angustias nombraron hermano mayor de su cofradía al mismísimo Benito Mussolini.

Moreno de Ardanuy: «¡A comer República!»

Los ancestros de Félix Moreno de Ardanuy (Palma del Río, 1888 - Sevilla, 1960) procedían de la región cantábrica, y se habían establecido en la provincia cordobesa a principios del siglo xix, tras la guerra de la Independencia. Sus fincas agropecuarias y ganaderas estaban en las cercanías de las localidades de Peñaflor y Palma del Río. Al parecer, el origen de esta finca se remontaba a los tiempos de la Reconquista. Se aseguraba que Félix Moreno de Ardanuy tenía bajo su linde alrededor de veinte mil hectáreas de terreno agrícola y ganadero en el término municipal de Palma del Río y otras localidades de sus alrededores, posteriormente dividido entre sus numerosos herederos. Moreno de Ardanuy, casado con Enriqueta Moreno de la Cova, tuvo siete hijos: Félix, Carmen, Javier, Serafina, Enriqueta, Alonso y María Isabel. Su familia y los Gamero Cívico promovieron un colegio salesiano en Palma del Río en los años sesenta del siglo pasado, tal vez, por mala conciencia. Félix Moreno de Ardanuy y Manuel Serrano del Cid fueron los autores del libro *Filosofía taurina,* editado en 1920. Hombre muy instruido —dominaba el alemán, el italiano y el francés—, Félix Moreno había completado su formación en el Instituto Agrícola de Grignon (Francia). En opinión de uno de sus hijos, «era un republicano conservador». Moreno de Ardanuy era un hombre de estatura más bien baja, disciplinado y duro, lo que le valía el apodo de *Bismarck*. Su primogénito, Félix Moreno, reconoció la extensión que abarcaban las propiedades familiares cuando falleció el patriarca: «veinte mil hectáreas de terreno y siete fincas».

En 1918, Moreno de Ardanuy adquirió la vacada de Antonio Ruiz de Quintanilla, marqués de Saltillo, a su viuda. Seis años más tarde, el criador de ganado bravo era uno de los oradores en un mitin preelectoral que promocionaba el Bloque Agrario. A esa fuerza política la apoyaban las comisiones agrícolas locales dependientes de las Cámaras Agrarias de Jaén y Sevilla. En esos momentos se declaraba contrario a las políticas partidistas y afirmaba que únicamente aspiraba a defender los intereses del campo y la agricultura. En 1932, los hechos desmintieron sus declaraciones cuando resultó detenido por incumplir reiteradamente las medidas socializantes impuestas por la República; sin embargo, quedó en libertad con rapidez.

Ya en el otoño de 1931 circulaban rumores a lo largo del campo cordobés sobre la existencia de varios grupos de campesinos que asaltaban cortijos y daban muerte a algunas reses bravas para poder alimentarse, al tiempo que aprovechaban para robar los objetos de valor que encontraban. A veces, decían, con el beneplácito de algunos alcaldes de izquierdas de los términos municipales en los que se asentaban las ganaderías. Para dar apariencia legal a esas acciones, antes de dirigirse a las fincas, los grupos de proletarios se proveían de un certificado que les facilitaban los alcaldes y jefes de policía municipales afines a su pensamiento político.

Las inmensas extensiones agrícolas del terrateniente cordobés se concentraban a ambas orillas del río Guadalquivir, de manera que para su vigilancia necesitaba un extenso ejército de personas de su confianza. A la vista de la gravedad que estaban tomando las acciones de los grupos de campesinos más radicales, el gobernador civil autorizó a los grandes terratenientes para que constituyesen unas guardias cívicas con el objeto de defender sus posesiones.

Por su parte, los anarquistas palmeños se manifestaron en contra de la fiesta de los toros y de la mecanización de la agricultura. Consideraban que las grandes extensiones agrarias en las que pacía el ganado de lidia restaban una gran superficie productiva y los jornales correspondientes. Así, una noche de luna cerrada incendiaron la plaza de toros de su propia localidad.

En las elecciones de noviembre de 1933, el propietario de la antigua ganadería de Lesaca integraba una «candidatura anti-marxista» —Coalición de Derechas y Agrarios de Córdoba— que se promocionaba en diversos foros provinciales y a la que también apoyaban otros criadores de ganado bravo (Antonio Herruzo, Gamero Cívico, José Martínez...). Esta formación política finalmente se integraría en la CEDA. El hijo mayor de Moreno Ardanuy, Félix Moreno de la Cova, estaba afiliado a la Juventud de la Asociación Popular (JAP), agrupación que más tarde se integró en la Falange y con la que participó en la toma de Baena bajo la dirección del militar Sáenz de Buruaga.

En los primeros meses de 1933, el criador de ganado de lidia fue detenido por segunda vez acusado de negarse reiteradamente a labrar sus tierras alegando que no contaba con el dinero necesario; veinticuatro horas después fue puesto en libertad tras comprometerse a cultivar sus cortijos de Cabonge y Peñaflor.

Por aquel entonces, los braceros decidieron manifestarse en las proximidades de la finca de Moreno de Ardanuy, donde fueron recibidos por el propio ganadero con una descarga de perdigones. Ya había recibido antes a un camión de huelguistas radicales en la puerta de su cortijo montado a caballo, empuñando una pistola y amenazando con matar al primero que hollase sus terrenos. A consecuencia de las amenazas de muerte que recibía con regularidad, decidió trasladar su residencia a su palacete sevillano, dejando sus posesiones agropecuarias al cuidado de una milicia de servidores armados.

Félix Moreno se había significado como enemigo de la reforma agraria republicana de 1931. En marzo de 1936 fue detenido de nuevo por negarse a emplear y a pagar los jornales a los obreros forzosos que le habían impuesto por ley y a quienes invitaba a «comer República». A principios del mes de mayo ya les adeudaba 121.500 pesetas, de manera que recibió dos oficios de la alcaldía de Palma del Río en los que le notificaban el embargo de tres mil cabezas de ganado (dos mil cerdos, seiscientas unidades de cabrío, doscientas vacas, ciento veinticinco becerros y una piara de yeguas); estas serían subastadas para cubrir el «paro obrero» que debía a sus asalariados. El latifundista cordobés levantó acta notarial de lo que estaba sucediendo como prueba para poder presentar una querella contra el Gobierno. En el tira y afloja que mantenía el sector agrario y ganadero contra las leyes que pretendían que los latifundistas generaran nuevos puestos de trabajo, decidió despedir a todos sus trabajadores eventuales y no cultivar ninguna de sus tierras, siguiendo las orientaciones de las asociaciones patronales. Sin embargo, el nuevo gobernador civil nombrado por el Frente Popular, con la protección de la Guardia Civil, se lo impidió y ordenó su detención pese a que se encontraba escondido en Sevilla.

Con una dura y prolongada huelga de campesinos en la zona de Palma del Río se llegó a finales de mayo de 1936 sin encontrar solución al conflicto, a pesar de las numerosas reuniones mantenidas entre los patronos y los representantes de los braceros palmeños.

Temiéndose lo peor, y seguramente con noticias de primera mano acerca del levantamiento armado previsto para el 18 de julio, Félix Moreno continuaba escondido en Sevilla. Solo once días después del levantamiento, el diario *ABC* informaba de las ayudas en especie que había entregado el terrateniente cordobés al «Ejército salvador» (doscientos kilos de arroz y cien de garbanzos).

Por aquellos días, los grupos radicales de Palma del Río (o Palma Roja, como popularmente se la conocía entonces) colectivizaron todas las propiedades del criador de ganado bravo. A diario se sacrificaban varios toros de su camada y se transportaban en carretas hasta la plaza principal del pueblo para alimentar a la gente. Era la primera vez que la mayoría de los ciudadanos palmeños saboreaba carne de toro, que cocinaban en grandes calderetas.

A finales de agosto, Palma del Río cayó en poder de las tropas regulares de Córdoba, junto a las que el ganadero retornó a su pueblo dispuesto a vengarse de sus vecinos, los campesinos que habían osado matar el hambre con la carne de sus reses. El 27 de agosto, don Félix se tomó la justicia por su mano y se convirtió en el inductor de la ejecución de alrededor de trescientos vecinos. A pesar de las súplicas de clemencia de algunos de los condenados a muerte y de sus familiares, acabaron fusilándolos en grupos de diez contra el muro de un corralón anexo al palacio del cacique palmeño, una antigua fortaleza de origen morisco situada a las afueras del pueblo en la que residía durante el invierno.

Según los escritores Lapierre y Collins, Félix Moreno llegó a su villa natal a bordo de un Cadillac de color negro acompañado de otros caciques locales, descamisado, con una pistola al cinto y cubierto con un sombrero de paja, y cumplió la amenaza de asesinar a diez milicianos por cada uno de sus toros sacrificados. Su sed de venganza no estaba suficientemente satisfecha cuando sentenció que «no había matado nada más que a los mansos, y que aún quedaban los bravos».

Su hijo mayor, Félix Moreno de la Cova, posteriormente alcalde franquista de Sevilla, relató en su libro de memorias *Mi vida y mi tiempo. La guerra que yo viví* que se encontraba en Baena el día en que pasaron por las armas a un nutrido grupo de militantes de izquierdas en su pueblo natal.

En 1960, cuando falleció el ganadero, el cardenal arzobispo de Sevilla y el obispo de Córdoba le concedieron «indulgencias plenarias en la forma acostumbrada». Le enterraron en el panteón familiar del cementerio de Palma del Río, situado cerca de la tumba colectiva en la que yacían los milicianos a los que don Félix había ordenado fusilar.

Manuel Benítez, *el Cordobés*, el hijo del miliciano

Entre los cientos de braceros ocasionales al servicio de Félix Moreno Ardanuy se encontraba José Benítez, un hombre serio, bueno, honrado y padre de cinco hijos de corta edad. Manuel, el más pequeño, se convertiría muchos años después en el famoso estoqueador el Cordobés, a quien también apodaban el Renco —cojo—, mote que había heredado de su abuelo. José solo conseguía malvivir ejerciendo los trabajos más variados, que se le presentaban según la época del año, sin descansar un solo día: bracero, peón caminero, recogedor de aceitunas o camarero de un céntrico café palmeño durante los fines de semana y los meses estivales, en los que escaseaban los trabajos agrícolas.

Benítez no estaba afiliado a ningún sindicato ni partido político, aunque coincidiendo con la huelga de mayo de 1936 se posicionó con los desheredados de la fortuna, de su misma condición. De la misma manera, el 18 de julio se vio en la obligación de empuñar las armas en defensa de la República. Como es obvio, sus hijos se encontraban entre los vecinos de Palma del Río que saborearon por primera vez la carne guisada de los toros de Moreno de Ardanuy en los primeros días de la Guerra Civil.

Una vez que finalizó la contienda, Benítez retornó derrotado a la casa familiar, donde cuarenta y ocho horas después fue detenido y a continuación encarcelado en la prisión cordobesa de Miraflores. Unos meses después lo enviaron a una penitenciaría de Málaga, en la que lo destinaron a un batallón de trabajo encargado de reparar carreteras. Allí enfermó de tuberculosis y acabó ingresando en el Hospital de Córdoba, donde falleció en 1943.

Sus hijos, huérfanos de padre, perdieron a su madre dos años después, agotada de tanto trabajar para sacar adelante a sus cinco descendientes. A Manolito (Palma del Río, 1936), casi muerto de hambre y vestido con andrajos, su hermana mayor le metió en un improvisado orfanato palmeño que había puesto en marcha un sacerdote de esa diócesis.

Unos años después, el Renco comenzó a merodear por las inmensas fincas agrícolas vecinas en busca de comida para apagar el hambre con naranjas, verduras y hierbas silvestres, las cuales sustraía de las haciendas de don Félix. Todavía menor de edad, en los años siguientes comenzó a acudir a las tientas de ganado bravo de las ganaderías radicadas en su municipio, en las que acabó toreando «a la luz de la luna». Con excesiva frecuencia esto le granjeó palizas de los criados y encierros en los calabozos del cuartel de la Guardia Civil de Palma y el penal de Córdoba —en el que había permanecido su progenitor—. Cuando cumplió los dieciocho años le aplicaron la Ley de Vagos y Maleantes. En la mayoría de las ocasiones era acusado de robar gallinas y a efectos legales se le consideraba un «delincuente habitual».

Un día, el Cordobés decidió abandonar su pueblo natal para ganarse la vida trabajando primero en la recolección de remolacha y más tarde de peón de albañil. Al final se estableció en Madrid, villa en la que vivía una de sus hermanas. Allí hizo el servicio militar en el Regimiento de Carros de Combate de Carabanchel, en el que se licenció con veintitrés años. No mucho tiempo después, ya rico, famoso y con un gran desparpajo, llegó a codearse con el mismísimo jefe del Estado español, para quien en una ocasión toreó en exclusiva en una plaza de toros portátil instalada en los exteriores del palacio de El Pardo. También compartió con Franco (a quien brindó la muerte de numerosos toros en múltiples festejos promovidos para celebrar las efemérides más características del régimen contra el que había luchado su progenitor) varias jornadas de caza, una de ellas en el otoño de 1965, tal como quedó ilustrado en la prensa.

Córdoba taurina

En los primeros días de septiembre de 1936 comenzó a normalizarse la vida ciudadana en la capital califal, incluidas las funciones de cine y teatro. La reapertura de la plaza de toros tuvo que esperar al 15 de noviembre, cuando se programó un festival propagandístico a favor del Ejército Nacional, el Auxilio de Invierno y la Navidad del Soldado. Lo presidió el gobernador militar Ciriaco Cascajo, y abrieron el paseíllo las dos caras más visibles de las principales guardias cívicas: Antonio Cañero y Pepe Algabeño, a quienes acompañaron Belmonte, Márquez, Ortega... El caballista sevillano brindó la muerte de su novillo al coronel fascista, con adjetivos de máxima exaltación patriótica. En su turno, Juan Belmonte, que se vio impelido a torear pie a tierra, pasaportó su burel previamente banderilleado con rehiletes adornados con los colores de las banderas portuguesa y española, y dedicó su actuación a Córdoba y España. Por su parte, Domingo Ortega, desde el centro del anillo, ofrendó su trabajo a todos los presentes. Cerró la fiesta Pascual Márquez, que ofreció el estoqueamiento de su novillo al mando militar y a un grupo de moros heridos de guerra. El beneficio líquido que dejó el festejo ascendió a 61.665 pesetas. Los novillos pertenecían a los hierros «patriotas» de Moreno de la Cova y Gamero Cívico.

El 6 diciembre se programó un segundo festejo en la plaza de toros cordobesa a beneficio de las familias «de los héroes que valientemente inmolaron su vida por nuestra patria, pertenecientes a la Falange», según la información recogida en las páginas de *ABC*. La presidencia recayó en un escogido ramillete de muchachas de la Sección Femenina. El ganadero, rejoneador y falangista Pepe de la Cova Benjumea no pudo participar en el evento taurino por encontrarse destinado en el frente, desde donde no le permitieron acudir a estoquear. En su lugar compareció Manuel Rivas, miembro de un escuadrón de la Policía Montada de Sevilla. El sexteto interviniente (Rivas, Cámara, Zurito, Machaquito, Platerito y el soldado artillero Manuel Rodríguez, *Manolete*) estoqueó las reses regaladas por varios criadores de ganado bravo de la región (Antonio Herruzo, Viuda de García Pedrajas, Francisco Natera Rodríguez e Ignacio García).

De acuerdo con la información aportada por Francisco Moreno Gómez, los ganaderos Antonio García Pedrajas y Francisco Natera Rodríguez fueron asesinados el 23 de julio en la casa de Antonio Natera, familiar del segundo. Las fuerzas radicales la habían habilitado como presidio en el centro de Almodóvar del Río, antes de que llegasen las tropas nacionales y el escuadrón de Antonio Cañero, quien lucía en su uniforme campero la insignia de capitán del Ejército. Los días anteriores, los milicianos del

Batallón Villafranca habían cocinado en la plaza principal del pueblo unas enormes calderetas de carne de toro de la ganadería de Natera[194].

A finales de 1936, la aparente normalidad permitió la renovación de la junta directiva del Club Guerrita de Córdoba, ocasión que sus socios aprovecharon para mostrar su adhesión inquebrantable a la causa de los militares sediciosos.

El 13 de junio de 1937 aún tuvo ocasión de mostrar sus conocimientos de la lidia una desconocida estoqueadora falangista cordobesa, Antoñita Jordano. Vistiendo un ajustado traje de luces, participó en un festejo a favor de los flechas falangistas y de su correspondiente agrupación musical, algunos de cuyos miembros se encontraban en el frente[195]. Los otros protagonistas de este evento taurino fueron Domingo Roca, Paquito Casado, Pepito Luque y la banda infantil internacional Los Califas.

Antonio Cañero, miembro de los escuadrones montados

Antonio Cañero Baena (Córdoba, 1885-1952) está considerado como uno de los principales renovadores del arte del rejoneo. A este jinete, que dejó una huella indeleble en la historia del toreo a caballo, se debe la implantación de la indumentaria campera como parte fundamental de la iconografía propia de este tipo de lidia. A sus alazanes más afamados se los conocía con los nombres de Águila Blanca, Bordó y Torda. Cañero se medía con las reses en puntas, y las sorteaba de igual a igual con los matadores de a pie con los que compartía paseíllo. Después de torear a caballo acostumbraba a echar pie a tierra para demostrar que también era un excelente estoqueador. El cordobés incrementó el número de suertes exclusivas de esta especialidad, entre las que aún prevalecen la suerte a portagayola, la suerte de cara recibiendo, la suerte de cara al rostro, el banderillear a caballo, la suerte al estribo, la suerte a la grupa, la suerte a silla pasada…

Antonio Cañero era hijo de un profesor de equitación del arma de caballería, de quien aprendió todos los secretos de la doma y la monta de alazanes. Al igual que su progenitor, ejerció de profesor militar de hípica,

---

[194] *Op. cit.*
[195] *ABC,* Sevilla, 15 de junio de 1937.

lo que le permitió participar en numerosas competiciones deportivas y espectáculos taurinos benéficos y patrióticos, al menos desde 1913. En una de esas demostraciones filantrópicas celebrada en el circo de Córdoba en la temporada de 1917, junto a los también rejoneadores aficionados Pérez de Guzmán y Julián Cañedo, una res le hirió en el cuello y en una pierna. La gravedad de la cogida fue tal que le administraron los últimos sacramentos.

Cañero decidió convertirse en rejoneador en 1918, coincidiendo con un festival patriótico celebrado en Madrid en el que fue apadrinado por el capitán de regulares Adolfo Botín y Polanco. Este oficial murió en 1924 en una de las guerras coloniales contra el sultanato de Marruecos, cuando intervenía en una acción bélica dirigida por Agustín Muñoz Grandes.

Una tarde de septiembre de 1921, Cañero se convirtió en uno de los principales actores de la corrida de toros promovida en la capital del reino a favor del Ejército Nacional, presidida por Alfonso XIII. En 1923 triunfó en la Maestranza en un festival a beneficio de la Cruz Roja. En la temporada de 1924 pasaportó cuarenta festejos y protagonizó el film *La tierra de los toros*. En la campaña de 1925 cosechó numerosos éxitos en setenta actuaciones. En el ciclo siguiente, y tras sufrir una grave cogida en Bilbao, contabilizó treinta y cinco funciones. Y en la temporada de 1927, solo actuó diecisiete tardes.

A mediados de septiembre de 1928, una impresionante manifestación de tintes patrióticos y derechistas integrada por una representación de cada una de las cincuenta provincias españolas desfiló a lo largo del paseo de Carruajes de los jardines del Retiro, en un homenaje de reconocimiento a los cinco años de acción gubernamental del dictador Primo de Rivera. Este acto estuvo promovido por la agrupación política Unión Patriótica. En la cabalgata se pudo atestiguar la presencia de Cañero montado sobre un soberbio corcel; con aire marcial ondeaba la bandera de Córdoba y le seguía un nutrido grupo de jóvenes a los acordes de una banda de música. La información ofrecida en *La Vanguardia* confirmaba la participación de varios miembros del estamento taurino en las delegaciones de las ocho provincias andaluzas: «En la representación de Sevilla figuraban la banda municipal, el ex matador de toros Guerrita y los niños de Bienvenida, que iban mezclados en un grupo de caballistas»[196].

---

[196] *La Vanguardia*, 14 de septiembre de 1928.

En el invierno de 1930, el centauro andaluz viajó a las plazas americanas. En la corrida de despedida de Venezuela resultó corneado de gravedad. Al finalizar la temporada de 1935 decidió colgar los zahones. A principios de 1936 aún tuvo tiempo de entrevistarse con el embajador de Italia en España, y con él intentó promover su presentación en varias ciudades alpinas, incluida Roma. El 16 de junio de ese año, en una finca de la localidad madrileña de Villaviciosa de Odón, el caballista andaluz fue uno de los testigos del homicidio, aparentemente fortuito, del aristócrata donostiarra Alfonso Olivares, marqués de Murrieta, a consecuencia de un disparo de pistola que se creía previamente detonada[197].

En el verano de 1936 no tuvo que realizar ningún esfuerzo para aparecer en el festival patriótico que reabrió los portones de la Maestranza. Bastó con que Queipo de Llano requiriese su presencia. Volvió a actuar en muchos otros cosos nacionales, incluido el de Madrid, con motivo de la Corrida de la Victoria de los años sucesivos a 1939.

El 18 de julio de 1936, Antonio Cañero se integró en el movimiento de militares sediciosos con el grado de capitán de caballería, al frente de un grupo de ciudadanos civiles armados. Los días siguientes, tras recibir el armamento y los correajes reglamentarios que personalmente le remitió el general Queipo de Llano, el escuadrón de Cañero pasó a formar parte del Batallón del Gran Capitán, al que también pertenecían numerosos «falangistas de Acción Popular y otras procedencias oligárquicas». Estos grupos de cachorros totalitarios de sólida alcurnia estaban integrados por «caballistas, guardas rurales, aperadores de fincas y señoritos aficionados a la equitación»[198].

Al igual que el del Algabeño, el temible escuadrón de Cañero reprimió sin piedad a cientos de ciudadanos cordobeses republicanos desde los primeros momentos de la rebelión castrense. Al amanecer del 21 de agosto, montado a caballo y acompañado de tres baterías de artillería, Cañero promovió el primer ataque de las tropas nacionales contra Almodóvar del Río, localidad que resistía libre desde el primer día del mismo mes, cuando los milicianos se habían hecho con el control. En los siguientes meses, su escuadrón participó en numerosas operaciones represivas en el cinturón de la capital andaluza, especialmente en los alrededores de las localidades de Espejo y Castro del Río.

---

[197] *El Día,* 17 de junio de 1936.
[198] Francisco Moreno Gómez: *op. cit.*

El Batallón de Voluntarios de Córdoba, o Batallón del Gran Capitán, estaba comandado por el teniente coronel retirado Pedro Luengo Benítez, que en la posguerra presidiría múltiples consejos de guerra. En él se encuadraba la columna de Cañero, que protagonizó el mayor catálogo de venganzas que se recuerda contra personas contrarias a sus ideas. De acuerdo con los testimonios recopilados por Francisco Moreno Gómez, en las filas republicanas se parodiaba en verso la figura del rejoneador:

> Cañero,
> ya que has caído tan bajo,
> ponle una moña a Cascajo
> en lo alto del lucero.
> Entre los cuernos fascistas
> Cañero rejonea.
> Entre cornudos de pista
> la jaca caracolea.
> Capitán de chulería,
> señorito picador,
> si afino la puntería,
> no habrá rejoneador.
> Llena las calles de Córdoba
> con regodeos de los finos;
> fascistas de a caballo
> entre escuadrones de asesinos.
> Majadero de cuatro patas,
> caballista de tronío,
> comandante de las ratas,
> traidor de mucho sonío.
> Todo lo debes al pueblo;
> hasta tu nombre, Cañero.
> Prepárate a devolverle
> nombre y vida, majadero.
>
> *Pepe Tito,*
> Uno de Caballería

Cañero combatió en las trincheras madrileñas y de Sort (Lérida). Muchos años después, quedó reseñada su militancia en un partido político de extrema derecha, lo que le permitió acceder al cargo de concejal del consistorio de Córdoba.

Antonio Cañero falleció en su finca La Viñuela a finales de febrero de 1952. A su funeral, celebrado en la santa catedral de Córdoba y presidido por el canónigo Juan Font del Riego, asistieron numerosas personalidades de los mundillos taurino y castrense, entre las que sobresalían el exmatador Calerito y el ganadero Sotomayor. Su ataúd, con el cadáver amortajado con la túnica de la Cofradía de Nuestro Padre Jesús Nazareno de Montoro, se colocó sobre una gran carroza negra tirada por cuatro magníficos alazanes de color azabache y adornada con todas las coronas de flores que habían remitido, entre otros compañeros de profesión, José María Martorell y el duque de Pinohermoso. Antes de proceder a su entierro, la comitiva fúnebre recorrió la barriada de Antonio Cañero, un barrio de casas baratas que se habían levantado en las afueras de la ciudad en unos terrenos tasados en un millón de pesetas y que dos años antes el rejoneador había regalado a la Asociación Benéfica de la Sagrada Familia. Entre los cientos de telegramas de pésame recibidos en su domicilio se encontraban los remitidos por Fuentes Bejarano, Ale, Pedro Balañá, el Club Cocherito de Bilbao y el fotógrafo Alfonso.

Un año después, la viuda del caballista cedió sus pertenencias taurinas al Museo Municipal de Arte Taurino cordobés (en la plaza de las Bulas), el cual dedicó una sala a perpetuar la memoria de su paisano. En ella se mostraban fotografías, trajes, monturas, algunos regalos recibidos en contrapartida por los brindis y un cuadro de Ruano Llopis[199].

---

[199] En la sala correspondiente del Museo de Arte Taurino de Córdoba se exponían numerosos recuerdos de los diestros cordobeses que más habían destacado toreando a pie y a caballo. En la planta alta, sala D, se mostraba el despacho completo —sillería, cuadros, etcétera— de Lagartijo el Grande, así como múltiples recuerdos dispuestos en varias vitrinas; posteriormente, trasladaron estos objetos, que en vida del maestro se encontraban en su estudio de Madrid, al Museo Romero de Torres. En el museo se custodiaban también las pertenencias de Rafael Guerra, *Guerrita*, procedentes del Club Guerrita, incluidos varios trajes de torear y de calle. En diversas vitrinas se exhibían los recuerdos de la época torera de Rafael González, *Machaquito,* así como una soberbia escultura del propio torero obra de Mariano Benlliure, *La estocada de la tarde,* y tres cuadros de Roberto Domingo. Igualmente se muestran recuerdos de Lagartijo Chico. Es muy notable la sala dedicada a Manolete, en cuyo centro figura la maqueta del mausoleo cedida por el escultor Ruiz Olmos. También hay diversos vestidos de torear y capotes de paseo de Manuel Rodríguez y el traje corto negro que vistió la

El estoque de Rafael Guerra, *Guerrita*

El estallido de la Guerra Civil sorprendió a Rafael Guerra Bejarano, *Guerrita* (Córdoba, 1862-1941), consumiendo sus últimos años de existencia, lo que desmiente los rumores acerca de su participación directa en la represión a los ciudadanos cordobeses partidarios de la Segunda República. El 18 de julio de 1936, Rafael Guerra contaba setenta y cuatro años y ya llevaba casi cuarenta alejado de los redondeles. Era un mito viviente de la tauromaquia que a diario impartía «doctrina» en el club que glorificaba su nombre, mientras disfrutaba de una desahogada posición económica.

De acuerdo con algunas fuentes fiables, la posible pasividad política del veterano espada no debía de gustar a los militares insurgentes, tal vez por culpa de las ideas democráticas de su sobrino José Guerra Lozano, presidente de la Diputación de Córdoba en 1931 y posteriormente concejal del Ayuntamiento cordobés en representación del Partido Republicano Radical, al que asesinaron el 19 de agosto de 1936 sin que su tío Rafael moviese un solo dedo para salvar su vida. En el polo opuesto se encontraban sus otros dos sobrinos, José y Rafael Guerra, primos del anterior concejal, que respaldaron activamente el golpe militar.

En cualquier caso, a finales de septiembre de 1936, y para demostrar su adhesión inquebrantable al movimiento sedicioso, Guerrita entregó en persona a Ciriaco Cascajo uno de sus trofeos más preciados: un estoque con la empuñadura tallada en oro macizo, esmeraldas y otras piedras preciosas, de gran valor artístico y económico, especialmente fabricado para él en París por encargo de un acérrimo seguidor salmantino[200]. De acuerdo con el testimonio aparecido en las páginas de *ABC*, estas fueron las palabras de Rafael Guerra en la ceremonia de donación de la valiosa tizona: «Le entrego este estoque, que tenía en gran estima, como una de las prendas más queridas de mi actuación taurina, y estoy dispuesto a entregar todo lo que sea preciso y lo que tenga para ayudar a este ejército que nos ha salvado de los granujas y algarines de los marxistas…».

---

noche en que un grupo de intelectuales franquistas le obsequiaron con un banquete en Madrid. Figuran asimismo una mascarilla de Manolete, varios cuadros de Vázquez Díaz y Rafael Pellicer y otros objetos cedidos por la peña Los Amigos de Manolete.

[200] Carlos Manuel Perelétegui: *José Sánchez Gómez, «el Timbalero»*. Salamanca: Anthema Ediciones, 2002.

En 1951, el jefe del Estado español, el general Franco, prestó el antiguo estoque del diestro cordobés, en el que aún continuaba grabada la dedicatoria original («A Rafael Guerra, *Guerrita,* su amigo José Miguel Motta. Salamanca. Septiembre, 1897»), para su exhibición en el Museo de la Diputación Provincial de Madrid.

Entre las personalidades a las que había frecuentado el diestro se encontraba el rey Alfonso XIII, con quien acudía a cazar con regularidad. Es también conocido su apoyo al Gobierno dictatorial de Primo de Rivera, a favor de quien desfiló en los jardines del Retiro en 1928. Rafael Guerra, junto a otros veteranos compañeros y Queipo de Llano, presidió el festival taurino que reabrió las puertas de la Real Maestranza el 18 de octubre de 1936. En sus años en activo pasaportó 892 corridas, en las que estoqueó 2.570 bovinos.

Manolete, artillero nacional

Manuel Rodríguez Sánchez, *Manolete* (Córdoba, 1917 - Linares, 1947), inició su travesía por el planeta taurino en agosto de 1933 en una becerrada nocturna verificada en la plaza de toros de su ciudad natal. Gracias al buen trabajo mostrado, repitió actuación unas cuantas semanas más tarde (con Michelín y Martín Bilbao). Entre los ciclos de 1929 y 1933 protagonizó la parte seria del espectáculo bufo de la banda de Los Califas, con la que recorrió numerosas plazas españolas y francesas y que le sirvió para acumular oficio antes de vestir de luces. El estallido de la Guerra Civil interrumpió su progresión, aunque tuvo ocasión de cortar dos orejas y un rabo en el último festejo celebrado en el circo cordobés el 14 de junio (con Enrique Torres y Cerrajillas y reses de Pedrajas); aquella tarde ofreció una vibrante faena de muleta que le abrió de par en par la puerta grande.

A raíz del alzamiento del 18 de julio, Manuel Rodríguez fue declarado exento del servicio militar por estrechez de caja torácica. Para su desgracia, a principios de 1937, ante la escasez de efectivos humanos, no tuvo más remedio que incorporarse al Regimiento de Artillería Pesada n.º 1 de Córdoba. Radicado en el Cuartel de San Rafael (avenida de Medina Azahara, frente a la Facultad de Veterinaria), los oficiales al frente eran el comandante Manuel Aguilar Galindo y el teniente José Gutiérrez Ozores, muy aficionado a las corridas de ganado bravo. Estos mandos militares formaban parte del equipo del coronel Cascajo, con quien colaboraron en la toma del Ayuntamiento y el Gobierno Civil de Córdoba.

En una entrevista realizada por los escritores Lapierre y Collins a Rafael Sánchez, *el Pipo* —descubridor de Manuel Benítez, *el Cordobés*—, este aseguraba que él fue uno de los pocos que frecuentó la compañía de Manolete mientras vistió el uniforme del Ejército Nacional: «Estaba más delgado que nunca, y las mangas de su uniforme eran demasiado largas; le colgaban hasta los nudillos»[201].

Otros biógrafos del diestro de la figura triste aseguran que prestó el servicio militar en una batería de artillería en la que se ocupaba del mantenimiento de la piscina cuartelera. No obstante, parece confirmado que el entonces novillero participó activamente en algunas acciones bélicas —como artillero de segunda y batidor de primera— en los frentes de Peñarroya-Pueblonuevo[202], Villafranca[203] y Don Benito (Extremadura). En esos casi tres años de guerra actuó en alrededor de cuarenta festejos taurinos, la mayoría de exaltación patriótica, en diversas plazas cordobesas. Tras el fin de la confrontación armada colaboró todos los años desinteresadamente en los festejos que promovía su regimiento coincidiendo con la festividad de Santa Bárbara.

Manuel Rodríguez tuvo que esperar al 25 de octubre de 1936 para reaparecer en Écija (con Zurito, Palmeño, Gitanillo y Antonio Pazos). El 6 de diciembre participó en un festival promovido por la Falange en su ciudad natal (con Cámara, Zurito, Machaquito, Platerito y el rejoneador falangista Manuel Rivas).

Manolete se convirtió, gracias a los méritos cosechados sobre el albero, en el principal icono propagandístico de los militares felones cordobeses. Durante los meses que duró la Guerra Civil lo pasearon por los ruedos

---

[201] Dominique Lapierre y Larry Collins: *... O llevarás luto por mí*. Barcelona: Planeta, 2010.

[202] La localidad minera de Peñarroya-Pueblonuevo fue uno de los escasos pueblos cordobeses que permanecieron fieles a la República desde los primeros momentos de la asonada militar. El 13 de octubre de 1936 cayó en poder de las tropas franquistas; ocupó el pueblo una columna motorizada, tal vez del regimiento al que pertenecía Manolete.

[203] En Villafranca, las milicias republicanas se mantuvieron firmes hasta el 22 de diciembre de 1936. En esta localidad tenía instalado su centro de operaciones el batallón del mismo nombre.

provinciales que quedaban bajo su jurisdicción en tantas ocasiones como lo consideraron menester.

El soldado y novillero abrió la campaña de 1937 el 14 de marzo, en un festejo a beneficio de la asociación Auxilio de Invierno promovido por su propio regimiento. Compartió ruedo con Algabeño y Belmonte —a caballo—, Sánchez Mejías, Belmonte Campoy, Cámara, Rafael Ortega, *Gallito*, y Pepe Luque, y consiguió dos orejas y un rabo. En compañía de Cámara acudió a Lucena el 2 de mayo para pasaportar un festival en favor de los hospitales de sangre impulsado por su comandancia militar. Veinte días después compareció en la feria cordobesa de mayo (con Fuentes Bejarano y Manolo y Pepe Bienvenida), en la que obtuvo un formidable éxito y fue premiado con dos apéndices y un rabo. En esos festejos de la tradicional feria de mayo, impulsados por el Gobierno Civil, Manolete ratificó «que lleva dentro un torero», en opinión del cronista taurino de *ABC*. La carrera del famélico novillero estaba lanzada. El 30 de mayo estoqueó otra función en los Tejares, y el 24 de junio colaboró en una gala taurina de características piadosas en Cabra.

Sus reiterados triunfos en las plazas de su provincia natal motivaron que acudiese a Salamanca —capital provisional del Ejército franquista— el 14 de julio, donde estoqueó un encierro de Argimiro Pérez-Tabernero en el primer aniversario del asesinato del ganadero charro. En aquella ocasión cosechó los máximos galardones. El 15 de agosto, Manuel Rodríguez regresó a Córdoba para despachar un festejo (con Alcalareño y Pepe Luque) a beneficio del Cocido del Niño. El coliseo estaba repleto de emblemas fascistas y en torno a él desfilaron un escuadrón del ejército de caballería, miembros de la Falange y requetés. En esta ocasión, Manolete fue galardonado con dos apéndices. El 4 de septiembre trasteó un festejo en Priego de Córdoba. Tras su primer éxito en Salamanca, retornó a la plaza castellana el 21 de septiembre, donde fue herido de gravedad —por primera vez en su carrera— en el momento de entrar a matar. El 7 de noviembre participó en un nuevo festejo en Córdoba (con Chicuelo, Pepe Bienvenida y el Boni) patrocinado por el gobernador civil y el jefe provincial de la Falange. El 4 de diciembre, en una fiesta a favor de la Falange de Peñarroya-Pueblonuevo, Manolete cerró la temporada con la conquista de los máximos laureles.

En la temporada de 1938, el hijo de la señora Angustias se presentó en Sevilla, plaza en la que repitió actuación en los primeros días de junio. A finales de esa temporada resultó cogido de consideración por segunda vez en Córdoba.

Durante la Guerra Civil, Manuel Rodríguez estoqueó tres novilladas en 1936, once festejos en el curso de 1937, quince en la temporada de 1938 y once en el ciclo de 1939. En esta última temporada toreó cuatro festejos en Córdoba, dos en Sevilla, dos en Algeciras, una en Cádiz y otra en Cabra, y el 25 de junio en el Puerto de Santa María, siendo en esta plaza donde se despidió como novillero, alternando con Gallito y Paquito Casado y con reses del Conde de la Corte.

El 2 de julio de 1939 ya estaba preparado para recibir la alternativa, y el escenario elegido no podía ser otro que la Maestranza sevillana, coincidiendo con la tradicional Corrida de la Prensa. Había llegado el momento de acallar los insistentes rumores que ponían en tela de juicio su valía, pues la mayor parte de sus actuaciones habían tenido lugar en plazas cordobesas durante la contienda armada. El nombre del toro de la ceremonia, Comunista, de la ganadería de Clemente Tassara, fue modificado antes de que pisara el albero, ya que las autoridades nacionales no permitían la menor mención al enemigo recientemente derrotado. El de Manolete fue el primer doctorado que se concedió tras el fin de la contienda, y compartió cartel con Chicuelo y Gitanillo. El 12 de octubre confirmó la alternativa en Las Ventas, donde aún no se había presentado, con toros de Antonio Pérez-Tabernero.

Alternativa de Manolete en Sevilla[204]

---

[204] Fotografía de Serrano. Fototeca del Ayuntamiento de Sevilla.

En el ciclo de 1940, los empresarios, especialmente Pagés, programaron diversos enfrentamientos mano a mano entre Domingo Ortega y Manuel Rodríguez. La sentencia, inapelable, fue favorable al maestro andaluz.

En mayo de 1941, Manolete obtuvo en Las Ventas uno de los triunfos más sonados de su carrera, en una corrida a beneficio de los huérfanos de la Legión Española.

En la Corrida de Beneficencia de 1943 brindó un burel al general Franco de manera mucho más sobria que sus compañeros de terna: «Tengo mucho gusto en brindar este toro a nuestro caudillo».

Las autoridades franquistas convirtieron a Manuel Rodríguez en uno de los principales iconos del régimen. La propaganda nacionalista necesitaba personajes populares a quienes magnificar como portadores de las virtudes de la causa facciosa. Por ello, el 11 de noviembre de 1944, en el restaurante Lhardy, Manolete recibió el homenaje de un centenar de intelectuales afines al movimiento totalitario, entre los que se encontraban José María Pemán, Alfredo Marquerie, Agustín de Foxá, Raimundo Fernández-Cuesta, Adriano del Valle, José María Alfaro…

Cuando los diestros españoles pudieron retornar a las plazas mexicanas, Manuel Rodríguez se convirtió en la principal atracción de la afición de allende los mares. Con frecuencia se ha especulado sobre sus inclinaciones políticas y su colaboración, voluntaria o forzada, con la causa franquista. Otro de los hechos confirmados es que en su primera excursión a México quedó retratado en compañía de diversos intelectuales y políticos republicanos, entre los que se encontraban Pedro Garfias, Adolfo Sánchez Vázquez y Antonio Jaén Morente. También parece cierto que la tarde de su presentación en el Toreo, entre los veinticinco mil espectadores que abarrotaban los tendidos, se encontraba el político socialista Indalecio Prieto, quien uno de esos días invitó al torero a cenar en su casa.

Para aminorar el impacto mediático que esas relaciones indebidas generaban en la Península, el principal escriba del régimen, José María Pemán, ideó un episodio relativo a la supuesta decisión de Manolete de ordenar retirar una bandera republicana de la plaza de toros de México antes de que arrancase un festejo taurino. La realidad es que en aquel recinto jamás ondeó bandera alguna, ni republicana ni franquista. Parece más creíble la versión que afirma que el diestro cordobés era el único lidiador que imponía el comienzo de las funciones a las cinco en punto de la tarde, para evitar en la medida de lo posible toda la parafernalia parafascista que precedía a las corridas de toros.

También se cuenta que cuando tuvo recursos económicos suficientes «redimió» de su oscuro pasado sexual a alguna de sus hermanas; a una de ellas la acabó casando a cambio de dinero.

La última actuación de Manuel Rodríguez, *Manolete,* en Las Ventas, el 16 de julio de 1947, coincidió con la tradicional Corrida de Beneficencia, a la que asistió el general Franco. La cita fue solo unas semanas antes de sucumbir a las astas de Islero. Unos meses después, su madre, doña Angustias, asesorada por Álvaro Domecq Díez, envió al dictador gallego el vestido de luces de color rosa y oro que su hijo vestía esa tarde, con la correspondiente taleguilla agujereada por los pitones de Islero y manchada de sangre. Adjuntó una carta de agradecimiento en la que le expresaba su «gratitud póstuma de haberle concedido la Cruz de Beneficencia», condecoración que, en nombre de Franco, le había impuesto sobre el féretro el marqués de Valdivia. Previamente, la madre del torero había recibido un frío y protocolario telegrama de pésame: «En nombre de S. E. el Jefe del Estado y Generalísimo de los Ejércitos, le envío mi más sentido pésame por la desgracia que le aflige por la pérdida de su hijo, el gran torero Manolete».

Tras la Guerra Civil, el toro de lidia sufrió un progresivo achicamiento de su esqueleto y la reducción de su casta y acometividad. De esto se culpó al maestro de Córdoba, a quien la opinión pública acusaba de enfrentarse a toros muy pequeños y con las astas manipuladas. Cámara, apoderado de Manuel Rodríguez, impuso un tipo de toro acorde con los intereses de su pupilo, pero ni este hecho ni las secuelas de la contienda bélica fueron la causa fundamental, sino un cambio de reglamento. Hasta la temporada de 1930, los toros de lidia se corrían con cinco años cumplidos; al comenzar la temporada de 1931, la comisión redactora del nuevo Reglamento Taurino rebajó la edad del toro un año. Esta reforma no se hizo perceptible hasta la temporada de 1939, cuando se volvieron a programar funciones taurinas con cierta regularidad.

Corrochano, un torero derechista

Alfredo Corrochano Miranda (Madrid, 1912 - Granada, 2000) era hijo del prestigioso revistero taurino del mismo apellido, quien nunca dedicó una sola reseña a sus actuaciones. A pesar de la oposición familiar, Alfredo impuso su firme decisión de convertirse en lidiador, sobre todo a partir de una tarde de mayo de 1928 en la que mostró públicamente sus conocimientos en el festival taurino promovido por Alfonso XIII para ayudar a la construcción de la Ciudad Universitaria. Corrochano fue un discípulo aventajado de Ignacio Sánchez Mejías, quien le enseñó todos los secretos del arte del toreo. En la temporada de 1931, cuando recibió la alternativa, su padre dejó de escribir reseñas de toros. Se le acusaba de conseguir los contratos gracias a la amistad de su progenitor con Domingo Ortega.

Alfredo era un torero de corta estatura, valeroso y con depurada técnica, que sobresalía colocando garapullos y corriendo la pañosa con la mano siniestra. El 11 de agosto de 1934 cerró la terna que presenció la cornada mortal que el toro Granadino infligió a Sánchez Mejías. En la temporada de 1935 se hizo merecedor de uno de los primeros rabos concedidos en Las Ventas. Ese mismo año tuvo la ocurrencia de brindar un burel en exclusiva a los espectadores sentados en las localidades de sombra, lo que provocó el enfado del resto de los asistentes. A partir de ese momento le etiquetaron de torero derechista. Los meses anteriores al estallido de la guerra, Corrochano ejercía de vocal de la Asociación de Matadores de Toros. Obedeciendo las consignas gremiales a favor de la huelga taurina, permaneció encarcelado tres días y sus correspondientes noches por negarse a torear en la Monumental madrileña, pese a que presentó un certificado médico que acreditaba una supuesta enfermedad. La Guerra Civil prácticamente finiquitó su carrera.

La noche del 14 de julio de 1936 se subió en la madrileña estación de Atocha a un tren con destino a Baeza, plaza en la que debía torear al día siguiente. En el mismo tren viajaba Federico García Lorca, que abandonaba Madrid camino de su ciudad natal. La asonada militar debió de sorprender al torero en territorio franquista, pues no se registra ninguna intervención suya en las plazas de toros republicanas. En los meses invernales de 1936 reapareció en los ruedos de Venezuela y Colombia. El 19 de noviembre de 1938, Alfredo Corrochano promovió un festival patriótico en Ceuta, evento que repitió al año siguiente en Larache, en un coliseo provisional que llenaron al cien por cien las tropas legionarias y moras.

Cuando se cortó la coleta, Corrochano se convirtió en editor del diario *España* de Tánger —afín a la causa nacional—, fundado por su padre unos años antes. En este periódico colaboraban varios escritores de ideología liberal que aún no habían sucumbido a los encantos del nuevo régimen. Muchos años después, Alfredo Corrochano fue el primero y fugaz crítico taurino de *El País,* en el que solo redactó las dos primeras reseñas en 1976. Posteriormente, reeditó las obras literarias de su progenitor —*¿Qué es torear?, Teoría de las corridas de toros* y *Cuando suena el clarín*— y terminó convirtiéndose en agricultor de una finca situada en las riberas del río Tajo.

San Sebastián, capital provisional del planeta taurino

A finales del siglo XIX, San Sebastián se convirtió en el principal destino turístico de las clases sociales más pudientes, y en los meses estivales la ciudad acogía a las élites burguesas españolas, familia real incluida. También la frecuentaban las estirpes de algunos de los principales protagonistas del planeta taurino. Una parte fundamental de la programación de la Semana Grande donostiarra eran sus tradicionales funciones taurómacas agosteñas.

La plaza de toros del Chofre, con capacidad para trece mil quinientos espectadores, se inauguró el 9 de agosto de 1903 según un proyecto del arquitecto Francisco de Urcola. A la inauguración acudió el rey Alfonso XIII. Durante treinta y cinco años ejerció de máximo responsable de la sociedad propietaria Sabino Ucelayeta, a quien sustituyó Eduardo Pagés mediante un contrato de arrendamiento. En 1951, la plaza fue adquirida por la empresa Nueva Plaza de Toros de Madrid. Un coso anterior a este, el de Atocha, fue inaugurado en 1876, coincidiendo con el final de la tercera guerra carlista, y funcionó hasta 1902.

A mediados de julio de 1936, Eduardo Pagés ya tenía cerradas las combinaciones de toros y toreros para las corridas agosteñas. El 18 julio, San Sebastián se encontraba repleta de veraneantes, especialmente de procedencia madrileña, muchos de ellos con residencia en las localidades balnearias de Zarautz, Fuenterrabía, Orio, Zumaya, Deba, Cestona...

Después de cincuenta y seis días de enfrentamientos armados, el 12 de septiembre de 1936 las tropas nacionales se hicieron con el control de la capital donostiarra. A partir de ese día, San Sebastián se convirtió en el centro de operaciones de una parte significativa del planeta taurino, gracias a su cercanía con las plazas de toros francesas, las únicas que mantenían de manera regular la programación taurófila. El bar Choco se transfiguró en la principal bolsa de contratación de toros y toreros. En este establecimiento acabaron montando su improvisado escritorio profesional varios empresarios, apoderados y revisteros taurinos, entre los que sobresalían Pagés, Cristóbal Becerra, Manolo Monasterio (representante del Estudiante), el Papa Negro (agente de Domingo Ortega), Clarito, K-Hito, Luca de Tena…, además de los contratistas de caballos del Chofre y de los servicios de limpieza municipales, los hermanos Martínez Elizondo.

Eduardo Pagés Cubiña (Barcelona, 1891 - San Sebastián, 1945) era un hombre corpulento, inteligente, dialogante, de gran iniciativa e imaginación, que controlaba el devenir de muchos cosos, así como los intereses de algunos de los más afamados lidiadores. El empresario catalán había iniciado su trayectoria profesional como revistero del semanario taurino *El Miura,* en el que firmaba con el seudónimo de Don Verdades y del que llegó a ser director. Entre 1918 y 1930 colaboró en las revistas *El Arte Taurino* y *Zig Zag.* A la vez escribió los libros de tema taurófilo *Joselito o Belmonte, ¿cuál de los dos?* (1918), *Dominguín, su arte y sus éxitos* (1918) y *República del Toreo* (1931), y el libreto de zarzuela *Salustiano Patrono* (1922), al que pusieron música Jacinto Guerrero y Augusto J. Vela. La obra se estrenó en el Teatro Martín de Madrid el 24 de marzo de 1920, y la crítica aparecida en las páginas de *ABC* calificaba la zarzuela de «ocurrencia cómico-lírica […], obra que obtuvo un éxito muy lisonjero. Tanto el libro como la partitura gustaron mucho. Autores y actores salieron infinidad de veces a escena a recibir los aplausos del público». Pagés también escribió *Salustiana* (1922), *Una aventura ruidosa: caso de filosofía humorística* (1925) y *El momento taurino,* una conferencia que pronunció en el Club Cocherito en 1931. En los años veinte se hizo cargo de la dirección de los teatros capitalinos Fontalba y Maravilla.

Entre las numerosas iniciativas de Pagés se encuentra la promoción del toreo cómico y la invención de espectáculos cómico-taurinos. En 1916, promovió el espectáculo Charlot, Llapisera y su Botones, en el que el novillero Carmelo Tusquellas Forcén comparecía sobre la arena ataviado con una vestimenta similar a la de Charles Chaplin en sus películas. Otros espectáculos de la cosecha de Pagés fueron El Empastre, El Chispa y su Botones, El Bombero Torero y Fatigón y su Tonto, a quien descubrió en Sevilla.

A la vez promovió el toreo femenino y lo exportó a las plazas americanas, especialmente a raíz de la prohibición de que las mujeres lidiaran en los cosos españoles. Su visión del negocio taurino le convirtió en exclusivista de algunas de las principales figuras del toreo: Juan Belmonte —cuando reapareció en 1925 y 1934—, Rafael el Gallo —a quien firmó una exclusiva de treinta festejos en 1934— y Domingo Ortega.

Pagés programó funciones taurómacas, entre otras, en las plazas de toros de Madrid (1933-1934), Sevilla (1933-1945), San Sebastián (1927-1945), Barcelona, Valladolid, Salamanca, Santander, Vitoria, Gijón, Cáceres, Málaga, Bayona y Mont-de-Marsan.

Por delegación de la Comisión de Festejos de la Liberación de Bilbao, organizó, junto con Juan de la Cruz, la corrida del 18 de junio de 1939 que presidió el general Pinto y a la que asistió José Félix de Lequerica, embajador de España en París y exalcalde de la villa.

Unos meses antes de su fallecimiento, Pagés tenía muy avanzadas las negociaciones para la adquisición de la plaza de toros de Dax por veinticinco mil pesetas.

En 1927, el presidente de la Sociedad Anónima Nueva Plaza de Toros de San Sebastián, Sabino Ucelayeta, arrendó el Chofre donostiarra a Eduardo Pagés, quien, entre otras iniciativas, instauró una corrida de concurso en la que se ponía en juego el trofeo Toro de Oro, una escultura de Mariano Benlliure. Este premio se otorgaba mediante votación popular de los asistentes al festejo. Bajo el mandato del empresario catalán, la plaza de toros de la Bella Easo alcanzó las más altas cotas de excelencia taurina, gracias a las sinergias que generaba la plaza Monumental de Madrid. En 1928, Pagés se convirtió en criador de reses bravas tras adquirir la divisa de Francisco Molina, hierro que presentó un año después en la Maestranza.

En las temporadas de 1933 y 1934, Pagés controlaba los destinos de la plaza de toros de Las Ventas. La crisis que azotaba las celebraciones taurinas y el pleito que mantenía con los ganaderos de la Unión de Criadores de Toros de Lidia (que le negaban la posibilidad de lidiar reses de otras asociaciones ganaderas) le pusieron en una situación muy comprometida. De esta manera, para evitar las imposiciones de los criadores, a principios de 1934 solicitó la ayuda de Juan Belmonte, que se encontraba en Suiza; se entrevistaron en París, y Pagés le convenció para que reapareciese esa misma temporada. Además, colaboraron en la constitución de una nueva sociedad: Ganaderos de Toros de Lidia.

La Unión de Criadores se negaba a lidiar sus reses en la principal plaza madrileña, y ese boicot alcanzaba al trianero, que tenía una ganadería que no estaba integrada en la asociación anterior. El empresario y el espada habían acordado que el primero no adquiriría ganado de la Unión y el segundo no lo torearía. A mediados de julio de 1934, Pagés se vio forzado a renunciar a la gestión de la plaza capitalina a consecuencia de las presiones que los ganaderos ejercían sobre las autoridades políticas propietarias del principal coso madrileño.

En los primeros días de 1935 viajó a París para entrevistarse con Domingo Ortega y su apoderado, Domingo Dominguín, que acababan de llegar de ultramar. Al mismo tiempo, tenía escriturada la reaparición de Rafael el Gallo, con quien había firmado veinte corridas, incluida la del Domingo de Resurrección en Sevilla. Además, había rubricado otros contratos para ese mismo ciclo con los hijos de Sánchez Mejías y el mexicano Armillita.

Tan pronto como estalló la Guerra Civil, Eduardo Pagés se puso a salvo en el sur de Francia, donde gracias a su competencia rápidamente pudo programar funciones taurinas en los anfiteatros de Mont-de-Marsan y Bayona. Los inviernos de 1937 y 1938 viajó a Venezuela con Domingo Ortega y Juanita Cruz. En 1939, en sociedad con Nicanor Villalta, arrendó la plaza de Zaragoza. En 1944 fue uno de los encargados de restablecer las relaciones taurinas hispano-mexicanas.

Tras el fallecimiento del promotor taurino le sustituyeron al frente del coso guipuzcoano los hermanos Martínez Elizondo, quienes en 1947 se vieron obligados a indemnizar a los herederos de Pagés —una hija, una hermana y una sobrina— por la rescisión anticipada del contrato de arrendamiento de la plaza. En esos momentos, Exclusivas Pagés controlaba los anfiteatros taurinos de Sevilla, Valladolid, Salamanca y Gijón.

Manolete, se mantuvo en activo las temporadas de 1945, 46 y 47 en parte para corresponder a la ayuda que le habían prestado numerosos empresarios independientes cuando, cuatro años antes, Pagés vetó sus actuaciones en sus plazas. El diestro se quedó fuera de la feria de Abril de 1943 a raíz del veto orquestado por los grandes empresarios de la época: Eduardo Pagés, Orduña, Balañá y Peris, que fijaron un tope de treinta mil pesetas para los honorarios del monstruo cordobés. Este imponía en las contratas que ningún otro torero cobraría una sola peseta más que él. Domingo Ortega, que estaba retirado, aprovechó una suculenta oferta de Pagés para reaparecer. La escritura establecía que el espada toledano recibiría un porcentaje de la recaudación total, lo que hacía que en algunas ocasiones percibiese más dinero que el diestro cordobés. Cuando en la campaña de 1944 el empresario quiso renovar el contrato, Manuel Rodríguez exigió que le abonase el importe que había dejado de percibir el año anterior en las plazas en las que había pagado más a Ortega que a él. Inicialmente, el promotor taurino no se avino a abonar un solo céntimo más de la cantidad pactada, y además vetó las actuaciones de Manolete en sus redondeles, hasta que comprobó un descenso vertiginoso del número de asistentes a las corridas de toros que promovía cuando no comparecía el maestro cordobés. Así, al finalizar el curso de 1944, el patrón taurino no tuvo más remedio que viajar a Córdoba para entrevistarse con el diestro, a quien entregó un cheque por la diferencia de honorarios que le adeudaba. Ese año, sin acudir a las plazas controladas por Pagés, Manuel Rodríguez sumó setenta y una corridas de toros.

En la temporada de 1937 se corrieron ocho festivales taurinos y cincuenta y seis corridas de toros en las plazas nacionales, veinticinco de las cuales fueron despachadas por Jaime Noain y el Estudiante. Por su parte, en los escenarios republicanos solo se celebraron unos diecisiete festejos patrióticos, la mayoría en plazas levantinas. La programación taurina había desaparecido de las plazas democráticas ante la ausencia de reses y estoqueadores. ¿Qué pintaban los toreros fieles a la República en las ciudades donde no podían ejercer su profesión? En el lado opuesto, a medida que la Guerra Civil se fue alejando de las principales metrópolis controladas por el Ejército de Franco, se fueron recuperando las celebraciones tauromáquicas.

Francisco Martín-Caro Cases, *Curro Caro* (Madrid, 1915 - Málaga, 1976), falleció en la Ciudad Sanitaria Carlos Haya de la capital de la Costa del Sol tras sufrir un accidente de circulación en Casabermeja. Curro Caro fue un lidiador de amplio repertorio, limitados recursos técnicos y acusada personalidad. Retirado de la profesión, se dedicó al apoderamiento de matadores de toros sureños, entre los que eran los más conocidos Currillo y Miguel Márquez.

El 29 de septiembre de 1935, en la plaza de Madrid, los tres matadores anunciados protagonizaron un episodio ilustrativo de la ideología de cada uno. La corrida, calificada de «política», tuvo como principal protagonista a Nicanor Villalta, que brindó uno de sus bureles al público de sombra en exclusiva. Por su parte, Curro Caro dedicó uno de sus enemigos solo a los aficionados sentados al sol. Y, finalmente, el mexicano Lorenzo Garza optó por ofrecer la muerte de su morlaco —al que cortó el rabo— a todos los asistentes, sin excepción.

La contienda militar interrumpió la trayectoria ascendente del torero madrileño. Los meses siguientes prestó su concurso en alrededor de quince festivales de características patrióticas a favor de distintas instituciones democráticas. En agosto reapareció en la Monumental barcelonesa en el festival propagandístico que presidió Lluís Companys. Desde la capital catalana viajó a Albacete, donde satisfizo la curiosidad por la fiesta brava de los miembros de las Brigadas Internacionales. Después de una *tournée* a través de varias plazas de toros manchegas y mediterráneas, reapareció en el Chofre donostiarra en enero de 1937. A partir de entonces colaboró en numerosos festivales a favor de la causa franquista.

En 1939, cuando se normalizaron las celebraciones taurómacas, el interés de la afición recaía ya en otros nombres más novedosos. En los meses invernales, como la mayoría de sus compañeros, Curro Caro viajó a los cosos americanos. El 15 de agosto de 1941 sufrió una gravísima cornada en Ávila. El 20 de septiembre del año siguiente obtuvo un sonado éxito en Madrid. El curso de 1943 solo consiguió estoquear dieciocho corridas. En 1950 recibió en Colmenar la cornada más grave de su carrera, y, finalmente, el 30 de septiembre de 1951 se cortó la coleta en la plaza de la capital de España, en una tarde en la que confirmó el doctorado a su hermano Antonio.

Otro de sus colegas de oficio de esos mismos años, Antonio García Bustamante, *Maravilla* (Madrid, 1911 - Fuengirola, 1988), fue uno de los protagonistas más activos en el boicot a los toreros mexicanos en la primavera de 1936, como directivo de la Asociación de Matadores de Toros, motivo por el que le acabarían encarcelando. De igual manera, intervino en las asambleas decisorias y las negociaciones con el Gobierno republicano para intentar resolver el conflicto. A causa de esos problemas recibía con frecuencia amenazas telefónicas. Antonio García fue quien le asestó un contundente bastonazo al apoderado Miguel Torres durante el conflicto taurino hispano-mexicano.

Los últimos días de julio de 1936, Maravilla, en su condición de vicepresidente de la asociación de profesionales taurinos, y Mauricio García, *Cortijero,* remitieron un comunicado a los medios de comunicación en el que informaban de «que hemos abierto una suscripción para los hospitales de sangre, a la que invitamos a todos los toreros, ganaderos, empresas taurinas, apoderados y aficionados en general».

Esos donativos se podían depositar en la sede de la asociación de rehileteros. Maravilla colaboró activamente en diversos festivales a favor de las instituciones republicanas (en Alcalá de Henares, Cuenca, Murcia, Albacete…), incluido el correspondiente a la reapertura de Las Ventas el 16 de agosto de 1936. Allí levantó el puño al finalizar el paseíllo sin el mínimo recato. En los primeros días de octubre mostró por última vez sus conocimientos en la plaza de Barcelona. A finales de ese mismo mes le anunciaron en Marsella, desde donde se trasladó a territorio nacional para reaparecer en el mes de enero de 1937 en el Chofre.

Antonio García, en sus años juveniles, había simultaneado el aprendizaje de la lidia con un empleo en el Juzgado de Primera Instancia de Madrid. Cuando daba sus primeros pasos por el planeta taurino contó con la protección del crítico Don Justo (Isidro Amorós Manso). Junto al también principiante Pepito Fernández Aguayo, hijo del fotógrafo Baldomero —cuyo oficio acabaría abrazando—, completó la cuadrilla de Niños Toreros Madrileños. En 1932, tras sus repetidos éxitos novilleriles, recibió la alternativa en Santander. Una grave cornada en la Corrida de Beneficencia de 1944 le quitó para siempre el valor imprescindible para ajustarse el traje de luces. En los años setenta ejerció de empresario de las plazas madrileñas de Vista Alegre y San Sebastián de los Reyes.

El 25 de julio de 1937, festividad de Santiago Apóstol, la plaza de toros de San Sebastián vistió sus mejores galas para acoger la celebración de la Corrida de Beneficencia que tradicionalmente se celebraba en la capital madrileña. Los espadas anunciados en esta ocasión (Ortega, Manolo Bienvenida, el Estudiante y Márquez, con cuatro reses de Domecq y otras tantas de Miura) brindaron uno de sus enemigos a los representantes diplomáticos de Alemania, Italia y Portugal, quienes previamente habían escuchado los himnos nacionales de sus respectivos países puestos en pie y con el brazo en alto. De acuerdo con el testimonio recogido en *ABC,* se produjeron en los tendidos «delirantes aplausos y manifestaciones patrióticas». Finalizado el festejo, todos los intervinientes fueron invitados a una fiesta en el Casino de la Playa en la que se homenajeaba a las «naciones amigas».

La Falange guipuzcoana organizó una nueva función taurino-benéfica el 15 de agosto que sirvió para abrir el programa de la Semana Grande; el cartel lo componían Marcial Lalanda, Bienvenida, De la Serna y Juan Belmonte subido a caballo. El 29 de septiembre, una multitud de espectadores volvió a abarrotar los tendidos del Chofre para presenciar un nuevo festejo en favor de la Falange local, al que acudieron los embajadores de los países aliados del Gobierno de Franco.

A lo largo de la campaña de 1938, la vida cotidiana se fue normalizando en las principales urbes nacionales. Las celebraciones taurinas comenzaron a caminar en paralelo a la celebración de las festividades políticas y religiosas de obligado cumplimiento. El ejercicio taurino de ese año se resumió en setenta y tres corridas de toros —veintidós en Francia— y alrededor de ciento setenta novilladas en territorio nacional. Ese año capitaneó el escalafón Marcial Lalanda, con veintidós comparecencias, seguido por Domingo Ortega, con diecinueve. Manolo Bienvenida —ya gravemente enfermo— solo pudo estoquear seis festejos.

El 3 de febrero de 1938, la plaza donostiarra acogió una nueva velada taurina (con Lalanda, Manolo y Pepe Bienvenida, Juan Montalvo y Juan Mari Pérez-Tabernero) que sirvió para abrir el ciclo. El 24 de marzo, Domingo de Resurrección, se volvieron a abrir las puertas del Chofre en un festejo que contó con la participación de Vicente Barrera. A finales de mayo se estoquearon reses de Alipio Pérez-Tabernero en el mismo escenario (Lalanda, el Niño de la Palma y Pepe Bienvenida). Y por segundo año consecutivo, se promovió una fiesta benéfica de gran boato el 25 de julio, festividad de Santiago (con Lalanda, Domingo Ortega y Noain).

La relación de festejos correspondientes a la campaña de 1939 en las plazas nacionales se abrió en los circos de Coria del Río, Vejer, San Fernando de Henares, Valverde del Camino. Estos cosos ofrecieron la oportunidad de vestirse de seda y oro a numerosos principiantes, ávidos de olvidar lo más rápido posible las penurias de la guerra y de abrirse un hueco en el oficio. Esa temporada se corrieron ciento veinticinco corridas de toros y cuatrocientas seis de novillos, que marcaron el comienzo de la normalización de la fiesta de los toros.

El viernes 14 de julio de 1939, se celebró una corrida goyesca en la capital guipuzcoana organizada expresamente en honor del conde Ciano, embajador plenipotenciario del Gobierno de Italia y yerno de Mussolini. Las triunfales jornadas del conde Ciano en la Bella Easo comenzaron cuando fue recibido por un escuadrón de la Guardia Mora, junto con el que atravesó los arcos triunfales —erigidos ex profeso para la ocasión— que marcaban el recorrido hasta el palacio de Ayete, residencia veraniega del general Franco. El conde aprovechó para saludar efusivamente a los miles de ciudadanos donostiarras que se concentraban a lo largo del recorrido. La recepción se completó con una visita al Museo de la Guerra, instalado en el Kursaal. La tarde de la corrida, el redondel apareció engalanado con los colores y estandartes de ambos países mediterráneos y se escucharon los compases del *Cara al sol* y la *Giovinezza* —himno del *fascio* italiano—. Los estoqueadores, por supuesto, saludaron a la romana tras el paseíllo. Una vez concluido el festejo, el político italiano felicitó personalmente a cada uno de los matadores (Lalanda, Ortega, Juanito Belmonte y Juan Belmonte, que toreó a caballo). Juanito Belmonte brindó un burel al ministro de Gobernación.

La Glorieta salmantina

Al doctor en tauromaquia Pepe Amorós Cervigón (Salamanca, 1911 - Madrid, 1997) la insurrección castrense le sorprendió en su ciudad natal. Solo hacía unos meses que su paisano el revistero de *El Adelanto* José Sánchez, *el Timbalero,* amigo de Indalecio Prieto y una de las primeras víctimas del franquismo en la capital del Tormes, había levantado acta de la profunda convicción democrática del matador castellano: «Pepe Amorós es un torero republicano, que quiso haber toreado con una muleta tricolor. Tenía fe en su alternativa, como la tuvo en el triunfo de la República. ¡Ya logró las dos cosas! ¡La República y la oreja de su alternativa! Pues ¡viva el torero de Salamanca! Y ¡viva la República!»[205]. Sin embargo, su lealtad con la legalidad constitucional solo le duró hasta el 18 de julio. Unos días después, el diario *ABC,* haciéndose eco de la propaganda que emitía Radio Burgos, le etique-

---

[205] Carlos Manuel Perelétegui: *op. cit.*

tó de «valiente torero falangista» después de que participara en un festival taurino patriótico en el Alto de los Leones (Guadarrama).

Una banda de música de las tropas nacionales encabeza el paseíllo en la plaza de toros de San Sebastián. Al fondo se vislumbra a los toreros[206]

El 30 de enero de 1937, Pepe Amorós abrió la campaña en San Sebastián, en un festejo que sirvió para atestiguar la presencia en territorio nacional de varios estoqueadores hasta entonces considerados republicanos (el Estudiante, Curro Caro y Maravilla). Dos semanas más tarde pasaportó otro festejo de análogas características en la Maestranza. En el mes de julio se lució en su ciudad natal. Cuando finalizó la contienda armada ocupó un puesto en el paseíllo del festival con que se reinauguró Las Ventas.

Como la mayoría de los espadas de esta generación consumió el escaso crédito profesional que le quedaba (debido al paso del tiempo y a la escasez de nuevos triunfos en los redondeles) en las «minas» taurófilas de México, Colombia, Venezuela…, hasta que en 1952 no encontró mejor solución que reconvertirse en subalterno de Gitanillo de Triana y Ochoa Rovira. Transcurridos varios años ocupó un puesto de asesor presidencial en la plaza de toros de Madrid.

Amorós era contertulio del Café de Correos, en el que antes de la Guerra Civil se citaban, entre otros personajes famosos, Neruda, Miguel Hernández, García Lorca y los estoqueadores Vicente Barrera y Marcial Lalanda.

---

[206] Fotografía de Pascual Marín. Kutxateka.

Uno de sus hermanos, Eladio (Madrid, 1903 - Salamanca, 1987), le había precedido en el ejercicio de la profesión. Estoqueador de segundo nivel, casualmente un periodista se lo encontró paseando por las calles del centro de Madrid en octubre de 1937. Lucía un flamante uniforme de teniente del Ejército Popular, y sobre la marcha le hicieron una interviú:

—Me alegra el verte de oficial del Ejército Popular —le digo.
—En realidad —me responde— no podía estar en otro lugar. ¿Tú no sabes que todos los toreros somos hijos del pueblo? Qué poquitos nacidos en el señorío y el bienestar han llegado a ser algo «del toro»... Por eso nos duele que otros que se fueron no hayan sabido comprometerse así. Dime tú qué van ganando los que se «piraron» con torear a beneficio de una guerra de invasión patria.
—Considera que ellos son ya capitalistas, que cobran rentas, tienen fincas y algunos hasta alternaron con duquesas de postín... Otros eran ya fascistas. Si no lo hubiesen sido, no hubiesen creado los problemas con los compañeros mejicanos.
—En eso tienes razón, la lucha de clases tenía que sentirse en este gremio, en este aspecto de la vida española, como en los otros. Ellos eran los patronos y como patronos, cerriles y rencorosos, han reaccionado.
—Pero convenía hacer algo para reivindicar a la clase, al gremio, ¿no te parece?
—Hombre, ¡claro! Y sería interesante que te entrevistases con el presidente de la Asociación (José Neila), pues él debe tener datos mas concretos. Yo debo marcharme ahora mismo a... pues soy ayudante de la Brigada 111[207].

El 13 de julio, cinco días antes de la insurrección armada, se corrió una novillada en la plaza de toros de la Glorieta (con Colomo, Luis Díaz, *Madrileñito*[208], y Gandul). Salamanca se adhirió al movimiento militar in-

---
[207] *Heraldo de Madrid*, 3 de octubre de 1937.
[208] Luis Díaz, *Madrileñito* (Madrid, 1907-1971), recibió la alternativa a principios de 1935. En agosto de ese mismo año, tras admitir una suculenta oferta económica de

surgente desde el primer momento. Los meses anteriores, los principales ganaderos de la región castellana habían formado una guardia cívica, o Tercio de Cazadores, con la misión de reprimir a los braceros de sus fincas. El 18 de julio, las familias de la mayoría de los principales ganaderos de reses bravas salmantinos, entre ellas las de los hermanos Pérez-Tabernero, se encontraban a salvo en Portugal.

Tras el levantamiento castrense, el general Francisco Franco instaló su directorio militar en Salamanca, lo que hizo que la ciudad castellana se llenase con varios miles de soldados y oficiales de nacionalidad alemana, italiana y española. Todos ellos abarrotaban las instalaciones del taurinísimo Gran Hotel, por el que también pululaban numerosos falangistas armados.

El 21 de septiembre de 1936, la Junta Militar se reunió por primera vez en la localidad salmantina de Matilla de los Caños, en la dehesa del criador de reses bravas Antonio Pérez-Tabernero, amigo a su vez del general Alfredo Kindelán. En una de estas cumbres castrenses, el general Franco fue designado generalísimo de los tres ejércitos golpistas. Tras su nombramiento como jefe de Gobierno del Estado español y Generalísimo de las Fuerzas Nacionales de Tierra, Mar y Aire, el 1 de octubre, el espadón ferrolano trasladó su cuartel general al palacio episcopal de la capital charra, en el que permaneció junto con su familia dieciocho meses. Este edificio fue gentilmente cedido por el obispo Plá y Deniel, tal vez pensando en su ubicación estratégica cerca de la frontera portuguesa.

En la finca de San Fernando de los Pérez-Tabernero, cuartel provisional de numerosos pilotos germanos, se improvisaron las pistas de un aeródromo militar, Campo de Nuñodomo, al que acudían con regularidad los principales generales facciosos (Mola, Queipo de Llano, Kindelán, Orgaz, Dávila, Cabanellas…), integrantes de la Junta de Defensa Nacional. Allí eligieron director único del levantamiento armado a Franco.

Pagés, renunció a la ceremonia para estoquear una veintena de novilladas, incluidas tres en Madrid, donde reapareció el 15 de agosto. En esos momentos le representaba Daniel Argomaniz. El 17 de julio de 1938 volvió a tomar la alternativa en Burgos con motivo del segundo aniversario del levantamiento armado (con Domingo Ortega y el Estudiante). Broncista de profesión, Luis Díaz fue llamado a filas en los primeros días de la guerra. En los años cincuenta se dio de alta en el gremio de los banderilleros. A finales de los años sesenta ejercía de apoderado del novillero bufo Blas Romero, *el Platanito*.

En plena Guerra Civil, y en agradecimiento a los servicios prestados, el general gallego y su esposa apadrinaron el enlace matrimonial de Amelia, la hija del ganadero Antonio Pérez-Tabernero, en la finca de Villar de los Álamos (también propiedad de la familia).

La represión facciosa en la capital charra se visualizó con el fusilamiento de los socialistas Casto Prieto —alcalde, médico y catedrático— y José Andrés Manso —profesor y diputado—. De acuerdo con algunos testimonios, este, en los primeros momentos, fue recluido en la plaza de toros de Salamanca, y posteriormente lo asesinaron en la carretera de Valladolid. Con frecuencia se ha especulado sobre si los asesinaron siguiendo el ritual propio de un festejo taurino.

En septiembre, los más renombrados estoqueadores se ofrecieron a la Junta Nacional de Defensa de Burgos para participar en tantos festivales patrióticos como fuera menester.

El 7 de marzo de 1937 se reabrieron las puertas del coliseo taurino de Salamanca, coincidiendo con la celebración de un festival patriótico en el que se corrieron seis novillos regalados por algunos de los principales criadores de reses (Fuentes Bejarano, Antonio Posada, Ortega, Maravilla, Domínguez y Curro Caro). Una vez más, a este festejo asistieron los embajadores de Italia y Alemania. Esos mismos días se programaron en Valladolid las primeras funciones taurinas de la nueva era en un recinto provisional de madera montado en unos terrenos de la Real Sociedad Hípica. La plaza de toros se encontraba ocupada por las tropas nacionales.

Fernando Domínguez Rodríguez (Valladolid, 1907-1976) era hijo de un carnicero del mercado del Campillo. En los comienzos de su carrera se le conocía con el apodo del Chico de Cleto, nombre de su progenitor. Tras completar las enseñanzas básicas, el 11 de octubre de 1925 debutó en la plaza de toros de su ciudad en una novillada económica (con Finito de Valladolid, Martín y Periquillo), y reapareció un año más tarde en el papel de sobresaliente.

La insurrección militar sorprendió a Fernando Domínguez en la capital de España. El 16 de agosto se vio impelido a prestar su concurso en el primer festival patriótico corrido en la Monumental tras el arranque de la guerra. Una semana más tarde acudió a Carabanchel para participar en un nuevo festejo del que levantó acta Mijaíl Koltsov. En el mes de octubre pasaportó otro festejo patriótico en Barcelona. El 7 marzo de 1937 reapareció en Salamanca en un festival patriótico a beneficio del Auxilio Social.

En ese mismo escenario repitió actuación el 27 de mayo (con Bienvenida y De la Serna).

Tras la contienda bélica, Domínguez solo consiguió torear de manera ocasional. En 1940 lo hizo en cuatro ocasiones, dos más en el ciclo de 1942, y una única y última vez en septiembre de 1944 en Valladolid (con toros de Molero).

Antes de arrancar la temporada de 1936, el matador vizcaíno Jaime Noain (Gallarta, 1901 - Madrid, 1973) había firmado con el empresario Arturo Barrera una exclusiva para despachar cuarenta corridas de toros. Por desgracia, la contienda armada solo le permitió cumplimentar la mitad de las contratas. En junio, coincidiendo con el conflicto que enfrentaba a los toreros españoles y mexicanos, se negó a torear en Murcia. En octubre, las cuadrillas de subalternos y sus jefes de fila, Jaime Noain incluido, comparecieron en el ruedo de Albacete saludando con el puño en alto tras finalizar el paseíllo. En esa ocasión resultó herido de gravedad.

En la temporada de 1937, el maestro gallartino continuó prestando su colaboración en varios festejos patrióticos en las plazas de la órbita republicana. El 12 de mayo acudió a Barcelona a torear un festival en homenaje al Gobierno de Euskadi, tarde en la que otorgó la alternativa al Niño de la Estrella. Junto a Vicente Barrera esperó la ocasión más propicia para trasladarse a Burdeos, ciudad que encontraron plagada de banderas francesas y tricolores españolas y donde estaba prevista su actuación el 14 de julio, fiesta nacional del país vecino. Ese día se reencontró con Domingo Ortega, quien le animó a que se pasase a territorio nacional. Solo tres días más tarde, las autoridades franquistas programaron su reaparición en Salamanca, coincidiendo con el primer aniversario del levantamiento armado (el Niño de la Palma y Amorós con reses de Cobaleda). A ese festejo, promovido por la Cruz Roja, asistió la esposa del general felón, Carmen Polo, acompañada por las cónyuges de los representantes consulares de las «naciones amigas», los máximos mandos militares de los Ejércitos de Tierra, Mar y Aire y una representación de los heridos de guerra, que ocupaban las localidades más prominentes.

El 19 de junio de ese año, la villa de Bilbao había sucumbido a la ofensiva requeté, lo que facilitó la vuelta del matador de toros vizcaíno a su tierra natal para participar en las corridas agosteñas. Unos años antes, tal vez recordando sus ancestros navarros, se había afiliado al Centro Carlista de la calle de Jardines en la villa de don Diego. El 30 de octubre de ese mismo año, un grupo de admiradores y correligionarios del maestro de Gallarta promovió una cena de homenaje en el hotel Torrontegui con un menú encabezado por un «Saludo a Franco y ¡viva España!»; la «cena íntima en honor del gran torero y gran amigo Jaime Noain» incluía por veintidós pesetas el menú las gratificaciones, los subsidios impositivos y el cubierto ingerido por el homenajeado.

Los meses invernales de 1937-1938 Noain viajó a los cosos americanos formando parte de la «cuadra» de Domingo Ortega. Como nunca consiguió reverdecer el estado de gracia artística anterior al alzamiento nacional, tras la campaña de 1943 se cortó la coleta. Posteriormente abrió una sastrería en una céntrica calle madrileña.

En septiembre de 1937, la Glorieta salmantina acogió tres funciones de toros correspondientes a su habitual feria taurina. Esa edición fue promovida en favor del Ejército Nacional y del Acorazado España, bajo la dirección del alcalde de la ciudad, el militar Francisco del Valle. Cada tarde se corrieron seis reses que regalaron otros tantos criadores de toros bravos, salmantinos y andaluces, y las despacharon los principales ases de la baraja taurina, incluido el rejoneador Juan Belmonte.

El madrileño Juan Martín-Caro Cases, *Chiquito de la Audiencia* (nacido en 1910), hermano del también matador de toros Curro Caro, era hijo de un oficial de la secretaría de la Audiencia de Madrid. En los primeros meses de guerra, la prensa le consideraba fiel a los principios republicanos. Tal vez como premio a su participación en los festivales patrióticos de Las Ventas, Alcalá de Henares y Hellín, con la llegada de los meses invernales, el Gobierno republicano le permitió viajar a los coliseos de Venezuela, Colombia y Perú. En el mes de marzo de 1937 reapareció en la plaza charra, en esos momentos cuartel general de Franco.

En el primer festejo feriado, el 14 de septiembre, la ciudad de Salamanca homenajeó a la Marina española, de manera que la Glorieta se engalanó con numerosos colgaduras y pebeteros de inspiración marítima. El palco presidencial lo ocuparon el máximo dignatario municipal y los mandos de las distintas armas militares estacionadas en la ciudad. Antes de arrancar la lidia comparecieron sobre el redondel cinco miembros de la caballería mora, debidamente ataviados con unas túnicas coloristas y montados sobre unos fastuosos caballos árabes; los secundaba una nutrida representación de las diversas fuerzas armadas. La banda de música de la Escuela de Marina del Ferrol interpretó los himnos de la Falange, el requeté y el nacional. Los espectadores los escucharon puestos en pie y con el brazo extendido, «entre entusiastas vivas a España, al Generalísimo, a la Marina y al Ejército», de acuerdo con el acta del festejo que ofreció *ABC*. Curro Caro brindó su burel a los marinos y Lalanda, a un oficial del Ejército.

En el festival que clausuró la temporada salmantina, el 19 de septiembre, llamó la atención la presencia de un grotesco espada de Alemania, Willy Rau, soldado de la Legión Cóndor, que se presentaba vestido de luces ante el impagable regocijo de sus colegas de milicia. Ese mismo aspirante toreó en el ruedo de Bilbao sin el más mínimo éxito en la primavera de 1938. Una vez finalizada su penosa actuación realizó varias declaraciones a la prensa germana en las que expresaba su intención de exportar la corrida de reses bravas a su país. Tras el conflicto bélico se quedó a vivir en España.

Burgos, plaza nacional

En febrero de 1938, una vez que las tropas requetés conquistaron la villa de Bilbao, Franco trasladó su cuartel general a Burgos. Salamanca continuó acogiendo las dependencias de diversos estamentos castrenses, entre los que se encontraban los mandos de las tropas de Italia y Alemania —Legión Cóndor— y una parte del Ejército franquista.

Como era habitual, el ruedo (en este caso, el del Chofre) se engalanaba con el nuevo escudo nacional, yugo y flechas incluidos, así como con el de la ciudad donde se celebraba la lidia[209]

---

[209] Fotografía de Pascual Marín. Kutxateka.

El año anterior ya habían comenzado a programarse funciones taurinas en la plaza de toros burgalesa, la primera, el 25 de junio de 1937. En la temporada de 1938 se promovieron ocho festejos. Nunca antes se había presenciado una actividad taurófila parecida en la ciudad castellana. El ciclo de festejos se abrió el 17 de abril de 1938, Domingo de Resurrección, con la Corrida de la Prensa, que tradicionalmente se celebraba en la plaza Monumental madrileña. El cartel lo componían Antonio Márquez, Lalanda y Manolo Bienvenida, quienes pasaportaron seis bureles del Conde de la Corte. Los días 16, 29 y 30 de junio se corrieron tres nuevos festejos con motivo de la feria de San Pedro, con encierros de Galache (Noain, Maravilla y Pericás), Clairac (Lalanda, Pepe Bienvenida y Noain) y Sánchez Cobaleda (Lalanda y Noain, mano a mano). El 14 de agosto se dispuso una corrida de toros con bureles de Terrones (Noain, Madrileñito, Curro Caro y Mariano Rodríguez). La feria de 1939 se redujo a dos corridas.

Zaragoza, acuartelamiento de las tropas nacionales y campo de concentración

El 8 de marzo de 1936, la plaza de toros zaragozana acogió un mitin «contra la guerra y el fascismo». Tras el acto, los numerosos simpatizantes del Frente Popular intentaron asaltar un centro de Falange Española cercano al coliseo taurino. Los años anteriores, el coso de Zaragoza había registrado una intensa actividad taurófila, hasta que con el levantamiento armado sirvió de acuartelamiento a las tropas franquistas. Hubo que esperar al 2 de mayo de 1937, con motivo de la Corrida de la Independencia, para que se reabriesen las puertas de la Misericordia (en un festejo que contó con la participación de Maravilla, Domínguez y Curro Caro, con reses de Antonio Pérez-Tabernero).

El 18 de julio, primer aniversario de la sublevación nacional, se conmemoró con festejos taurómacos en las plazas de toros de La Coruña, Vigo y Zaragoza. Esa tarde, el Estudiante se enfrentó en solitario en el redondel aragonés a seis reses de Cobaleda, con las que cosechó un éxito sonado. A pesar de la conflagración armada, la ciudad zaragozana mostraba una más que aparente normalidad. La feria del Pilar acogió cuatro funciones de toros que protagonizaron los principales ases de la tauromaquia

(Lalanda, Domingo Ortega, Manolo Bienvenida, el Estudiante y Noain), junto a otros espadas secundarios.

Franco y su esposa presiden un festejo taurino en San Sebastián[210]

En el mes de marzo de 1938, el territorio turolense cayó en poder de los militares facciosos. Esa misma campaña, su teatro taurino acogió ocho funciones, cuatro de ellas en octubre. El 19 de marzo de 1938, el banderillero Fernando Gracia resultó víctima mortal de un accidente de circulación en el frente aragonés cuando colaboraba en el traslado de diversos enseres militares. El soldado nacional era hijo del conserje de la plaza de toros de Zaragoza y hermano del espada José Gracia. Otro subalterno franquista, Félix García, *el Chico de la Arboleda,* pereció en las mismas trincheras aragonesas a finales del tercer mes de 1939, tras la explosión de un obús.

A partir de abril de 1939, el recinto zaragozano se convirtió en un improvisado campo de concentración en el que se hacinaban alrededor de dos mil milicianos; la mayoría de ellos acabaron siendo mano de obra gratuita.

Félix Almagro González (Torrijos, 1907 - Madrid, 1939), uno de los novilleros que tenía previsto torear en Las Ventas el 18 de julio de 1936, también era inicialmente afín a la causa republicana. Anunciado en sus comienzos como Colores, unas semanas después se ofreció a participar en un festival patriótico promovido por la Agrupación Socialista del Puente

---

[210] Fotografía de Pascual Marín. Kutxateka.

Vallecas que nunca llegó a celebrarse. Posteriormente toreó en el redondel de Albacete.

Almagro fue otro de los aspirantes que aprovechó la primera ocasión a su alcance para pasarse al bando franquista con la excusa de torear en las arenas francesas. El 24 de octubre de 1937 reapareció en Zaragoza en un festejo mixto, a pesar de que el 4 de julio había recibido el doctorado en tauromaquia en Arlés.

En cualquier caso, para mostrar su coincidencia con los principios fundamentales del Movimiento Nacional renunció a la alternativa, de manera que en 1938 colaboró en veinticuatro novilladas en favor del Auxilio Social, en una de las cuales resultó herido de consideración. Al mismo tiempo, se vio obligado a realizar el servicio militar como conductor. Finalmente, el 18 de julio de 1939 —justo el día en que se presentaba en la capital Pepe Luis Vázquez—, perdió la vida en el ruedo de Las Ventas por culpa de una cornada mortal que le asestó un astifino novillo de Domingo Ortega, mientras toreaba de rodillas en uno de los primeros festejos tras la Guerra Civil.

Málaga y el asesinato de Argimiro Pérez-Tabernero

La conflagración bélica del 18 de julio sorprendió al ganadero salmantino Argimiro Pérez-Tabernero Sanchón veraneando en la capital de la Costa del Sol junto a su familia. Pese a que logró esconderse en casa de unos amigos, un grupo de pistoleros libertarios lo encontró y lo pasó por las armas el 15 de agosto. Dos semanas más tarde aniquilaron a sus hijos Fernando y Juan, y el 24 de septiembre, a Eloy. Solo consiguieron salvar la vida su esposa, Purificación Lamamié de Clairac —hermana de un conocido político cedista— y sus retoños más pequeños, Lucía y Argimiro.

Por aquellos días, dos subalternos republicanos, Ángel Pérez Soto y Trinitario[211], del barrio malagueño de Trinidad, perecieron en primera línea

---

[211] Pérez Soto comenzó a torear en algunos pueblos de la provincia de Málaga entre 1924 y 1927. En la plaza madrileña de Vista Alegre le anunciaron en nueve ocasiones, lo que le permitió el ascenso a la principal plaza capitalina. En 1928 pasaportó dos novilladas en Valencia. En Tetuán de las Victorias actuó la misma tarde en que se presentó

de fuego cuando luchaban en favor de la legalidad democrática. Un articulista llamado Genil los inmortalizó en las páginas de *La Vanguardia* el 20 de mayo de 1938:

> Muchos han muerto con la alegría de la mejor tarde, de la tarde de gloria que acaso les negó la suerte en la arena, pero que, al fin, encontraron un renacer definitivo y anónimo a la inmortalidad. Entre ellos, yo conocí a dos. Eran malagueños. Se llamaban Pérez Soto y Trinitario. Los dos habían crecido y soñado en un barrio con olor a pescado y nardo. Los dos habían salido del pueblo con la vocación desaforada del héroe. No pudieron cumplirla con la exactitud de los predestinados, pero las gentes españolas son testigos de que estrujaron su corazón más de una vez sobre la piel de la fiera. Ahora ya están insuperablemente consagrados.

Durante los meses que duró la Guerra Civil, la plaza de toros malagueña no acogió ninguna celebración. Los aficionados tuvieron que esperar al mes de julio de 1937 para que se reabriesen las puertas del anfiteatro. Ese día reapareció el veterano Paco Madrid (Málaga, 1889-1957), junto a Domingo Ortega y Pascual Márquez. Una segunda celebración el 12 de diciembre, patrocinada por la Cruz Roja, puso el punto final a la corta campaña (con Cagancho, De la Serna y Maravilla y reses de Tres Palacios). El espectáculo estuvo presidido por la esposa del nuevo alcalde franquista, y se cerró con la interpretación de los himnos nacional, de la Falange y requeté.

Bilbao, a hombros de los legionarios heridos

El estallido de las hostilidades bélicas impidió la celebración de las Corridas Generales bilbaínas de 1936, previstas para la semana del 15 al 23 de agosto. Las combinaciones contaban con un encierro salmantino (Antonio

---

Domingo Ortega, el 7 de abril de 1929. Junto a él despachó seis novillos de Cobaleda. Por su parte, Rafael Millet Serrano, *Trinitario,* cosechó cierto renombre en los años veinte. En 1923 se presentó en Madrid.

Pérez de San Fernando) y cuatro andaluces (Moreno Ardanuy, Juan Pedro Domecq, Miura y Pablo Romero), a los que debían enfrentarse Rafaelillo, Jaime Noain, Jaime Pericás, Cagancho, Pascual Márquez, Manolo Bienvenida, el Estudiante y Pepe Gallardo.

Justo el mismo día en que los militares felones se levantaron en armas, los integrantes de la Junta Administrativa de la plaza de toros de Vista Alegre regresaban de visitar las ganaderías salmantinas y andaluzas, donde habían cumplido la tradición de reseñar las reses que se debían correr en el abono agosteño. El Cinturón de Hierro, que protegía el acceso a la villa de don Diego, obligó a los comisionados a permanecer en Vitoria hasta que las tropas requetés ocuparon Bilbao el 19 de junio de 1937 y pudieron retornar.

Entre el mes de julio de 1936 y hasta el final de la campaña de 1939 se programaron en el coso de la Vega de Abando diecisiete festejos taurinos: diez corridas de toros, seis de novillos y un festival benéfico. El 19 de junio de 1937, tras once meses de enfrentamientos armados, las tropas requetés entraron victoriosas en la hasta entonces invicta villa de Bilbao. Las instalaciones de la plaza de toros se llenaron de *gudaris* y milicianos. La vieja cartelería taurina, los asientos y las barreras de madera sirvieron para recubrir las ventanas de los improvisados dormitorios de los presos. Solo setenta días después se volvieron a programar funciones taurómacas.

En el primer festejo de la «nueva era», celebrado el 29 de agosto, se corrieron seis toros que había regalado Juan Pedro Domecq, «ese gran patriota español», según le definía un revistero de *El Pueblo Vasco*. Entre los asistentes a la *rentrée,* más nacional que nunca antes, destacaban los embajadores de las naciones amigas, Alemania, Italia y Portugal[212]. Los promotores del evento sugerían a los bilbaínos la conveniencia de contribuir a los fines que perseguía el festejo: «todo buen español está obligado a asistir a estos espectáculos taurinos benéficos», indicaba la prensa[213]. El anuncio de esta primera corrida se cerraba con la exclamación: «¡*Viva España!*». La celebración pretendía colaborar con «la suscripción nacional para el Ejército, Auxilio Social, Santo Hospital Civil y Casa de Misericordia de Bilbao».

Las celebraciones taurinas de esa temporada en Vista Alegre se cerraron con dos corridas de toros y una novillada. A los festejos mayores acudió

---

[212] «Uno cualquiera», en *El Pueblo Vasco,* 29 de agosto de 1937.
[213] *El Pueblo Vasco,* 25 de agosto de 1937.

Jaime Noain, premiado con los máximos galardones. En la novillada que abrió el ciclo reapareció Juan Belmonte montado a caballo (con Sánchez Mejías y Belmonte Campoy). Para mayor gloria (e ingresos) del bando nacional, se sugería a las empresas vizcaínas que adquirieran boletos para presenciar los festejos. Entre las más altruistas se encontraba el Banco Central, «que ha abonado el importe de un palco, destinando sus localidades a los heridos de guerra»[214]. Los días previos, en las páginas de la prensa aparecían exhaustivas listas de sociedades privadas y ciudadanos, civiles y militares, con sus nombres y apellidos, junto con las cantidades dinerarias que había donado cada uno.

El 20 de junio de 1938, el primer aniversario de la liberación de Bilbao se remató con una función de toros que amenizaron las bandas de música de los requetés de Pamplona y del Frente de Hospitales. En el palco presidencial apareció el general López-Pinto, que ocupaba la Capitanía General de la VI Región Militar, a quien los espectadores aplaudieron con fuerza antes de escuchar el himno nacional. El militar aprovechó el momento para arengar a los asistentes a través de la megafonía: «Vitoreo a España y a Vizcaya española»[215]. Jaime Noain brindó uno de sus bureles a José María Oriol Urquijo, jefe de Falange Española Tradicionalista y de las JONS de Vizcaya. A partir de esos días, al varias veces centenario Santo Hospital Civil de Bilbao (copropietario del coliseo taurino bilbaíno) se le añadió el apellido de Generalísimo Franco.

Solo unos meses antes, el novillero vizcaíno, Martín Bilbao toreaba en distintas plazas legalistas hasta que se enteró de la «liberación» de Bilbao. Martín reapareció en Vista Alegre el 31 de julio de 1938 (con Luis Ortega —hermano de Domingo— y Belmonte Campoy), tarde en la que no convenció a la cátedra. Como muchos otros espadas de escaso brillo y antecedentes democráticos se acabó exiliando a Colombia, pues sentía que no terminaba de ser aceptado por aquellos que desde el primer momento se posicionaron a favor de la asonada militar. En julio de 1945 todavía actuó de primer espada en Guayaquil (con el Soldado y Juanita Cruz).

---

[214] Aureliano López Becerra, *Desperdicios. La Gaceta del Norte,* 28 de agosto de 1937.
[215] *El Correo Español-El Pueblo Vasco,* 21 de junio de 1938.

Epílogo

No debiéramos caer en el error de considerar que las páginas que acabamos de leer son simplemente las cuentas de un rosario de antecedentes biográficos, fechas y peripecias de maletillas, toricantanos y diestros a lo largo de tres años de contienda. Nada más lejos de la realidad. Por encima del innegable e interesante valor histórico del trabajo de recopilación emerge la combinación secreta que nos permite adentrarnos en una realidad social, la de dos Españas enfrentadas a suerte de descabello, relatada al hilo de las desventuras de los protagonistas de nuestra fiesta.

Esta vereda debe recorrerse bajo la certeza de que, a 18 de julio de 1936, la actividad de masas por excelencia era la taurómaca, que formaba parte de su idiosincrasia, sin saber de colores, ni rojos ni azules. En aquella España, la fiesta y sus protagonistas eran considerados verdaderos ídolos por una sociedad mucho menos urbana que la actual, y por lo tanto mucho más apegada a la imagen del uro salvaje domeñado por el lidiador.

Por lo tanto, a nadie debe extrañar que el espectáculo taurino se entrelace como si fuese un mano a mano con los aconteceres políticos y bélicos que van ocurriendo en un país marcado por el sino de la muerte, el fuego de las balas, la sangre y el toro.

Asimismo, debe descartarse por simplista cualquier teoría que vincule la fiesta con vencedores o vencidos. Solo así se puede explicar que hubiese representantes de nuestra fiesta en un entorno como la Junta Militar del general Casado en el asedio final de Madrid, que dos banderilleros de la CNT corrieran la misma suerte que Federico García Lorca, que existiese una brigada de toreros en el Ejército Popular o que Zacarías Lecumberri, Marcial Lalanda o Domingo Ortega entre otros se alineasen decididamente con el bando nacional.

Con toda seguridad, la ligazón ideológica de los toros con los vencedores en la que aún en nuestros tiempos siguen insistiendo muchos iletrados arrancó de la interesada utilización de la fiesta por parte de la maquinaria del nuevo régimen durante la posguerra. Aquella que, bajo la bandera de «pan, fútbol y toros», aunque de lo primero hubiese poco, trataba de elevar la moral del ciudadano con gestas de toreros cantadas por los juglares del nodo, o la redenominación como «Corridas de la Liberación» de festejos que ya eran tradicionales en las temporadas de los grandes cosos, con el consiguiente mensaje subliminal de nuevos y mejores tiempos.

A fuer de ser sinceros, hemos de reconocer que en la mayoría de las ocasiones la adscripción de nuestros coletas a una u otra trinchera obedeció a la circunstancia coyuntural de cuál fue su lugar de amanecida en aquel fatídico día del levantamiento, como no podía ser de otra forma en una guerra de compuertas geográficas artificiales. Si bien no debe orillarse que los menos y, por decirlo todo, aquellos más pudientes pudieron vivir la contienda allende los mares, refugiándose en unas tierras americanas que constituían un oasis taurino lejos de una España que se desangraba.

El transcurso por la vida de nuestros protagonistas nos permite también comprobar que la actividad taurina, salvo interrupciones aisladas por la virulencia del conflicto, mantuvo un pulso saludable en ambas jurisdicciones. De esta forma, Sevilla, que pronto cayó en manos nacionales, y Madrid y Barcelona, que aguantaron estoicamente el asedio hasta 1939, programaron con cierta regularidad festejos durante el conflicto.

Incluso, tal y como puede extraerse de distintos pasajes del libro (imagen que rescató con las debidas licencias artísticas el añorado Luis G. Berlanga en su maravillosa película *La vaquilla*), la organización de festejos taurinos fue atizada como vehículo de propaganda y rearme moral de la tropa por republicanos y nacionales. A sabiendas de que además de erigirse como el contrapunto de lo infernal de una guerra entre hermanos, transportaba la memoria de los soldados a los pasajes más alegres de su pasado, donde reaparecían sus pueblos, fiestas patronales, amigos y familia.

Son todos estos fotogramas los que se deslizan entre los nombres, las fechas, las plazas y las peripecias vitales que desgrana Antonio Fernández Casado en el meritorio trabajo del que acaban de disfrutar. Todos ellos permiten tejer la urdimbre que conduce a la atalaya desde la que asomarse a la auténtica realidad social de un país dividido, en muchos casos de forma artificiosa, en dos Españas enfrentadas en una cruzada fratricida de la que setenta y cinco años después podemos concluir nadie salió vivo.

Asier Guezuraga
Escritor y vicepresidente del Club Cocherito de Bilbao

Bibliografía

ABELLA, Rafael: *La vida cotidiana durante la Guerra Civil. La España republicana*. Barcelona: Planeta, 2004.

AGUADO SÁNCHEZ, Francisco: *El maquis en España*. Madrid: San Martín, 1975.

AGUIRRE, Francisco Javier: *Florentino Ballesteros. Un corazón en la arena*. Zaragoza: Delsan, 2004.

ALLOUCHERIE, Jean: *Noches de Sevilla*. Sevilla: Renacimiento, 2005. Colección Espuela de Plata.

ARMIÑÁN, Luis de: *Don Manuel Bienvenida. El Papa Negro*. Madrid: Biblioteca Nueva, 1999.

AUB, Max: *Campo de los Almendros*. Madrid: Castalia, 2001.

BAGÜÉS, Ventura *(Don Ventura): Historia de los matadores de toros, 1738-1943*. Barcelona: J.M. André, 1943.

BAHAMONDE, Antonio: *Un año con Queipo de Llano (Memorias de un nacionalista)*. Sevilla: Renacimiento, 2005. Colección Espuela de Plata.

BARBERO, Edmundo: *El infierno azul*. Sevilla: Renacimiento, 2005. Colección Espuela de Plata.

BAREA, Arturo: *La forja de un rebelde*. Barcelona: Debolsillo, 2006.

BARRUSO BARÉS, Pedro: *La Guerra Civil en Guipúzcoa*. San Sebastián: Hiria, 2006.

BAYO, Carlos Enrique, y Cipriano Damiano: «Toreros fascistas: matadores de obreros», en *Interviú*, n.º 103 (del 3 al 9 de mayo de 1978), pp. 40-45.

BEEVOR, Antony: *La Guerra Civil española*. Barcelona: Crítica, 2005.

BÉRARD, Robert (dir.): *Histoire et dictionnaire de la tauromachie*. París, Bouquins Laffont, 2003.

BLANCO-CAMBLOR, Mari Luz: «Klaus Mann y la Guerra Civil española», en *Revista de Filología Alemana*. Universidad de Valladolid, 2001.

Blasco Laguía, Aniceto: *De toros… y de toreros de Teruel*. Teruel: Gráficas Teruel, 2003.

Boado, Emilia, y Fermín Cebolla López: *Las señoritas toreras: historia, erótica y política del toreo femenino*. Madrid: Felmar, 1976.

Cabana, Francesc (coord.): *Cien empresarios catalanes*. Barcelona: Lid Editorial, 2006.

Cañedo, Julián: *… De toros*. Madrid: Aramo, 1955.

Carretero, José María *(el Caballero Audaz)*: *El libro de los toreros. De Joselito a Manolete*. Madrid: Biblioteca Nueva, 1998.

—: *El traje de luces y Juan de Dios Lucena*. Madrid: ECA, 1944.

Cela, Camilo José: *San Camilo, 1936*. Madrid: Alianza, 2003.

Cervera, Javier: *Madrid en guerra. La ciudad clandestina, 1936-1939*. Madrid: Alianza, 2006.

Chaves Nogales, Manuel: *A sangre y fuego*. Madrid: Espasa, 2001.

Collado, Fernando: *El teatro bajo las bombas en la Guerra Civil*. Madrid: Kaydeda, 1989.

Cossío, José María de: *Los toros. Tratado técnico e histórico*. Madrid: Espasa-Calpe, 1943-1996.

Díaz Plaja, Fernando: *Tiempo de historia. La caricatura española de la Guerra Civil*. Madrid: Prensa Periódica, 1974.

Domingo, Alfonso: *El ángel rojo*. Córdoba: Almuzara, 2009.

Domínguín, Domingo: *Dominguines contra Dominguines*. Madrid: Espasa, 2008.

Domínguín, Pepe: *Mi gente*. Madrid: Editorial Piesa, 1979.

Eslava Galán, Juan: *Los años del miedo*. Barcelona: Planeta, 2008.

Felices, Raúl: *Catalunya taurina. Una historia de la tauromaquia catalana de la Edad Media a nuestros días*. Barcelona: Bellaterra, 2010.

Fernández-Coppel, Jorge: *Queipo de Llano. Memorias de la Guerra Civil*. Madrid: La Esfera de los Libros, 2008.

Fondeviole, Geneviève: *Ville de Mont-de-Marsan. 100 ans de Plumaçon*. Mont-de-Marsan: Imprimerie Castay, 1989.

Franklin, Sidney: *Bullfighter from Brooklyn*. Nueva York: Prentice-Hall, 1952.

García Antón, Rafael: *Juanita Cruz. Su odisea*. Madrid: Artes Gráficas Sol, 1982.

García Candau, Julián: *El deporte en la Guerra Civil*. Madrid: Espasa, 2007.

García Pérez, Rogelio: *El libro de Cañero*. Madrid: Pueyo, 1926.

Garfias, Pedro: *Héroes del Sur.* Sevilla: Renacimiento / Ayuntamiento de Pozoblanco, 2001. Colección Facsímiles Renacimiento.

Guarner, Enrique: *Historia del toreo en México.* México: Diana, 1979.

Gutiérrez Alarcón, Demetrio: *Los toros de la guerra y del franquismo.* Barcelona: Caralt, 1978.

Hemingway, Ernest: *Por quién doblan las campanas.* Barcelona: Debolsillo, 2004.

—: *Despachos de la guerra civil española (1937-1938).* Barcelona: Planeta, 1989.

—: *Muerte en la tarde.* Barcelona: Círculo de Lectores, 1968.

Juliá, Santos (coord.): *Víctimas de la Guerra Civil.* Madrid: Temas de Hoy, 2006.

K-Hito: *Manolete ya se ha muerto, muerto está que yo lo vi.* Madrid: Editorial Católica, 1947. Colección Anaquel de Dígame.

Koltsov, Mijaíl: *Diario de la guerra de España.* Barcelona: Planeta, 2009.

Laffranque, Marie: «Marx et l'Espagne», en *www.plusloin.org.* Enero de 2004.

Lafront, Auguste: *Histoire de la corrida en France. Du Second Empire à nos jours.* París: Julliard, 1974.

Lapierre, Dominique, y Larry Collins: *... O llevarás luto por mí.* Barcelona: Planeta, 2010.

Lopez, Jean-Louis: *La belle époque de la corrida.* París: Les Éditions de Paris, 2008.

López, Víctor José: *Fragua de toreros.* Caracas: Grafarte, 1983.

López Mohiño, José Manuel: *Toda la verdad sobre Anita Sevilla.* Sevilla: Ayuntamiento / Diputación de Sevilla, 2002.

Luján, Néstor: *Historia del toreo.* Barcelona: Destino, 1993.

Malraux, André: *La esperanza.* Madrid: Ediciones El País, 2002.

Martínez de Pisón, Ignacio: *Enterrar a los muertos.* Barcelona: Seix Barral, 2005.

Marx, Karl, y Friedrich Engels: *Revolución en España.* Barcelona: Ariel, 1970. Prólogo, notas y traducción de Manuel Sacristán.

Meloja, Curro: Álbum biográfico taurino. Madrid: Larrisal, 1945.

Menéndez Suárez, Ángel: *Compendio biográfico de la vida torera del artista asturiano Bernardo Casielles Puerta.* Oviedo: Imprenta La Cruz, 1971.

Molés, Manuel: *Antoñete, el maestro.* Madrid: El País-Aguilar, 1996.

Montes, Francisco *(Paquiro): La tauromaquia completa.* Madrid: Egartorre, 1994.

Montoliú, Pedro: *Madrid en la Guerra Civil: la Historia.* Madrid: Sílex, 2000.

Claramunt, Fernando: *República y toros.* Madrid: Egartorre Libros, 2006.

Moreno de la Cova, Félix: *Mi vida y mi tiempo. La guerra que yo viví.* Sevilla: Gráficas Mirte, 1988.

Moreno Gómez, Francisco: *1936: el genocidio franquista en Córdoba.* Barcelona: Crítica, 2008.

Morla Lynch, Carlos: *España sufre. Diarios de guerra en el Madrid republicano.* Sevilla: Renacimiento, 2008. Biblioteca de la Memoria.

Narbona, Francisco: *Juan Belmonte. Cumbre y soledades del Pasmo de Triana.* Madrid: Alianza, 1995.

—: *Frentes del sur.* Madrid: Temas Españoles, 1958.

Navarro, Raimundo: *50 años fiel a una afición. Tradiciones taurinas y toreros turolenses.* Teruel: Imprenta Hijo de A. Perruca, 1988.

Novás Calvo, Lino: *Crónica general de la Guerra Civil.* Recopilación de María Teresa León. Sevilla: Centro de Estudios Andaluces / Renacimiento, 2007.

Ortiz Villalba, Juan: *Del golpe militar a la Guerra Civil. Sevilla 1936.* Sevilla: RD Editores, 2006.

Orwell, George: *Homenaje a Cataluña.* Barcelona: Virus, 2008.

Pablo, Santiago de: *Tierra sin paz: Guerra Civil, cine y propaganda en el País Vasco.* Madrid: Biblioteca Nueva, 2006.

Perelétegui, Carlos Manuel: *José Sánchez Gómez, «el Timbalero».* Salamanca: Anthema, 2002.

Pérez Gómez, Javier: *La Brigada de los Toreros.* Madrid: Almena, 2005.

Pérez Regordán, Manuel: *El maquis en la provincia de Cádiz.* Sevilla: autoedición, 1987.

Popelin, Claude: *Le taureau et son combat.* París: Éditions de Fallois, 1993.

Preston, Paul: *El holocausto español. Odio y exterminio en la Guerra Civil y después.* Barcelona: Debate, 2011.

Prieto, Indalecio: *De mi vida.* México: Oasis, 1961.

—: *Palabras al viento.* México: Oasis, 1961.

R. Antigüedad, Alfredo: *Arruza.* Madrid: Atlas, 1945.

Ramón, José Luis: *Todas las suertes del toreo por su maestros.* Madrid: Espasa-Calpe, 2001.

Ribot, Antonio: *La Revolución de julio en Madrid.* Madrid: Imprenta de Gaspar y Roig, 1864.

Rodrigo, Antonina: *La Huerta de San Vicente y otros paisajes y gentes.* Granada: Miguel Sánchez, 1997.

Rojo, Vicente: *Así fue la defensa de Madrid.* Madrid: Asociación de Libreros de Lance de Madrid, 2006.

Salas, Carlos: *Los toros en Venezuela.* Caracas: Edime, 1958.

Sánchez Asiaín, José Ángel: *La financiación de la guerra civil española. Una aproximación histórica.* Barcelona: Crítica, 2012.

Sánchez de Neira, José: *El toreo: gran diccionario tauromáquico.* Valencia: Librerías París-Valencia, 1991 (facsímil de la edición original, de Imprenta y Librería de Miguel Guijarro, 1879).

Santainés, Antonio: *Domingo Ortega, 80 años de vida y toros.* Madrid: Espasa-Calpe, 1986.

Shubert, Adrian: *A las cinco de la tarde. Una historia social del toreo.* Madrid: Turner / Real Maestranza de Caballería de Ronda, 1999.

Sobrino, Vicente: *Memoria de luces (1925-1949): historia de la plaza de toros de Valencia.* Valencia: Diputación de Valencia, 2006. Colección La Cuadrilla.

Soto Viñolo, Juan: *Manolete. La vida y los amores de un torero de leyenda.* Madrid: La Esfera de los Libros, 2007.

—: *Manolete. Torero para olvidar una guerra.* Madrid: Delfos, 1986.

Suárez-Guanes, José Luis: *Madrid, cátedra del toreo (1931-1990).* Madrid: Espasa-Calpe, 1990.

Suero, Pablo: *España levanta el puño.* Barcelona: Papel de Liar, 2009.

Tapia, Daniel: *Historia del toreo I. De Pedro Romero a Manolete.* Madrid: Alianza Editorial, 1993.

Uno al Sesgo: *Toros y toreros en 1934.* Barcelona: Ediciones de la Fiesta Brava, 1934.

Uriarte, Luis *(Don Luis): Toros y toreros, de 1936 a 1940.* Madrid: Pueyo, 1941.

Urrutia, Julio de: *Los toros en la guerra española.* Madrid: Editora Nacional, 1974.

Vidal, Manuel: *Fiestas de toros y sociedad.* Actas del Congreso Internacional celebrado en Sevilla del 26 de noviembre al 1 de diciembre de 2001. Sevilla: Fundación Real Maestranza de Caballería de Sevilla / Universidad de Sevilla / Fundación Estudios Taurinos, 2001.

VILLÁN, Javier: *Entre sol y sombra*. Barcelona: Planeta, 1989.
VILLAPECELLÍN, José Martín: *¡Este es Arruza!* Barcelona: Mateu, 1945.
VILLAR, Arturo del: «Max Aub, cronista de la República», en *Cuadernos Republicanos*, 2003.
VIVANCO SÁNCHEZ, José: *Guerra Civil y Radio Nacional: Salamanca, 1936-1938*. Madrid: Instituto Oficial de Radio y Televisión, Servicio de Publicaciones, 2006.
VV.AA.: *Corresponsales en la guerra de España*. Madrid: Fundación Pablo Iglesias / Instituto Cervantes, 2007.

Hemerotecas

ABC
Blanco y Negro
El Correo Español-El Pueblo Vasco
La Gaceta del Norte
La Vanguardia

Hemerotecas digitales

Alrededor del Mundo
El Domingo
El Liberal
El Mundo Deportivo
El Pueblo Manchego
El Universal (México)
Venezuela Taurina (Venezuela)

Biblioteca Nacional de España / Prensa Histórica

Almanaque Bailly-Bailliere
Diario de Avisos
El Defensor de la Afición
El Día

El Globo
El Imparcial
El Liberal
El País
El Pueblo Manchego
El Pueblo Vasco
El Siglo Futuro
El Sol
Estampa
Heraldo de Madrid
La Acción
La Correspondencia de España
La Correspondencia de Madrid
La Discusión
La Época
La Esperanza
La Ilustración Ibérica
La Libertad
La Voz
Mundo Gráfico
Nuevo Mundo

Publicaciones taurinas

Boletín de Loterías y de Toros
Córdoba Taurina
Courrier Taurin. París Afición
El Defensor de la Afición
El Enano
El Ruedo
El Toreo
Fiesta Brava
La Lidia
Le Toril
The Kon Leche
Torerías

Índice

Prólogo. Los toros y la guerra 9

Introducción 19

Capítulo I. Antecedes históricos: los matadores de toros y la política . 25
    Toros y política en el siglo XIX 27
    Estoqueadores y milicianos 31
    Los gestos de Frascuelo y Lagartijo 41
    Mazzantini, ferroviario, estoqueador, concejal y jefe de policía 44

Capítulo II. El toreo femenino 47
    Cuadrillas de señoritas toreras 49
    La República y la lidia femenina 51

Capítulo III. Precedentes de la Guerra Civil 67
    Sindicalismo taurino 69
    Conflicto taurino hispano-mexicano 72
    Reyertas taurómacas 78
    Tensión en Córdoba 83
    ¡En junio y sin toros! 89
    Los toreros mexicanos retornan a su país 91
    Un Arruza español y otro mexicano 97
    San Fermín, 1936 100

Capítulo IV. La hora de la verdad 103
   Toreros milicianos 105
   Los mandos tauromáquicos de la 96 Brigada Mixta 124
   Batallones taurómacos 138

Capítulo V. La fiesta de los toros
en las principales ciudades republicanas 147
   La familia Lalanda, víctima de pistoleros anarquistas 149
   Domingo Dominguín, de la checa al exilio mexicano 152
   Reapertura de Las Ventas 156
   De mono y azul 157
   Koltsov, comisario político y revistero taurino 161
   Asesinatos en cunetas y cercados 164
   Rafael el Gallo, ¡er fin der mundo! y otros toreros retirados 170
   Sidney Franklin, matador de toros y corresponsal de guerra 176
   Empresarios venteños 180
   Primera Corrida de la Victoria 181
   Barcelona y ¡viva la guerra contra el fascismo! 183
   Muertos en reyertas y combates 189
   Estoqueadores en Cataluña 190
   Pedro Balañá, de concejal federalista a promotor
   de corridas nacionales 193
   Valencia era una fiesta… 197
   Alicante y la Junta de Defensa Pasiva Pro-Refugios 214
   Castellón y Socorro Rojo Internacional 215
   Ferias y fiestas de Albacete en 1936 215
   Ciudad Libre de la Mancha 217

Capítulo VI. Francia, Portugal y América: la alternativa 221
   Toros en Francia 223
   Lisboa, refugio de toreros en invierno 227
   Exilio taurino en las plazas americanas 229

Capítulo VI. Plazas nacionales, espadas falangistas 231
    Sevilla, cortijo particular del Algabeño y de Queipo de Llano . . . 235
    Corrida de la Raza 246
    La familia Bienvenida 249
    Juan Belmonte, franquista a la fuerza 254
    Álvaro Domecq, rejoneador, ganadero y político 261
    Primer Aniversario Triunfal 266
    Es de Ronda y se llama Cayetano 267
    Córdoba y los escuadrones de toreros señoritos 271
    Moreno de Ardanuy: «¡A comer República!» 272
    Manuel Benítez, *el Cordobés,* el hijo del miliciano 276
    Córdoba taurina 277
    Antonio Cañero, miembro de los escuadrones montados 279
    El estoque de Rafael Guerra, *Guerrita* 284
    Manolete, artillero nacional 285
    Corrochano, un torero derechista 291
    San Sebastián, capital provisional del planeta taurino 292
    La Glorieta salmantina 300
    Burgos, plaza nacional 307
    Zaragoza, acuartelamiento de las tropas nacionales
    y campo de concentración 308
    Málaga y el asesinato de Argimiro Pérez-Tabernero 310
    Bilbao, a hombros de los legionarios heridos 311

Epílogo 315

Bibliografía 319

Sobre el autor

Antonio Fernández Casado ejerció en los años ochenta y noventa de articulista ocasional y corresponsal taurino en Bilbao de diversos medios de comunicación: *Diario 16,* Radio Popular de Bilbao, *El País* (País Vasco), revista del Club Cocherito, *6 Toros 6, Taurología,* etcétera. Fernández Casado es un especialista en textos taurinos, y ha escrito los siguientes libros: *Toreros de hierro: diccionario de toreros vizcaínos; la biografía Cástor Jaureguibeitia Ibarra, «Cocherito de Bilbao»,* y *La guía histórica de fondas, posadas, hoteles, restaurantes, tabernas y txakolís de Bilbao,* publicados todos ellos en la colección Temas Vizcaínos que auspicia la Bilbao Bizkaia Kutxa (BBK). Así mismo, es autor de *Bizkaia taurina: plazas de toros vizcaínas* y *Zacarías Lecumberri: el estoqueador aventurero,* publicados recientemente por La Cátedra Taurina.

Editorial La Cátedra Taurina

Colección Tauromaquia Vasca

Zacarías Lecumberri: El estoqueador aventurero,
Antonio Fernández Casado

Bizkaia taurina: Plazas de toros vizcaínas,
Antonio Fernández Casado

Diccionario taurino guipuzcoano:
De la plaza de Arrasate al torero-pintor Zuloaga,
Antonio Fernández Casado

La alternativa del Chiquito de Begoña,
Antonio Niscuito,
y
El Chiquito es grande,
Victorio de Anasagasti, *el Doctor Anás*

Pedro Basauri, «Pedrucho de Éibar»,
Tomás Orts-Ramos, *Uno al Sesgo*

Cástor Jaureguibeitia Ibarra, «Cocherito de Bilbao»,
Antonio Fernández Casado

En preparación:
La fiesta de los toros: Apuntes del natural,
Roberto Domingo

Toreros de hierro: Diccionario de toreros vizcaínos
(segunda edición, corregida y aumentada),
Antonio Fernández Casado

Colección La Cátedra Hotelera

*Manual práctico de dirección de hoteles,
marketing y ventas online del siglo XXI,*
Antonio Fernández Casado

*Guía histórica de fondas, posadas, hoteles,
restaurantes, tabernas y txakolís de Bilbao,*
Antonio Fernández Casado

En preparación:
*Hospitales de sangre o cuarteles:
Guía de hoteles durante la guerra civil española (1936-1939),*
Antonio Fernández Casado

www.ingramcontent.com/pod-product-compliance
Lightning Source LLC
Chambersburg PA
CBHW080447170426
43196CB00016B/2713